教育部人文社会科学重点研究基地成果
中国语言文学国家双一流建设学科成果

汉语方言语法研究丛书

顾问　邢福义　张振兴

主编　汪国胜

丹江方言语法研究

苏俊波 ◎ 著

中国社会科学出版社

图书在版编目（CIP）数据

丹江方言语法研究 / 苏俊波著. —北京：中国社会科学出版社，2021.10
（汉语方言语法研究丛书）
ISBN 978 - 7 - 5203 - 9136 - 8

Ⅰ.①丹…　Ⅱ.①苏…　Ⅲ.①西南官话—语法—方言研究—丹江口　Ⅳ.①H172.3

中国版本图书馆 CIP 数据核字（2021）第 186724 号

出 版 人	赵剑英
责任编辑	张　林
特约编辑	王文琴
责任校对	刘　娟
责任印制	戴　宽

出　　版	中国社会科学出版社
社　　址	北京鼓楼西大街甲 158 号
邮　　编	100720
网　　址	http://www.csspw.cn
发 行 部	010 - 84083685
门 市 部	010 - 84029450
经　　销	新华书店及其他书店
印刷装订	北京君升印刷有限公司
版　　次	2021 年 10 月第 1 版
印　　次	2021 年 10 月第 1 次印刷
开　　本	710×1000　1/16
印　　张	19.5
字　　数	302 千字
定　　价	118.00 元

凡购买中国社会科学出版社图书，如有质量问题请与本社营销中心联系调换
电话：010 - 84083683
版权所有　侵权必究

总　　序

20世纪80年代以来，随着汉语方言研究的拓展和深化，方言语法的研究越来越受到学界的关注和重视。这一方面是因为方言语法客观上存在着不同程度的不容小视的差异，另一方面，共同语（普通话）语法和历史语法的深入研究需要方言语法研究的支持。

过去人们一般认为，跟方言语音和词汇比较而言，方言语法的差异很小。这是一种误解，让人忽略了对方言语法事实的细致观察。实际上，在南方方言，语法上的差异还是不小的，至少不像过去人们想象的那么小。当然，这些差异大多是表现在一些细节上，但就是这样一些细节，从一个侧面鲜明地映射出方言的特点和个性。比如湖北大冶方言的情意变调[1]，青海西宁方言的左向否定[2]，南方方言的是非型正反问句[3]，等等，这些方言语法的特异表现，既显示出汉语方言语法的丰富性和复杂性，也可以提升我们对整体汉语语法的全面认识。

共同语语法和方言语法都是对历史语法的继承和发展，它们密切联系，又相互区别。作为整体汉语语法的一个方面，无论是共同语语法还是历史语法，有的问题光从本身来看，可能看不清楚，如果能将视线投向方言，则可从方言中获得启发，找到问题解决的线索和证据。朱德熙和邢福义等先生关于汉语方言语法的许多研究就是明证。[4] 可见方言语法对于共同语语法和历史语法研究的重要价值。

---

[1]　汪国胜：《大冶话的情意变调》，《中国语文》1996年第5期。
[2]　汪国胜：《从语法角度看〈现代汉语方言大词典〉》，《方言》2003年第4期。
[3]　汪国胜、李曌：《汉语方言的是非型正反问句》，《方言》2019年第1期。
[4]　朱德熙：《从历史和方言看状态形容词的名词化》，《方言》1993年第2期；邢福义：《"起去"的普方古检视》，《方言》2002年第2期。

本《丛书》由教育部人文社会科学重点研究基地华中师范大学"语言与语言教育研究中心"筹划实施并组织编纂，主要收录两方面的成果：一是单点方言语法的专题研究（甲类），如《武汉方言语法研究》；二是方言语法的专题比较研究（乙类），如《汉语方言疑问范畴比较研究》。其中有的是国家或教育部社科基金项目的结项成果，有的是作者多年潜心研究的学术结晶，有的是博士学位论文。就两类成果而言，应该说，当前更需要的是甲类成果。只有把单点方言语法研究的工作做扎实了，调查的方言点足够多了，考察足够深了，有了更多的甲类成果的积累，才能更好地开展广泛的方言语法的比较研究，才能逐步揭示汉语方言语法及整体汉语语法的基本面貌。

　　出版本《丛书》，一方面是想较为集中地反映汉语方言语法的研究成果，助推方言语法研究，另一方面，也是想为将来汉语方言语法的系统描写做点基础性的工作。《丛书》能够顺利面世，得力于中国社会科学出版社张林编辑的全心支持，在此表示衷心的感谢。《丛书》难免存在这样那样的问题，盼能得到读者朋友的批评指正。

汪国胜
2021 年 5 月 1 日

目　　录

第1章　前言 …………………………………………………（1）
　1.1　丹江及其语言使用状况 ……………………………（1）
　　　1.1.1　丹江简介 ……………………………………（1）
　　　1.1.2　语言使用状况…………………………………（2）
　1.2　研究的对象、理论与方法 …………………………（3）
　1.3　丹江方言的声韵调 …………………………………（4）
　1.4　几点说明 ……………………………………………（5）
　　　1.4.1　方言调查合作人（年龄据调查时间计）……（5）
　　　1.4.2　常用的方言词语………………………………（5）
　　　1.4.3　行文体例………………………………………（6）
第2章　丹江方言的构词 …………………………………（7）
　2.1　附加式构词 …………………………………………（7）
　　　2.1.1　语缀"儿" ……………………………………（7）
　　　2.1.2　语缀"子" ……………………………………（10）
　　　2.1.3　语缀"的" ……………………………………（12）
　　　2.1.4　语缀"头" ……………………………………（13）
　　　2.1.5　语缀"圪" ……………………………………（15）
　　　2.1.6　语缀"气" ……………………………………（19）
　　　2.1.7　语缀"活" ……………………………………（20）
　　　2.1.8　语缀"佬" ……………………………………（20）
　　　2.1.9　语缀"精" ……………………………………（20）
　　　2.1.10　语缀"娃儿""娃子" ………………………（21）
　　　2.1.11　语缀"里" …………………………………（21）

　　　　2.1.12　语缀"伙""伙的" ……………………………………… (22)
　　2.2　屈折式构词 ……………………………………………………… (23)
　　　　2.2.1　改变声调构词 …………………………………………… (23)
　　　　2.2.2　改变声韵调构词 ………………………………………… (24)
　　2.3　分音与合音词 …………………………………………………… (27)
　　　　2.3.1　分音词 …………………………………………………… (27)
　　　　2.3.2　合音词 …………………………………………………… (29)

第3章　丹江方言的重叠 ……………………………………………… (31)
　　3.1　丹江方言的重叠现象 …………………………………………… (31)
　　　　3.1.1　重叠概述 ………………………………………………… (31)
　　　　3.1.2　名词重叠 ………………………………………………… (32)
　　　　3.1.3　动词重叠 ………………………………………………… (38)
　　　　3.1.4　形容词重叠 ……………………………………………… (42)
　　　　3.1.5　量词与数量结构重叠 …………………………………… (49)
　　　　3.1.6　代词重叠 ………………………………………………… (52)
　　　　3.1.7　副词重叠 ………………………………………………… (53)
　　　　3.1.8　象声词重叠 ……………………………………………… (54)
　　　　3.1.9　重叠的功能 ……………………………………………… (56)
　　3.2　"X得Y得Y"重叠式 …………………………………………… (62)
　　　　3.2.1　重叠式的语形特点 ……………………………………… (63)
　　　　3.2.2　重叠式的语法意义及语义搭配关系 …………………… (65)
　　　　3.2.3　重叠式的语用条件 ……………………………………… (66)
　　　　3.2.4　历史来源 ………………………………………………… (68)

第4章　丹江方言的小称 ……………………………………………… (73)
　　4.1　小称的基本含义 ………………………………………………… (73)
　　4.2　丹江方言的小称形式 …………………………………………… (73)
　　　　4.2.1　儿化 ……………………………………………………… (74)
　　　　4.2.2　重叠加儿化 ……………………………………………… (75)
　　　　4.2.3　重叠加"子"缀 ………………………………………… (77)
　　　　4.2.4　附加语缀"娃儿[uar^{35}]" ……………………………… (78)
　　　　4.2.5　附加语缀"娃子[ua^{53}tsɿ^{0}]" ………………………… (79)

4.2.6　附加语缀"头儿[tʻouɻ³⁵]" …………………………………（80）
　　　4.2.7　前加语缀"圪[kɯ⁰]" ……………………………………（80）
　4.3　小称音变 ……………………………………………………………（81）
　4.4　丹江方言小称的特点 ………………………………………………（83）

第5章　丹江方言的时体 ……………………………………………（86）

　5.1　丹江方言的时体 ……………………………………………………（86）
　　　5.1.1　引言 ……………………………………………………………（86）
　　　5.1.2　完成体 …………………………………………………………（90）
　　　5.1.3　持续体 …………………………………………………………（94）
　　　5.1.4　经历体 ………………………………………………………（111）
　　　5.1.5　起始体 ………………………………………………………（112）
　　　5.1.6　继续体 ………………………………………………………（114）
　　　5.1.7　已然体 ………………………………………………………（116）
　　　5.1.8　将然体 ………………………………………………………（118）
　　　5.1.9　尝试体 ………………………………………………………（119）
　　　5.1.10　短时体 ………………………………………………………（122）
　　　5.1.11　反复体 ………………………………………………………（125）
　　　5.1.12　小结 …………………………………………………………（128）
　5.2　丹江方言持续体标记的历史层次 …………………………………（131）
　　　5.2.1　持续体表达形式的句法、语义功能 …………………………（131）
　　　5.2.2　语法化机制 …………………………………………………（132）
　　　5.2.3　语法化来源与过程 …………………………………………（133）
　　　5.2.4　语法化程度与历史层次 ……………………………………（148）
　5.3　丹江方言轻声[ti⁰]的时体意义 ……………………………………（149）
　　　5.3.1　的₁ ……………………………………………………………（150）
　　　5.3.2　的₂ ……………………………………………………………（153）
　　　5.3.3　的₃ ……………………………………………………………（157）
　　　5.3.4　的₄ ……………………………………………………………（157）
　　　5.3.5　历史来源 ……………………………………………………（161）

第6章　丹江方言的代词 …………………………………………（173）

　6.1　人称代词 ……………………………………………………………（173）

  6.1.1 人称代词的形式 ·· (173)
  6.1.2 人称代词的功能和用法 ······································ (173)
 6.2 指示代词 ··· (178)
  6.2.1 指示代词的形式 ·· (178)
  6.2.2 指示代词的功能和用法 ······································ (179)
 6.3 疑问代词 ··· (189)
  6.3.1 疑问代词的形式 ·· (189)
  6.3.2 疑问代词的功能和用法 ······································ (189)

第7章 丹江方言的副词 ·· (200)

 7.1 丹江方言的副词"白" ··· (200)
  7.1.1 白₁ ··· (200)
  7.1.2 白₂ ··· (201)
  7.1.3 白₃ ··· (202)
 7.2 丹江方言的副词"通" ··· (209)
  7.2.1 "通"的句法功能 ··· (209)
  7.2.2 "通"的语法意义 ··· (213)
  7.2.3 "通"与其他程度副词比较 ································ (213)

第8章 丹江方言的助词 ·· (215)

 8.1 丹江方言"得"的对称与不对称 ······························ (215)
  8.1.1 能性"得"与非能性"得"的对称与不对称 ········· (215)
  8.1.2 动词前与动词后能性"得"的对称与不对称 ······ (220)
  8.1.3 "V+得+趋向补语"表可能和表趋向的
     对称与不对称 ·· (225)
  8.1.4 "V得C"表可能和表状态的对称与不对称 ········ (226)
  8.1.5 "有得""没得"的对称与不对称 ······················ (228)
 8.2 丹江方言"VP"前"给它""给" ······························ (230)
  8.2.1 给它 ··· (230)
  8.2.2 给 ·· (236)
  8.2.3 历时考察 ·· (242)
  8.2.4 方言类型比较 ··· (245)

第 9 章　丹江方言的处置句、被动句 ……………………（252）
9.1　丹江方言的"叫"字句 …………………………………（252）
9.1.1　"叫"的基本用法 …………………………………（252）
9.1.2　"叫"字处置句 ……………………………………（253）
9.1.3　"叫"字被动句 ……………………………………（257）
9.1.4　方言分布 …………………………………………（261）
9.2　丹江方言"看(叫)NPV/A 的看"句式 ……………………（261）
9.2.1　相关句式的基本功能 ……………………………（262）
9.2.2　句式的主观性与主观化 …………………………（271）
9.2.3　"看"的语法化及相关思考 ………………………（275）
第 10 章　结语 ………………………………………………（278）
参考文献 ………………………………………………………（291）

第1章 前言

1.1 丹江及其语言使用状况

1.1.1 丹江简介

丹江,是丹江口市的俗称。丹江口市位于鄂西北,汉水中上游,地跨东经110°08′~110°34′、北纬32°14′~32°58′。东与老河口交界,南与房县接壤,东南与谷城县相连,西与十堰市、西北与郧县相接,东北与河南省淅川县为邻。东南距省会武汉市480公里,西距十堰市110公里。市境东西最大横距73公里,南北最大纵距81公里,总面积3121平方公里。下辖4个街道办,12个乡镇,1个旅游经济特区(景区)。

丹江口市有着三千五百多年悠久的历史。根据《襄阳郡志》(明天顺刻本)、《丹江口市志》记载,"禹贡雍豫二州之域,春秋为麇地,战国属韩及楚";汉高祖五年(前202年)置县,取名"武当",隶属南阳郡。隋开皇五年(585年)为均州,辖武当、均阳两县。唐天宝元年(742年)为武当郡,乾元元年(758年)复为均州。宋、元仍旧。明洪武二年(1369年)省武当入州,直属湖广布政使司;成化十二年(1476年)改属襄阳府,沿至清末。民国初年改均州为均县,属湖北襄阳道。民国二十一年(1932年),湖北省69个县划为11个行政督察区,均县隶属湖北省第十一行政督察区,民国二十五年(1936年)改属湖北省第八行政督察区。1949年,中华人民共和国成立后,均县隶属郧阳专员公署,1952年改隶襄阳专区行政公署。1958年因修建丹江大坝,全县搬迁到沙陀营。1960年撤销均县并入光化县;1962年又与光化县分开恢复均县。1965年均县复归郧阳地区管辖。1983年8月19

日，改名为丹江口市，仍属郧阳地区管辖。1994年郧阳地区与十堰市合并，为十堰市所辖。因境内有均水，隋始得名"均州"，后又称"均县"。均水又名丹江，因市区位于丹江汇入汉水入口处，故名丹江口市，当地人习惯称为"丹江"。

丹江口市地处鄂豫两省交界处，北部与河南省南阳市相邻，西北紧挨陕西省，通过汉水与陕西南部的白河、旬阳密切相连，西傍十堰市，南接房县和绵延千里的神农架林区，东临鄂北重镇襄阳市。丹江口市自古就是"东连襄沔，西接梁洋，南通荆衡，北抵襄邓，左通汉水之长江，右据关峡之要路"（《襄阳郡志》）的枢纽之地，素有"荆襄襟带，雍于咽喉"之称，地理位置十分重要。

丹江口市现有人口46.49万（2016年户籍人口）。以汉族为主，少数民族有回族、满族、壮族、蒙古族、朝鲜族、苗族、侗族、瑶族、白族、土家族等，但数量不多。20世纪50—70年代，因修建丹江大坝，均县搬迁以及国家先后在本市兴建一批企业，人口有所变动。1963—1981年，共迁入207157人，迁出241409人。另外，本市常住户口有两次向外迁移，一次是1960年有2826名青、壮年赴新疆参加社会主义建设。同年9月、10月动员其家属380户，共1493人迁往新疆。另一次是1965年、1968年丹江库区海拔157米水位以下共外迁14975户，共71875人（参见《丹江口市志》1993）。

1.1.2 语言使用状况

丹江口市地方语言，当地人称为"均县话"或"丹江话"，本书称为"丹江方言"，据《中国语言地图集》（1987），属西南官话的鄂北片。

丹江口市人大多使用丹江方言，少数年轻人因家庭教育等原因，只说普通话。因为修建丹江大坝和兴建国家企业，丹江口市曾经迁入数以10万计来自全国各地的施工和技术人员。特别是1958年开始的丹江水利工程的建设，动用了来自湖北、河南、安徽三省的近十万民工，武汉水利公司整体搬迁到丹江工地（引自丹江口市人民政府网站）。工程完工后，有一部分人员驻留下来管理维护，加之兴办的相关工厂，如今已经形成职工家属达数万人的最大的驻丹企业。这第一批来丹的外来人员，一部分人已经被丹江方言同化，一部分人坚持说普通话，而很大一部分人保留了自己原来的方言；他们的子女及第三代则大多说丹江话，一部分说普通话，少数在说丹江话的同时会说父母辈的方言。修建大坝时来自武汉的管理与技术人员人数较多，且很多都驻留下来，他们之间用武汉话交流，逐渐形成了一个小方言岛。这个小的武汉方言岛，一直受到丹江方言、普通话的影响，现在已经发生了很多变化，与武汉话有了很大的区别，当地人称为"工程局话"。由于水利企业福利待遇优于地方，造成一些企业内部人员及后代产生一种心理优势。表现在语言使用上，以说普通话或"工程局话"为荣，即使会说丹江话也不愿多说。这可能是造成武汉方言岛一直存在的原因之一。

1.2 研究的对象、理论与方法

本书研究的对象是丹江方言，指搬迁前的"均县话"和搬迁后的"丹江话"，且只限于城区内，不包括12个乡镇。下辖乡镇话，与城区方言大体相同，但因为所处地理位置不同，之间也有不一致的地方。

本书研究只涉及丹江方言的语法部分。关于丹江方言的语法研究，之前只有零星的几篇文章对某一突出现象进行分析，还没有相对专门系统的论述。本书的写作，试图通过一些颇具特色的语法问题的探讨，以点带面，对丹江方言的语法面貌和特点进行较全面深入的介绍与展现。

现在的方言研究，有两条基本的路子：一条是描写，对方言事实进行详细准确的描写；一条是解释，注重对方言事实加以理论上的解释。本书研究把描写与解释结合起来，对丹江方言中独具地方特色的语法现象进行细致描述，挖掘其特点，解释其形成演变的原因、途径和规律；对方言区域共有的现象，已被他人提到并做出深入研究的，本书不做重复性描述，只是致力于不同意见的发抒，已被他人提到却没有深入研究的，本书多做阐发。故本书既有较系统的描写分析，也对某些特殊的语法现象做专门的探讨。

本书的研究以"句管控"理论和"语法化"理论为依据。邢福义（1995、2001b）提出"小句中枢"和"句管控"理论：小句是汉语最小的具有表述性和独立性的语法单位。在由各类各级语法实体所构成的汉语语法系统中，小句居于中枢地位。小句在中枢地位上对汉语语法规则的方方面面发挥其管束控制的作用。小句的组词与表意，语句的联结与相依，规律的形成与生效，方言的语法差异，都依存于特定的句法机制，都或大或小、或多或少、或直接或间接地取决于特定的句法机制。可以说，句法机制管控着整个语法面貌的大局。汉语语法规则，无论属于哪一方面、哪个层次，都总要直接或间接地在"句管控"的局势之下来完成。本书对方言现象的描写、语法事实的分析、语法特点的归纳，多以"句管控"理论为指导，力图能够更加准确透彻。

本书的研究，采用"两个三角"的动态分析方法。不仅对方言语法现象做语表形式、语里意义和语用价值的综合验证，而且将丹江方言语法的特点研究置于汉语语法研究的大框架中，把方言语法研究与语言理论研究、现代汉语语法研究、汉语语法史研究结合起来，把方言与共同语、单点与方言区、共时与历时结合起来，通过"普—方—古"的大三角视野，立体地观照单点方言语法特点，并据此延伸到汉语语法相关问题的探讨。

1.3　丹江方言的声韵调

声母（19个）：

p 巴布别	p' 怕盘胖	m 门谋木	f 飞付浮
t 低大夺	t' 太同突		l 来男路
ts 资走坐	ts' 词长存	s 丝散手	z 日人容
tɕ 及结净	tɕ' 齐求轻	ȵ □人家 □女娃	ɕ 西形下
k 哥瓜共	k' 哭开看		x 海很和
ø 安言云			

韵母（37个）：

ɿ 资此支赤	i 比地七米	u 不母住出	y 女律句与
ɯ 去黑给圪			
ər 儿而二耳			
a 八打发马	ia 加掐下牙	ua 瓜夸话抓	
ɛ 白带太还		uɛ 怪坏帅外	

	ie 爹别铁页		ye 雪觉却月
ɤ 哥可德和			
o 波坡泼摸	io 略削脚药	uo 国多扩活	
ei 背赔美飞		uei 会贵亏为	
au 宝跑猫刀	iau 表飘刁要		
ou 斗头口肉	iou 丢牛秋有		
an 办但干暗	iɛn 变点天眼	uan 穿管欢碗	yɛn 卷全选圆
ən 灯疼本门	in 紧亲新阴	uən 昏棍困问	yn 军群熏晕
aŋ 当方刚航	iaŋ 良江向样	uaŋ 壮窗荒王	
əŋ 哼东同龙		uŋ 工空红翁	yŋ 兄穷用永

声调（4个）：

阴平 35　高天方出　　　　阳平 53　时门国白

上声 55　短米有取　　　　去声 312　对到闭地

1.4　几点说明

1.4.1　方言调查合作人（年龄据调查时间计）

朱淑静，女，95 岁。私塾文化。世居当地，不曾长期外出居留。

叶菊珍，女，65 岁。初中文化。世居当地，不曾长期外出居留。

陆晓吾，男，38 岁。大学文化，公务员。曾到湖南湘潭上学三年。

刘晓峰，男，29 岁。大学文化，企业技术人员。曾到武汉上学三年。

1.4.2　常用的方言词语

娃子：子女、小孩子。

贼娃子：小偷。

今儿的、明儿［mər^{35}］的、昨儿的、后儿的：今天、明天、昨天、后天。

的［ti^0］：里。如：屋的、教室的。

拍［p'ɛ^{35}］话：讲话、聊天。

有得［tɛ^0］、没得［tɛ^{55}］：有、没有。

这下［xər⁰］儿、那下儿、哪下儿：这儿、那儿、哪儿。

阵［tsən³¹²］：这么。

恁［lən³¹²］：那么。

啥、啥子：什么。

咋：怎么。

斗［tou³¹²］：就。斗要：就要。

将［tɕiaŋ³⁵］、将将儿：刚、刚才。

紧［tɕin⁵⁵］：一直。表示持续不断。

怪：很。程度副词。如：怪好，即很好。

埋［mɛ⁵³］：别、不要。

埋准［mɛ⁵³ tsən³⁵］：别、不要。

未枪［tɕ'iaŋ³⁵］、不枪：不一定。

不胜：比不上。

唠［lao⁰］：了。

奈［lɛ⁰］：呢。

1.4.3 行文体例

1）本书方言语料一般采用本字标写。本字不明者，不追求本字的考求，大多采用同音字标写，少数用方框符号"□"代替，后面加注读音和普通话释义。例如：

斗［tou³¹²］（就）

□［k'ən³⁵］头（小气）

2）本书注音采用国际音标，调值标于右上角。例如：往［uaŋ⁵³］婆子。

3）方言语料的普通话相应意思，标于其后圆括号内。例如：牌（扑克、麻将等）——牌牌儿（标牌）。

4）在例句前面加星号"＊"表示方言中没有这种说法，加问号"？"表示这种说法不大可能出现。

5）除方言语料全部由本人调查得来的外，其他语料来自北京大学CCL语料库，转引自别人的，在其后标明来源出处。

第 2 章　丹江方言的构词

丹江方言的构词手段丰富多样，包括形态手段、句法手段、语音手段等类型。形态手段又可以分为附加式、屈折式和重叠式三种。句法手段与普通话大致相同，但也有少许特点。例如，有动词性语素加时态标记构成的时间名词"黑唠""明儿唠""后儿唠"等。"黑唠"与"白天"相对，表示夜晚。如昨黑唠、黑唠饭、黑唠再去；"明儿唠""后儿唠"，意即"明天""后天"。"明儿唠"还指明天以后的时间。例如：明儿唠再说、后儿唠来。状语素后置构成的动词、形容词"像活"，表示像的意思。例如：他好像活你呀。除此之外，丹江方言还有改变原词语音形式来构造新词的屈折式构词，以及为了特殊的表达要求，分拆或合并语音来构词的分音、合音现象。本章主要讨论附加式构词、屈折式构词和分音、合音现象，重叠式放在第三章专门讨论。

2.1　附加式构词

附加式构词是通过在词根前后附加附加性成分的方式来完成的。用于构词的附加性成分称为"语缀"，它附加在词根的前后起构词作用，一般不再具有较实的词汇意义，有时还能表达一定的语法意义或感情色彩。根据与词根的位置关系不同，"语缀"又可以分为前加式、中嵌式和后附式三种。

丹江方言常见的构词"语缀"见下。

2.1.1　语缀"儿"

丹江方言附加"儿"缀的儿化现象非常普遍，是一种重要的后附式构词方式。儿化时儿化韵［ər］紧附在前一个音节上，与之构成一个整体，导致主要元音央化。当前一个音节以［n］为韵尾时，鼻韵尾脱落；以［ŋ］为韵尾时，儿化韵［ər］紧跟在后面。前一个音节为去声时，儿化变为新调313，其他一律变调为升调35。

名词性不成词语素词根带上后附式语缀"儿"，构成名词。

名+儿：凳儿、桌儿、瓶儿、盆儿、名儿、绳儿、底儿、店儿、院儿、皮儿、角儿、桃儿、勺儿、眼儿、袋儿、头儿、娃儿、被窝儿、茶叶儿、面条儿、豆芽儿、蒜瓣儿、衣架儿、眼镜儿、裤衩儿、电影儿、酒馆儿、椅背儿、床腿儿、奶嘴儿、嘴唇儿、板眼儿、豆腐块儿、手指头儿、眼睛毛儿、电灯泡儿、鸡蛋黄儿、吸铁石儿

时间名+儿：今儿、昨儿、明儿［mər^{35}］

方位名+儿：前儿、后儿、里儿、边儿

地点名+儿：草店儿、金陵湾儿、习家店儿、凉水河儿、土台儿、丁营儿

构词词根是不成词语素，不带语缀"儿"就不能单说。例如，凳、桌、瓶、盆、名、店、今、昨、桃、勺、茶叶、被窝、面条、衣架、豆芽、眼镜、裤衩、电影、手指头、眼睛毛、电灯泡等。其中，双音节、三音节词根在普通话中能成词单独使用，在丹江方言中却必须加"儿"缀。也可能是另一个与带语缀"儿"后意义完全不同的词。例如，"角［kə^{35}］"是指动物的犄角；"角儿"是指角度或具有交叉角度的事物。"前"表方位；"前儿"表时间，指前天。"背心"指人的脊背；"背心儿"指无袖汗衫。

名词、数词、量词、动词、形容词、代词等词根带上后附式语缀"儿"，构成儿化词。例如：

名+儿：花儿、刀儿、狗儿、车儿、门儿、棍儿、碗儿、缝儿、光儿、歌儿、火儿、酒杯儿、书本儿、铜板儿、别针儿、酒柜儿、皮箱儿、阳台儿、土堆儿、台阶儿

数+儿：三儿、四儿、五儿、六儿、七儿、九儿

量+儿：条儿、节儿、本儿、坨儿、斤儿、寸儿

动+儿：盖儿、塞儿、罩儿、包儿、摊儿、把儿、扣儿、泡儿、画儿、活儿、垫儿、钩儿、钉儿、叉儿、截儿、戳儿、伴儿、招儿、挑

儿、漂儿

形容+儿：方儿、干儿、亮儿、空儿、黄儿、青儿、弯儿、尖儿、香儿

代+儿：这儿、那儿、哪儿、谁个儿、自个儿、这下儿、那下儿

除了代词词根加"儿"缀构成代词外，其他实词词根构成的儿化词都是名词。

许多"儿"缀名词都有和它相对应的指称同一事物的"子"缀词。例如，凳儿—凳子、桌儿—桌子、瓶儿—瓶子、盆儿—盆子、名儿—名子、绳儿—绳子、条儿—条子、盖儿—盖子、塞儿—塞子、摊儿—摊子、把儿—把子、扣儿—扣子、方儿—方子等。但不是所有的"儿"缀词根都能带上"子"缀，例如，今、昨、前、后、泡、画、这、那等。有些词根带"儿"缀与带"子"缀构成的词意义也不相同。例如，"底儿"泛指事物的底部；"底子"专指鞋底子。"皮儿"泛指事物的表皮；"皮子"专指动物皮制成的熟皮或胶皮等。"角儿"是指事物的角度；"角子"专指硬币。"点儿"指小而圆的事物；"点子"指主意、办法。"包儿"指装东西的袋子；"包子"指一种有馅的面食。

丹江方言重叠方式构词，单音节词根重叠后不能直接构词，还必须带上"儿"缀才能成词。例如，杯杯儿、框框儿、点点儿、房房儿、桌桌儿、洞洞儿、嘴嘴儿、刀刀儿、车车儿、边边儿、块块儿、条条儿等。儿化后重叠的第二音节不管原调是什么，一律读为轻声。重叠不儿化的"杯杯、桌桌"等也可以说，但它们是单音节词的重叠形式，表示"每、每一"等语法意义，重叠的第二音节读原调。实词重叠后构成的语法形式"AA"式，往往也要再加上儿化形式，重叠的第二音节不管原调是什么，一律读为轻声。例如，趟趟儿、点点儿、片片儿、块块儿、玩玩儿、跑跑儿、尖尖儿、香香儿、美美儿、高高儿、酸酸儿、慢慢儿、热热儿等。

语缀"儿"附加在词根或重叠词根后面，具有表情表意的作用。名词、数词、量词、动词、形容词等实词或重叠实词儿化后，能增加一种亲昵、喜爱等情感意义，用在轻松、随意的语境场合。有些词同时还可以带上小量、轻微等语法意义。例如，"花儿"比"花"更具有主观喜爱色彩；"刀儿"是"刀""刀子"一类中外形相对较小的，"刀刀

儿"比"刀儿"更小;"三儿、四儿、五儿"是一种昵称,同时含有"小"义。

2.1.2 语缀"子"

2.1.2.1 后附式语缀"子"

丹江方言"子[tsʅ⁰]"具有很强的构词能力,附加"子"缀构词比普通话要丰富得多,有许多普通话没有的"子"缀词,内部构成形式也复杂多样。表现如下:

1)从词根的性质来看,包括:

名+子:车子、刀子、金子、银子、屋子、烟子、皮子、席子、帐子、凳子、椅子、盆子、盘子、筷子、勺子、果子(点心)、梨子、桃子、日子、月子、绳子、里子、面子、领子、鞋子、袜子、裤子、袄子、娃子、蚊子、猫子、狗子、羊子、鸡子、末子(小蚊子)、老鼠子、蝎鼠子(壁虎)、房檐子、小米子、嘴巴子、脑瓜子

动+子:锯子、磨子(石磨)、盖子、塞子、印子、摊子、把子、扣子、衬子、钩子、铲子、垫子、叉子、推子(理发工具)、刷子、起子、钳子、拍子、卡子(发卡)、夹子、舀子、剪子、骗子、拐子、划子(小船)、卷子(一种面食)、罩子(雾)

形+子:冷子(冰雹)、圆子(丸子)、弯子、尖子、方子、单子、猛子(潜水)、胖子、矮子、麻子、跛子、秃子、瞎子、聋子、傻子、疯子、痞子、马二虎子(马虎)

数+子:三子、五子

量+儿:点子、条子、个子、枝子、本子、片子、份子

代+子:啥子

2)从语法构造来看,包括:

数+形+子:二杆子、二憨子、二流子

(数+量)+动+子:二道贩子、二半吊子

(动+名)+子:败家子、豁牙子、背锅子(驼背)、跛腿子

名+名+子:脚脖子、手镯子、耳坠子、牙花子、嘴喳子、鞋帮子、尿片子、火罐子、月母子、油果子(油条)、夜蚊子、儿娃子、贼娃子、狗腿子、电线杆子、屁股帘子、钢筋锅子、窟窿眼子、被窝里

子、下巴颏子、屁股沟子、苞谷糁子

名+形+子：脑浆黄子

形+（名+子）：齉鼻子、直眼子、歪嘴子、女娃子、小叔子、老婆子（婆婆）、老妈子、老伯子、土狗子（蝼蛄）、马虎眼子（迷糊）、楞睁眼子（犟）、精赤包子（赤膊）

动+（名+子）：叫花子、往婆子（出嫁）、斗分子（送礼）、撮脖子（耳光）、串门子

动+（动+子）：扎迷子（潜水）、打摆子

名+动+子：药引子、左撇子、帽盖子（一种头顶有头发的发型）、水划子、金箍子、草鞋爬子（一种像草鞋的多足爬虫）、螃蟹夹子（螃蟹）、拨郎盖子（膝盖）、结巴磕子（结巴）

形+名+动+子：恶婆夹子（嘴厉害的人）

3）从语缀构成来看，可以与其他构词语缀组成复合语缀。包括：

头+子：锤头子（拳头）、指头子、嘴头子、筷头子、笤帚头子、老实头子（老实）、倔巴头子（倔强）、犟筋头子（犟）

巴+子：狼巴子（狼）、岔巴子（爱打岔的人）、啬巴子（吝啬鬼）、眼屎巴子（眼屎）

附加"子"缀构词，词根可以是成词语素，例如：车子、刀子、屋子、烟子、瞎子、傻子、金子、银子、秃子、底子、包子、圆子、方子等。其中，名词性词根大部分与其加"子"缀后语义相同，少量存在不同。例如，"烟子"是指烟雾，而"烟"有两义：一指香烟，一是形容词，表示有烟雾、呛人；"面子"指脸面，"面"却是指面粉或面条。谓词性词根加"子"缀后，词性改变为名词性。词根也可以是不成词语素，例如，席子、桃子、绳子、猫子、狗子、羊子、蝎子、老鼠子、房檐子、小米子等。有些"子"缀词具有相应的"儿"缀形式，例如，刀子—刀儿、屋子—屋儿、盆子—盆儿、钩子—钩儿、把子—把儿、条子—条儿、个子—个儿等。也有很多"子"缀词没有相应的"儿"缀形式，例如，席子、金子、银子、帐子、果子、蚊子、猫子、狗子、锯子、叉子、推子、拍子、冷子、圆子、骗子、拐子、啥子等。

"子"缀可以附加在名词、量词以及一些实词的重叠形式后，在原词义基础上增加某种附加意义。例如：

名+子：老头子、面条子、嘴唇子、裤衩子、眼镜子、下巴颏子（下巴）、拨啷盖子（膝盖）

量+子：（两）趟子、（两）块子、（一）条子、（一）下子、（一）捆子、（一）盒子

实词重叠+子：刀刀子、屋屋子、缝缝子、绳绳子（名词）、钩钩子、把把子、盖盖子、塞塞子、摊摊子（动词）、点点子、条条子、枝枝子、趟趟子、下下子、捆捆子（量词）

这些词或重叠形式，都有相应的儿化形式。与附加"儿"缀带上亲昵、喜爱等情感意义不同，附加"子"缀后能带上明显的贬义，有轻蔑、厌恶、不高兴、不耐烦等情感色彩。另外，量词重叠带"儿"缀表示小量，带"子"缀却表示"多、足"的语法意义。例如，名词"块块儿"较小，"块块子"相对较大；做量词，"一块块儿饼干"表示量小，"一块块子饼干"表示量大。

2.1.2.2　中嵌式语缀"子"

状态形容词的四字格生动形式，中间可以加上一个语缀"子"。作用是拉长音节，舒缓语气，同时还增加一种不满、厌恶之情。例如：

酸圪子唧嚓、甜圪子囔唧、黑不子溜秋、流里子流气、花里子胡哨、少条子失教、贼眉子鼠眼、乱七子八糟、撒腰子拉夸、丢三子落四、颠三子倒四、曲扭子拐弯、云天子雾地、吊儿子郎当、死皮子赖脸、横七子竖八、贼眉子鼠眼、丢人子显眼、清汤子寡水、扬叉子舞道

2.1.3　语缀"的"

丹江方言中有两种不同的"的[ti⁰]"语缀，它们的性质和来源不同。

1)"的₁"来源于表领属关系的结构助词。根据其内部结构关系，有以下两类：

动+的：卖菜的、要饭的、耍猴的、剃头的、教书的

形+的：男的、女的、素的（农村称冷色为素的）

这种"的"缀词主要表示人或事物的名称，在句中做主语、宾语、定语。丹江方言有相当多的名词性"的"字结构已经完全词汇化，它们融入社会生活的各个方面，有些与指称相同事物的普通名词共用，有

的甚至替代了这些普通名词。例如，"要饭的"与"叫花子"共用；"男的、女的"替代了"男人、女人"。

2)"的₂"来源于相当于"里"义的方所名词[ti⁰]。词根有以下三类：

普通名+的：夜的（晚上）、白天的、头的（前面）
时间名+的：昨的（昨天）、明的、今的
方位名+的：前的、后的

这种"的"缀词主要表示时间，例如，夜的、昨的、明的、前的、后的。还有方位，例如，头的。在句中做主语、状语和介词宾语。例如：

夜的有雨，记得收衣服。
他今的回来，你去接他吧。
头的你走，他后脚斗来唠。
从明的起你给我记到。

相当于普通话"里"义的方所名词"的"[ti⁰]，在丹江方言中使用很频繁，可以和各种名词组合一起构成方位短语。例如，屋的、水的、盒子的、山的、城的、洞的、学校的，等等。由于语义限制，并不是所有名词都能带方所名词"的"，必须是那些人们主观上认为具有相对封闭空间的事物才行。

2.1.4 语缀"头"

语缀"头[tʻou⁰]"，常常儿化，主要附加在以下几种词根后：

普通名+头：石头、木头、砖头、烟头、锄头、码头、芋头、指头、拳头、舌头、馒头、手头、脚头、骨头、蒜头、椿头、风头、派头、裤头、针头、线头、钟头、气头、年头、丫头、零头、肤头（上面、外面）

方位名+头：上头、下头、里头、外头、前头、后头、东头、西头
量+头：个头、块头
形+头：老头、高头、甜头、苦头、霉头、滑头、准头、□[kʻən³⁵]头（小气）
动+头：插头、念头、赚头（猪舌头）、跟头、盼头、看头、想

头、来头、找头、干头

由语缀"头"构成的词,主要是表示人或事物的名称和方位的名词,在句中做主语、宾语、定语和状语。"头"本有"头部""顶端"等义。作为语缀,有的还保留了少量词汇意义,比如,跟在一些表示条状、线状事物的词根后,有表小的意义。例如,烟头、裤头、针头、线头等。有些跟在名词、形容词后表方位义。例如,上头、下头、肤头、高头等。脚头,不指脚尖,而是指脚放的地方;手头,不指手的顶、尖,而是指手上。而至于派头、钟头、苦头、跟头、念头等,就虚化得看不出"头"的意义是什么了。可以看出,"头"尚处于实词向构词语缀虚化的过程之中,还有一些具有些许词汇意义的中间状态,但读音已经轻化,这些中间状态的"头"我们可以称为"类语缀"。

丹江方言中,轻声的"头"儿化后可以较普遍跟在动词、形容词后面,构成"X头"形式。主要用法有:

1)能带上"头"的动词是"打、走、跑、玩、想、活动、睡觉"等自主性动词,非自主性动词,如"忘、掉、丢、坏、跌、上当、减少、消失、遗忘"等表示消极后果的动词和表判断、存在的动词"是、有、在"等,后面都不能带上儿化的"头"。

2)单音节动词附加"头"跟在"有""有得[$tɛ^0$]""没得[$tɛ^{55}$]"之后,用于一般陈述句、疑问句;跟在"有啥"之后,用于反问句,表示有或没有这种动作行为的价值、意义和必要性。例如:

这个生意有搞头没?

公园没得玩头。

火车有啥坐头?我们还是去坐飞机吧。

3)复音节动词有的只保留前一个音节,后面附加"头";有的直接后附"头"。例如:

睡觉有啥睡头,还不胜去看电影。

他有啥巴结头,又不是官。

这么破的房子,没得拾掇头。

4)形容词附加"头",一般只用于反问句"……有啥A头?"和陈述句"……没得啥A头。"两种格式。例如:

你这样穿有啥美头?

住新房子也没得啥舒服头。

5）形容词只限于一些状态形容词，例如，美、好、激动、快活、痛苦、难过、高兴等，性质形容词"大、高、热、红"等和非谓形容词"男、金、唯一、绝对、小型"等不能带"头"。

可以看出，由"头"儿化后构成的"X头"形式，具有名词性，但却不具有名词的一般语法特征，不能受数量、指量成分修饰。例如，不能说"一个打头、这个美头"等。另外，句法功能不自由，只能出现在"有""有得""没得"之后，不能随意出现在其他位置。关于这个"头"的性质，《现代汉语语法讲话》（1999）看作是词尾附加成分。但我们认为虽然它具有较强的构词能力，语义较虚，且读为轻声，但似乎还不是一个纯粹的构词语缀。

有少数几个动词和形容词加"头"，由于使用频繁，已经固化为双音词。例如，盼头、赚头、看头、想头、来头、甜头、苦头、滑头等。

2.1.5 语缀"圪"

2.1.5.1 前加式语缀"圪"

"圪 [kɯ¹¹] / [kɯ⁵³] / [kɯ⁰]"作为构词前缀，附加在词根前面，可以构成名词、动词、形容词、量词和象声词等。例如：

圪+名：圪瘩（突出或球状物）、圪凌（皮肤上突起的痕迹）、圪落儿（角落）、圪蛋儿（小而圆的东西）、圪蚤（跳蚤）、圪纠（小结）、圪渣儿（小渣）、圪岔儿（分岔）

圪+动：圪叨（反复地说、啰嗦）、圪蹴（身体蜷缩）、圪挤（挤）、圪意（心里不舒服）

圪+形容：圪锃（崭新的）、圪缺（硬、不柔）

圪+量：圪截儿（小截儿）、圪蛋儿（小团）、圪抓儿（小抓儿）、圪概（小堆儿）

圪+象声：圪唧、圪哇、圪咚、圪吱、圪塔、圪噔、圪嘣、圪嗤、圪吧、圪啪

由"圪"构成的词中，"圪"大多是看不出具体实义的音节，例如：圪瘩、圪落儿、圪蹴、圪挤、圪意等，特别是象声词"圪唧、圪哇、圪咚"等。但也有些"圪"似乎有一定的词汇意义。例如，"圪

叨"中的"圪"就有"反复进行"之意；名词"圪蛋儿、圪蚤、圪纠、圪渣儿、圪岔儿"、量词"圪截儿、圪蛋儿、圪抓儿、圪橛"中的"圪"都有"小"的意思。

由"圪"缀构成的名词、动词、形容词、量词、象声词等，可以重叠，构成"圪XX"形式。例如：

"圪"缀名词重叠：圪瘩瘩、圪渣渣儿

"圪"缀动词重叠：圪叨叨

"圪"缀形容词重叠：圪锃锃、圪缺缺

"圪"缀量词重叠：圪抓抓儿、圪橛橛儿

"圪"缀象声词重叠：圪唧唧、圪吱吱、圪嘣嘣、圪吧吧

由"圪"缀构成的名词、动词、形容词、象声词等，还可以重叠为"圪圪XX"形式。例如：

"圪"缀名词重叠：圪圪瘩瘩、圪圪落落儿

"圪"缀动词重叠：圪圪叨叨

"圪"缀形容词重叠：圪圪锃锃、圪圪缺缺

"圪"缀象声词重叠：圪圪唧唧、圪圪哇哇、圪圪咚咚、圪圪吱吱、圪圪塔塔、圪圪噔噔、圪圪嘣嘣、圪圪嗤嗤、圪圪吧吧、圪圪啪啪

由"圪"缀构成的象声词，还可以重叠为"圪X圪X"式。例如：

圪唧圪唧、圪哇圪哇、圪咚圪咚、圪吱圪吱、圪塔圪塔、圪噔圪噔、圪嘣圪嘣、圪嗤圪嗤、圪吧圪吧、圪啪圪啪

"圪XX、圪圪XX"形式，是"圪X"词的重叠形式，大都表示一种状态，带有很强的描述性，往往在后面加上助词"的"。相比原词义，都有程度上的加强。例如，"圪瘩"指突出或球状物，"圪瘩瘩、圪圪瘩瘩"是突出或球状物（如果实等）很多的样子。"圪锃锃、圪圪锃锃"比"圪锃"要更新一些，如这张钱圪锃锃的。量词重叠后比基式在数量上有较大增加，如"一圪抓儿"是一小抓儿，"圪抓抓儿"是指很大一抓儿。象声词重叠后比基式表示的声音更持久。"圪"缀动词重叠后，"反复不停"等义程度进一步加强，如"圪叨"是反复地说、啰嗦之义，"圪叨叨、圪圪叨叨"是指反复不停地说、很啰嗦。

丹江方言有一些外形像"圪XX"形式，例如，圪精精儿（有嚼

头)、圪塌塌(较软、不挺)、圪囊囊(不满、不实)、圪哒哒(水开的样子)、圪加加(不光溜)、圪扎扎(不柔软)、圪凛凛(不软活)、圪甸甸(沉重)、圪吊吊(心里七上八下)、圪哗哗(水开的声音)等,在方言中没有相应的"圪X"基式,不是"圪X"的重叠形式,而是"圪"加重叠音节构成。这些重叠音节,还可以和形容词词根构成 ABB 式形容词。例如,瘦精精儿、软塌塌、厚加加、硬扎扎等。

双音节"圪"缀词与中嵌成分"里[li⁰]"结合,构成"圪里圪X"式。例如:

名:圪落——圪里圪落、圪瘩——圪里圪瘩

动:圪叨——圪里圪叨

象声:圪唧——圪里圪唧、圪哇——圪里圪哇、圪咚——圪里圪咚、圪吱——圪里圪吱、圪塔——圪里圪塔、圪噔——圪里圪噔、圪嘣——圪里圪嘣、圪嗞——圪里圪嗞、圪吧——圪里圪吧、圪啪——圪里圪啪

丹江方言中,中缀"里"也可以读作[ti⁰]。由"里"构成的"圪里圪X"名词形式,可以附加"每、每一"的语法意义,例如,"圪落"指角落,"圪里圪落"是指每一个角落;也可以附加"多"的语法意义,例如,"圪瘩"指球状物,"圪里圪瘩"是指有很多球状物的样子。

由"圪"构成的双音节量词与"一"组合,可重叠为"一圪X一圪X"式。例如:

一圪瘩一圪瘩、一圪截儿一圪截儿、一圪蛋儿一圪蛋儿、一圪抓儿一圪抓儿、一圪橛一圪橛

"一圪X一圪X"式,除了表示"每一、多、逐一、连绵"等义外,还可以表示状态,后面往往带上助词"的"。例如:

葡萄一圪抓儿一圪抓儿的。

面咋擀得一圪蛋儿一圪蛋儿的。

"圪"作为前加成分,附在单音节动词前,构成"圪V"形式。例如:

圪眨、圪扭、圪歪、圪扯、圪筛、圪晃、圪跳、圪扒、圪爬、圪摸、圪钻、圪塞、圪戳、圪踹、圪摇、圪咽、圪吸、圪抓、圪拽、圪

踢、圪甩、圪挺

"圪V"形式与"V"词性一致，还是动词性。"V"都是可以单独使用的单音节动词，加"圪"后能使动词在原词义的基础上，附加一种特殊的语法意义——快速、高频地反复动作。例如，"圪眨"是反复不停地眨；"圪跳"是反复不停地跳。双音词"圪叨"中"圪"具有的"反复进行"之意，就是这种形式固化成词在词义中的保留。"圪V"形式带有状态描述性，在句中可以做谓语、定语、补语等。做谓语时可以带动量补语，不能带受事宾语。若出现受事，受事出现在主语位置上或用处置介词"叫、给"等引进。例如：

身子光圪扭。

乱圪晃的房子，咋住人？

他给腿吓得圪筛。

丹江方言中，"圪V"常常重叠为"圪V圪V"式。例如：

圪眨圪眨、圪扭圪扭、圪歪圪歪、圪扯圪扯、圪筛圪筛、圪晃圪晃、圪跳圪跳、圪扒圪扒、圪爬圪爬、圪摸圪摸、圪钻圪钻、圪塞圪塞、圪戳圪戳、圪踹圪踹、圪摇圪摇、圪咽圪咽、圪吸圪吸、圪抓圪抓、圪拽圪拽、圪踢圪踢、圪甩圪甩、圪挺圪挺

"圪V"还可以重叠为"圪圪VV"式。例如：

圪圪歪歪、圪圪筛筛、圪圪晃晃、圪圪跳跳

"圪V"还可以重叠为"圪VV"式。例如：

圪筛筛、圪晃晃

"圪V圪V、圪圪VV、圪VV"式比"圪V"式语义上程度加强，更加强调动作的"不断反复、幅度小、频率高"。多用来描述状态，在后面带上助词"的"，在句中可以做谓语、定语、补语等。例如：

眼睛圪眨圪眨的。

你埋（别）在那儿圪圪筛筛，没得一点儿坐像。

大风给树吹得圪晃晃的。

2.1.5.2 中嵌式语缀"圪"

"圪"还可以作中缀，与"叽嘹、嘹叽、嚷叽、拉叽、叽咧、嚷嚷、叽叽、哝哝"等一起后附于形容词，构成"A圪BC、A圪BB"等形容词生动形式。例如：

甜圪曩叽、苦圪曩叽、酸圪叽嘹、咸圪嘹叽、涩圪拉叽、苦圪拉叽、酸圪叽咧、甜圪曩曩、软啮嗾嗾、臭圪叽叽

经常在后面带上助词"的",带有很强的描述性,主要语法意义在于表示程度的轻微,有"稍微……有点……"等义。可以在"圪"后附加一个中缀"子［tsɿ⁰］",整个形容词生动形式带有"不如意、不满、厌恶"等贬义色彩。例如,甜圪子曩叽、酸圪子叽嘹、酸圪子叽咧等。

"圪"读舌面元音［ɯ］韵。在丹江方言中,只有"给、圪、胳、坷、去、黑、后、核"等少数几个字读舌面元音［ɯ］韵,声母都是舌面后音。"圪"有三种读法,低平调［kɯ¹¹］、阳平调［kɯ⁵³］和轻声［kɯ⁰］,不同的"圪",有不同的声调。构词前缀"圪"在阴平、阳平、上声音节前读轻短的低平调11,在去声音节前读阳平调53;前加在动词上的"圪"读阳平调53;中嵌成分"圪"读轻声;重叠形式"圪圪XX"中的第二个"圪"也读轻声。

2.1.6 语缀"气"

从结构形式上看,语缀"气［tɕʰi⁰］"主要是后附在名词、动词和形容词性的词根上,与之结合构词。例如:

名+气:土气、火气、洋气、脚气、脾气、名气、才气、手气、眼气、福气、鳖气、客气、魔气(疯疯癫癫)、神气、书生气、学生气

形+气:小气、大气、老气、美气、怪气、俗气、洋气、急气、娇气、傻气

动+气:运气、服气、激气、淘气、流气、杀气

由语缀"气"所构成的词,具有三种不同的性质和语法功能。

1) 名词性。例如,脚气、脾气、名气、手气、运气等。
2) 动词性。例如,眼气、服气等。
3) 形容词性。例如,小气、大气、老气、美气、怪气等。

词根的性质与所构词的性质没有对应关系。例如,"眼"是名词性,"眼气"却是动词性。比如,"我好眼气你的身体呀!""土"是名词性,"土气"却是形容词性,比如"土气得狠、怪土气的"。"土气、洋气、傻气、娇气、俗气"等,既具有名词性,比如能受数量修饰;还

具有形容词性，比如能受程度副词修饰。

2.1.7 语缀"活"

丹江方言中，语缀"活［xuo⁰］"是一个能产性较强的后附式成分。它和单音节形容词性词根构成"A 活"形式的形容词。例如：

热活、暖活、软活、松活、灵活、快活、肉活、

烂活、通活、平活、粘活、面活、匀活、温活、

脆活、胖活、稀活

由"活"构成的形容词，没有意义相反的词和它们对应，要否定只能加否定词"不"。语缀"活"还可以重叠加儿化，带有适宜、适度、轻微等意义或色彩。例如：

热活活儿、暖活活儿、软活活儿、松活活儿、肉活活儿、

烂活活儿、通活活儿、平活活儿、粘活活儿、面活活儿、

匀活活儿、胖活活儿、稀活活儿

还有一些很少直接加"活"的单音形容词也可以加"活活儿"。例如，碎活活儿、干活活儿。但也有一些直接加"活"的单音形容词不能加"活活儿"。例如，灵活、快活。

2.1.8 语缀"佬"

语缀"佬［lau⁵⁵］"后附于动宾、偏正等结构的词根上，构成指称人的名词。由"佬"构成的名词都带有贬义。例如：

好吃佬、好哭佬、光头佬、卖屄佬、和事佬

乡巴佬、杀猪佬、美国佬、俄国佬

2.1.9 语缀"精"

语缀"精［tɕin³⁵］"附加在名词、形容词性词根或动宾、偏正等结构的词根上，构成指称人的名词。由"精"构成的名词都带有贬义。例如：

人精、害人精、妨人精、磨人精

烦人精、马屁精、狐狸精、冒失精

2.1.10 语缀"娃儿""娃子"

语缀"娃儿 [uar³⁵]"附加在单复音节语素或词的后面,构成小称形式,表示小,同时带有强烈的亲昵、喜爱等感情色彩。例如:

椅娃儿、桌娃儿、狗娃儿、鸡娃儿、树娃儿、花娃儿、
锅娃儿、鞋娃儿、河娃儿、山娃儿、坡娃儿、爹娃儿、
爷爷娃儿、被卧娃儿、衣架娃儿、眼镜娃儿、板凳娃儿、
石头娃儿、老鼠娃儿、屋儿娃儿、盆儿娃儿、盒儿娃儿、
个子娃儿(硬币)、酒杯儿娃儿、脸盆儿娃儿、锅盖儿娃儿

语缀"娃儿"还可以附加在单音节基式重叠后儿化形式的后面,表示小和可爱之情。例如:

洞洞儿娃儿、桌桌儿娃儿、凳凳儿娃儿、袋袋儿娃儿、
盆盆儿娃儿、杯杯儿娃儿、盅盅儿娃儿、刀刀儿娃儿、
豆豆儿娃儿、包包儿娃儿、车车儿娃儿、纸纸儿娃儿、
头头儿娃儿、鞋鞋儿娃儿、饼饼儿娃儿、缝缝儿娃儿

语缀"娃子 [ua⁵³ tsʅ⁰]"也可以附加在单复音节语素或词的后面,构成小称形式,表示小,但数量较少。与"娃儿"不同的是,由语缀"娃子"构成的小称形式,带有明显的厌恶、不满、轻蔑等贬义色彩。例如:

椅娃子、猪娃子、狗娃子、猫娃子、锅娃子、三娃子
板凳娃子、红薯娃子、白菜娃子、被卧娃子、石头娃子

2.1.11 语缀"里"

中嵌式语缀"里 [li⁰]"与双音节名词、动词、形容词重叠形式结合,构成"A 里 AB"式。例如:

名:圪落——圪里圪落　□ [xɯ⁵³] 拉儿 [lər⁰](角落)——□里□拉儿　圪瘩——圪里圪瘩

动:哆嗦——哆里哆嗦　咕叨(小声地说、埋怨)——咕里咕叨　粘糊——粘里粘糊

形容:糊涂——糊里糊涂　慌张——慌里慌张　啰嗦——啰里啰嗦　邋遢——邋里邋遢　□ [ku⁵³] 洞儿 [tər⁰](糊涂、不清

楚）——□里□洞儿

结巴——结里结巴　马虎——马里马虎　窝囊——窝里窝囊

妖气——妖里妖气　怪气——怪里怪气　傻气——傻里傻气

中嵌式语缀"里"，与"胡哨"等一起后附于形容词后，构成"A里BC"式形容词生动形式。例如：

花里胡哨

丹江方言中，中嵌式语缀"里"也可以读作［ti⁰］。由名词构成的"A里AB"重叠式，可以附加"每、每一"的语法意义，例如，"圪落"指角落，"圪里圪落"是指每一个角落；也可以附加"多"的语法意义，例如，"圪瘩"指球状物，"圪里圪瘩"是指有很多球状物的样子。由"里"构成的形容词生动形式"A里AB"表示程度深，总是具有贬义。

2.1.12　语缀"伙""伙的"

语缀"伙［xuo⁰］""伙的［xuo⁰ ti⁰］"附加在双音亲属称谓的名词后面，表示复数，也表示之间的关系密切，同时还带有亲热的感情色彩。例如：

弟兄伙（的）、姊妹伙（的）、妯娌伙（的）、老表伙（的）

从上面的介绍可以看出，丹江方言在附加式构词方面具有以下几个特点：

1) 用于构词的附加性成分数量相对较丰富。与普通话相比，有许多普通话没有的方言独特成分。例如，除了具有普通话有的"阿、老、儿、子、头、气"等外，还有普通话没有的附加性成分"的、圪、活、娃儿、佬、精"等。

2) 与普通话相比，相同的附加性成分有许多普通话没有的方言独特用法。例如，中嵌式语缀"子、里"、语缀"头"等。

3) 由附加性成分构成的词语形式，内部结构相当复杂。很多语缀都可以与名词、动词、形词，甚至数词、量词、代词、象声词性成分结合。例如，"子、圪"等。其中，由"子"缀构成的词内部结构还具有层次性。例如，"往婆子"是指女子出嫁，它的内部结构是"动 + (名 + 子)"。"草鞋爬子"是一种像草鞋样的多足爬虫，它的内部结构是"（名+动）+子"。

4）很多附加性成分既是语缀，也有保留少许词汇意义的用法，比如"的、头、气、活"等。这说明它们正在由实词变为语素，由它们所构成的形式正处在词汇化过程之中。

2.2 屈折式构词

丹江方言中，除了附加词缀、重叠词形等形态手段外，还有一种不增加词形的经济构词方式，那就是屈折式构词。屈折式构词是指通过改变原词语音形式的方式构造新词。具体包括两种方式：一是不改变声韵母，只是通过声调变化来产生新词；一是通过声韵调的变化来产生新词。

丹江方言的屈折构词，有很多是与普通话相同的现象。例如，改变声调构词的，包括：背、缝、扇、磨、间、钉（名→动），觉、数、担、量（动→名），好、凉、空（形→动），难、少（形→名）；改变声韵调构词的，包括：乐、校、降、宿、省、还等。

除此之外，丹江方言还有以下普通话所没有的屈折构词现象：

2.2.1 改变声调构词

木 [mu]：
(1) 读为上声55，名词，树木、木材等。
(2) 读为去声312，动词、形容词，麻木、失去知觉。
指 [tsʅ]：
(1) 读为阴平35，名词，手、脚指。
(2) 读为上声55，动词，指向、指着。
娘 [liaŋ]：
(1) 读为阳平53，名词，母亲、女子、女人等。例如：姑娘、老板娘。
(2) 读为上声55，名词，娘娘儿，指姨姨。
月 [ye]：
(1) 读为阳平53，名词，月亮。

（2）读为阴平35，名词，月份。

发［fa］：

（1）读为阴平55，动词，生发、产生、发送等。例如：发财、出发、发生、发病等。

（2）读为阳平53，动词，分发、派送等。例如：发钱、发电报等。

片［pʻiɛn］：

（1）读为上声55，名词，平而薄的东西。例如：竹片子、木片。

（2）读为去声312，动词，用刀切成片状。例如：片牛肉。量词，用于扁而薄的东西。

都［tou］：

（1）读为阴平35，名词，首都。

（2）读为上声55，副词，全部、已经。

可［kʻɤ］：

（1）读为上声55，动词，认可、可以等。

（2）读为阳平53，副词，非常、很。例如：他对我可好唠。

多［tuo］：

（1）读为阴平35，形容词，数量大、过分等。

（2）读为阳平53，副词，用于疑问、感叹句。例如：多大？他对你多好！

儿［ər］：

（1）读为阳平53，名词，子女。

（2）读为阴平35，语缀。

子［tsʅ］：

（1）读为上声55，名词，儿女。

（2）读为轻声，语缀。

2.2.2 改变声韵调构词

颗：

（1）读为［kʻɤ35］，量词，用于圆形或粒状物。

（2）读为［kʻuo55］，名词，颗颗儿，身上长的痤疮等。

得：

（1）读为［tɛ⁵³］，动词，得到。

（2）读为［tɛ⁵³］，动词，用在动词或助词"得"后，表示能够或可以。例如：我去得；这个东西吃得得。

（3）读为［tɛ⁵⁵］，动词，需要。例如：还得几天才好。能愿动词，用在动词前，表示可能、必须、一定、必然等。例如：你得走唠。

（4）读为［tɛ⁰］，助词，用在动词后，后面可跟补语，表示能够、可能、可以等。例如：这本书我看得，你看不得；我做得好。

（5）读为［ti⁰］，助词，用在动词或形容词后面，连接表示趋向、程度或状态的补语。例如：拿得过来、冷得狠、跑得快。

到：

（1）读为［tau³¹²］，动词，去到、到达、达到等。趋向动词的肯定式。例如：走到、做到等。

（2）读为［tau⁵⁵］，趋向动词的否定式。例如：找不到、做不到、没拿到等。

（3）读为［tau⁰］，持续体标记。例如：站到！坐到吃。

轻声在丹江方言中是一种非常重要的语音区别性特征，同时也是一种词汇和语法现象。由原调读为轻声，往往具有构词别义的作用。例如：

两：读原调［liaŋ⁵⁵］，数词，二。读轻声［liaŋ⁰］，虚指，几、多。如：吃两个；多跑两趟。

干饭：读原调［kan³⁵ fan³¹²］，偏正结构，意为干燥无水的饭食。读轻声［kan³⁵ fan⁰］，名词，指米饭。

牛皮：读原调［liu⁵³ pʻi⁵³］，偏正结构，意为牛的毛皮。读轻声［liu⁵³ pʻi⁰］，名词，指夸大、虚假的话。

开水：读原调［kʻɛ³⁵ sei⁵⁵］，动宾结构，意为打开水龙头。读轻声［kʻɛ³⁵ sei⁰］，名词，意为烧开的水。

蒸面：读原调［tsən³⁵ miɛn³¹²］，动宾结构，意为蒸面条。读轻声［tsən³⁵ miɛn⁰］，名词，意为一种蒸制的面条。

挂面：读原调［kua³¹² miɛn³¹²］，动宾结构，意为把面条悬挂起来。读轻声［kua³¹² miɛn⁰］，名词，意为一种机制的面条。

打手：读原调［ta⁵⁵ sou⁵⁵］，动宾结构，意为击打手部。读轻声

［ta⁵⁵ sou⁰］，名词，指以暴力手段强迫他人服从的人。

上席：读原调［saŋ³¹² ɕi⁵³］，动宾结构，意为入座吃饭。读轻声［saŋ³¹² ɕi⁰］，名词，指吃饭时所坐的尊座。

上坡儿：读原调［saŋ³¹² p'ər³⁵］，动宾结构，意为由坡下向坡上运动。读轻声［saŋ³¹² p'ər⁰］，名词，指向上的坡。

下水：读原调［ɕia³¹² sei⁵⁵］，动宾结构，意为进入水中。读轻声［ɕia³¹² sei⁰］，名词，指食用的牲畜内脏。

下手：读原调［ɕia³¹² sou⁵⁵］，动宾结构，意为动手，着手。读轻声［ɕia³¹² sou⁰］，名词，指助手、座次的下方等。

东西：读原调［təŋ³⁵ ɕi³⁵］，并列结构，意为东方和西方。读轻声［təŋ³⁵ ɕi⁰］，名词，泛指各种具体或抽象的事物。

第二：读原调［ti³¹² ər³¹²］，序数结构，意为第二次第。读轻声［ti³¹² ər⁰］，名词，指第二天。

大家：读原调［ta³¹² tɕia³⁵］，偏正结构，意为大的家庭、家族，或名词，指有名望的人。读轻声［ta³¹² tɕia⁰］，代词，指一定范围内的所有人。

丹江方言中还有一种语音变化现象，表现为语义相同或相关的同一个词或语素，在不同的词语环境中有不同的读音。这种语音变化不同于屈折语音构词，是方言文白异读现象。例如：

往：丹江方言动词"往"都读为阳平［uaŋ⁵³］，例如：往婆子、往哪儿去等；但在"往来、往返"等词中却读为上声［uaŋ⁵⁵］。"往［uaŋ⁵³］"为方言白读音，"往［uaŋ⁵⁵］"为文读音。

把：丹江方言动词"把守"、名词"把握""把柄""把戏"等中的"把"，以及量词"把"都读为上声［pa⁵⁵］；但介词"把"却读为去声［pa³¹²］。"把［pa⁵⁵］"是方言白读音，"把［pa³¹²］"是文读音。

去：丹江方言动词"去"都读为［k'ɯ³¹²］，例如：去玩、上街去、拿去、过去（动词，从此到彼）等；但在"过去（名词，以前）"一词中却读为［tɕ'y³¹²］。"去［k'ɯ³¹²］"是方言白读音，"去［tɕ'y³¹²］"是文读音。

卡：丹江方言动词或语素"卡"都读为［tɕ'ia⁵⁵］，例如：卡牙、卡子、关卡等；但"卡车、卡片"等词和热量单位"卡"却读为［k'a⁵⁵］。

"卡［tɕʻia⁵⁵］"是方言白读音，"卡［kʻa⁵⁵］"是文读音。

算：丹江方言动词"算"都读为［san³¹²］，例如：算账、算钱等；但在"算术"一词中却读为［suan³¹²］。"算［san³¹²］"是方言白读音，"算［suan³¹²］"是文读音。

核：丹江方言表果核的名词"核"都读为［xu⁵³］，例如：枣核、梨核等；但在"核心、原子核"等词中读为［xɤ⁵³］。"核［xu⁵³］"是方言白读音，"核［xɤ⁵³］"是文读音。

杏：丹江方言表一种水果"杏子"的名称时都读为［xən³¹²］，例如：杏子树等；但在说"杏花村"这一商标名时读为［ɕin³¹²］。"杏［xən³¹²］"是方言白读音，"杏［ɕin³¹²］"是文读音。

喉：丹江方言表"喉咙"的名词"喉"都读为［xu⁵³］，例如：喉咙疼等；但在"咽喉"一词中却读为［xou⁵³］。"喉［xu⁵³］"是方言白读音，"喉［xou⁵³］"是文读音。

我们可以看出，丹江方言的文白异读是一种有规律的变读现象，它反映了方言不同历史层次的语音叠置。例如，"算"，是古山摄合口一等的端系字，在丹江方言中大都不带介音［u］。例如：短、段、断、端、锻、团、湍、拖、暖、乱、卵、峦、挛、銮、钻、赚、算、酸、蒜等；"杏"，反映了见组、匣母佳皆韵二等开口字在丹江方言中不颚化的事实。例如：阶、皆、街、解、界、介、届、戒、械、秸、蟹、鞋、杏等。

2.3　分音与合音词

分音、合音是汉语一种独特的语言现象，自古就存在于汉语之中。由分音、合音的方式构成的词，虽然在汉语词语总量中所占比例极小，但其特殊的构词方式，对研究汉语语音、词汇、语法、语用等，都具有不容忽视的重要作用。丹江方言中也包含一些特有的分音与合音词。

2.3.1　分音词

分音词是通过分拆单音词的语音形式而构成的同义双音词。双音词前一个音节的声母与后一个音节的韵母和声调相拼，就得到单音词的语音。由此可见，分音词是单音词缓读分音而来，目的"可能是为了避免音节结构简化带来的同音词过多，或者为了分化多义词而创造的"[1]。分音词产生后，与单音词原形共存于语言中，在特定的语言环境中代替单音词使用，使用范围往往比单音词要小。

丹江方言常见的分音词多为动词，也有名词和少量量词、象声词。由于很少有书面形式，分音词常用同音字标记；没有同音字的就用"□"代替。由于产生时间可能较早，语音发生变化，有些分音词的前后音节相拼不能直接得出单音词原形；有些可能已经取代单音词原形，如今不知道单音词是什么。常见的分音词有以一下些：

名词：

窠浪 [k'ɣ³⁵ laŋ⁰] ——腔 [tɕ'iaŋ³⁵]。如：胸窠浪子好疼呀！

黑噜 [xɯ³⁵ lou⁰] ——軥 [xou³⁵]。如：他一上床斗打黑噜。

圪楞 [kɯ⁵³ lən⁰] ——埂 [kən⁵³]。如：身上抓起唠很多圪楞。

窟窿 [k'u³⁵ ləŋ⁰] ——孔 [k'uŋ⁵⁵]。如：衣服上咋到处都是窟窿奈？

□篓 [k'ɯ³⁵ lou⁰] ——壳 [k'ɣ³⁵]。如：你身体只是个空□篓。

黑浪 [xɯ³¹² laŋ⁰] ——巷 [xaŋ³¹²]。如：小娃子在黑浪子的乱窜。

动词：

卜拉 [pu⁵⁵ la⁰] ——扒 [pa⁵⁵]。如：光在盘子里卜拉来卜拉去。

屈□ [tɕ'y⁵⁵ lyɛn⁰] ——蜷 [tɕ'yɛn³¹²]。如：屈□到睡。

糊弄 [xu⁵⁵ ləŋ⁰] ——哄 [xuŋ⁵⁵]。如：你糊弄我。

咕动 [ku⁵³ təŋ⁰] ——拱 [kuŋ⁵³]。如：你喜欢乱咕动，我不跟你睡。

滴流 [ti⁵⁵ liu⁵³] ——吊 [tiau³¹²]。如：你身上滴流唠个啥东西。

第遛 [ti⁵³ liu⁰] ——提 [t'i⁵³]。如：手的第遛个酒瓶子。

不动 [pu⁵³ təŋ⁰] ——蹦 [pəŋ³¹²]。如：别在床上乱不动。

扑弄 [p'u⁵⁵ ləŋ⁰] ——澎 [p'əŋ³⁵]。如：扑弄唠我一身水。

出遛 [ts'u⁵⁵ liu⁰] ——？。如：他一下从我怀的出遛到地上。

吃□ [ts'ʅ⁵⁵ lyɛn⁰] ——？。如：不睡觉，光在床上乱吃□。

---

[1] 邢向东：《神木方言研究》，中华书局2002年版，第265页。

量词：
嘟噜 [tu⁵⁵ lou⁰]——蔸 [tou⁵⁵]。如：手的提捞一嘟噜子水果。
骨栋 [ku⁵³ təŋ⁰]——磙 [kun⁵⁵]。用于磙状物。如：一骨栋木头。
象声词：
黑噜 [xɯ⁵⁵ lou⁰]——齁 [xou³⁵]。如：黑噜包子（有哮喘病）。

2.3.2 合音词

合音词是指拼合一个双音节的词或短语的语音形式而构成的同义单音词。大多是前一个音节的声母与后一个音节的韵母相拼，声调则取重音所在的音节声调，就得到合音词的语音。合音词是语言运用过程中，为了简化或节省，把双音词或经常连用的短语连读或快读为一个音节而得来。合音词在意义、功能上与双音节的词或短语基本一致，二者共存于语言之中。

丹江方言常见的合音词有以下一些。没有书面形式的用同音字标记；没有同音字的就用"□"代替。

双音词合音：
阵 [tsən³¹²]——这么 [tsɤ³¹² mɤ⁰]。如：天阵热呀！
恁 [lən³¹²]——那么 [la³¹² mɤ⁰]。如：你有恁好吗？
囊 [laŋ⁵⁵]——哪样 [la⁵⁵ iaŋ⁰]。如：囊不是！
咋 [tsa⁵⁵]——怎么 [tsən⁵⁵ mɤ⁰]。如：你咋搞的哟。
啥 [sa⁵³]——什么 [sən⁵³ mɤ⁰]。如：有啥东西？
良 [liaŋ⁵³]——你囊 [li⁵⁵ laŋ⁵³]（第二人称敬称）。如：良好呀！
□ [n̠ia³¹²]——人家 [zən⁵³ tɕia⁰]。如：□的东西给□。
嗲 [tia⁵]——底下 [ti⁵⁵ ɕia⁰]。如：东西在床嗲放的。
消 [ɕiau⁵⁵]——需要 [ɕy³⁵ iau³¹²]。如：你不消去得。
白 [pɛ⁵³]——不要 [pu³¹² iau³¹²]。如：你白去。
埋 [mɛ⁵³]——莫要 [mo³¹² iau³¹²]。如：你埋管我。

双音节短语合音：
□ [n̠ya⁵⁵]（子）——女娃 [ly⁵⁵ ua⁵³]（子）。如：他只有一个□子。
抓 [tsua⁵³]（子）——做啥 [tsou³¹² sa⁵³]（子）。如：你在抓子？
啥扎 [sa⁵³ tsa³⁵]——啥子呀 [sa⁵³ tsɿ⁵⁵ ia⁰]。如：啥扎？你再说一遍。

吊不得［tiau³¹² pu³¹² tɛ⁵³］——得要不得［ti⁰ iau³¹² pu³¹² tɛ⁵³］
果［kuo⁵⁵］——给我［kɯ³⁵ uo⁵⁵］。如：把东西果。果拿来。
改［kɛ⁵⁵］——给你［kɯ³⁵ li⁵⁵］。如：改，这是你的东西。

丹江方言中有两个与"给［kɯ³⁵］"有关的合音词："果［kuo⁵⁵］""改［kɛ⁵⁵］"。"果［kuo⁵⁵］"用法较广，可以是一个动宾结构，其中"给"是表示"给予"义动词，"我"是第一人称代词。例如，"把钢笔果［kuo⁵⁵］"；也可以是一个介宾结构，"给"做介词，分别引进交付传递的接受者或动作的受益、受害者。例如，"果［kuo⁵⁵］来个电话""果［kuo⁵⁵］看看牙"。这两种不同用法，合音后都可以加上"们"，表示复数。例如，"叫钢笔果［kuo⁵⁵］们"。"改［kɛ⁵⁵］"只有动宾用法，且只能用于祈使语气。例如，"改［kɛ⁵⁵］！接着。"

但是丹江方言中却没有与之对应的"给他"合音。这从音理上得不到解释，因为"给他"的语音拼合并不比"给我"和"给你"难多少。这种不对称，可能是因为短语"给我""给你"的合音中，代词"我""你"都是话语交际时语境中相当明确的对象，绝对不会与其他对象混淆，在语形上甚至可以不出现；而"他"是交际双方之外的第三者，往往需要指明具体所指的对象。

第 3 章　丹江方言的重叠

3.1　丹江方言的重叠现象

3.1.1　重叠概述

重叠，是汉语特别是方言中一种非常重要的语法手段。丹江方言的重叠现象相对比较复杂，首先，根据重叠成分的单位属性，可以分为语音重叠和语形重叠两种。①

语音重叠是指某种语音单位的重叠，包括音节重叠和音位重叠。

音节重叠，重叠的是某个没有实义、不能单独成词的音节。叠音词就是用重叠音节的方式构成的单纯词。包括：模仿各种声音的拟声词，例如，丁丁、当当、哗哗、喳喳、吱吱、啪啪、嘟嘟、唧唧、哼哼、嘤嘤、嘀嘀、突突、咻咻、咝咝、咯咯、呵呵、嘻嘻、哈哈、唰唰、咚咚、叭叭、咣咣、哐哐、梆梆、乓乓、乒乒、喵喵、哞哞、汪汪、咩咩、沙沙、嚓嚓、隆隆、嗡嗡等；模拟各种情状的摹状词，例如，（静）悄悄、（气）鼓鼓、（臭）烘烘、（红）通通、（脏）兮兮、（惨）兮兮、（黑）糊糊、（酸）溜溜、（圆）溜溜、（空）荡荡、（胖）乎乎、（干）巴巴、（水）淋淋、（瘦）精精、（软）塌塌、（硬）梆梆、（湿）漉漉等；某些事物名称，例如，猩猩、狒狒、促促（蟋蟀）、蛛蛛（蜘蛛）、虹虹（蜻蜓）、巴巴（大便）等。

音位重叠，重叠的是某个音位或音位组合。联绵词就是用重叠音位的方式构成的单纯词。双声联绵词，由两个相同的辅音声母重叠而成。

---

① 关于重叠的范围，有不同的意见，本书采用宽式标准。

例如，琵琶、枇杷、蜘蛛、崎岖、鸳鸯、仓猝、憔悴、犹豫、仿佛、坎坷等。叠韵联绵词，由两个相同韵腹韵尾和声调的音位组合重叠而成。例如，螳螂、霹雳、荒唐、从容、殷勤、芍药、逍遥等。双声兼叠韵联绵词，由两个相同辅音声母、韵腹韵尾和声调的音位组合重叠而成。例如，辗转。

  语形重叠是指某种语法单位的重叠，包括语素重叠、词语重叠和结构重叠。

  语素重叠，由两个相同的语素重叠而成。重叠式复合词就是用此方式构成的词。例如，哥哥、姐姐、奶奶、叔叔、星星、宝宝、馍馍、偏偏、仅仅、将将（刚刚）等。词语重叠，由两个相同的词语重叠而成。例如，家家、人人、个个、看看、玩玩、美美、干干净净、大大、真真等。结构重叠，由两个相同的结构式重叠而成。例如，一V一V、一量一量、V下V下、V的V的、V到V到、紧V紧V、X得Y得Y等。词语重叠和结构重叠都会产生一定的附加语法意义。

  根据重叠的性质不同，可以分为构词重叠、构形重叠两种。重叠后构成词的重叠是构词重叠，属于构词法范畴。例如，重叠语音单位构成的单纯词"丁丁、当当、哗哗、琵琶、枇杷、蜘蛛、螳螂"等。重叠语素构成的复合词"哥哥、姐姐、星星、馍馍、偏偏、仅仅"等。重叠后构成不同语法形式的重叠是构形重叠，属于形态范畴。例如，由形容词构成的重叠结构形式：AA（好好）、ABB（亮堂堂）、AAB（喷喷香）、ABAB（通红通红）、AABB（干干净净）、A里AB（傻里傻气）等。由重叠构成的语法结构形式往往带上某种（些）附加的语法意义。

  此外，根据基式的性质不同，有名词重叠、动词重叠、形容词重叠、数词重叠、量词重叠、代词重叠、副词重叠、象声词重叠、数量结构重叠等；根据构成重叠式的性质不同，有名词性重叠、动词性重叠、形容词性重叠、量词性重叠、副词性重叠等；根据基式与重叠式的关系不同，有完全重叠、不完全重叠之分。

  本书根据基式的性质，结合重叠式的性质，来讨论丹江方言重叠的形式、意义和功能。

3.1.2 名词重叠

  普通话中名词性语素重叠构成的词很少见，只有"爸爸、妈妈、哥哥、姐姐、奶奶、叔叔、星星、宝宝"等少量几个表示亲属称谓和事物名称的词；名词重叠构成 AA 式重叠形式却很普遍，例如"人人、家家、事事、天天、餐餐"等，表示逐指，有"每、每一"的意思。丹江方言不仅有普通话的这两种形式，而且还有其他一些独具特色的名词重叠形式。

3.1.2.1　AA 式

AA 式重叠有四种不同的情况：

1）单音名词性语素重叠构成的"爸爸、妈妈、哥哥、姐姐、弟弟、妹妹、奶奶、叔叔、星星、宝宝、馍馍"等表示亲属称谓和事物名称的词。

2）单音节名词重叠构成的"人人、家家、事事、天天"等语法形式，表示逐指"每、每一"的语法意义。这两种情况与普通话相同。

3）由单音名词性语素重叠构成的小称名词。例如：

刀刀、车车、桌桌、凳凳、屉屉、碗碗、盆盆、碟碟、勺勺、杯杯、盅盅、瓶瓶、罐罐、锅锅、棍棍、棒棒、绳绳、线线、珠珠、牌牌、票票、镜镜、洞洞、眼眼、嘴嘴、口口、辫辫、头头、脚脚、心心、皮皮、房房、窗窗、门门、道道、草草、根根、叶叶、芽芽、米米、面面、豆豆、网网、兜兜、汤汤、水水、格格、圈圈、末末

后一个音节必须儿化，读为轻声，在语音上与单音节名词重叠构成的表逐指的语法重叠式区别开来。

单音名词性语素重叠儿化后，带上明显的"小"义，同时附加亲昵、喜爱等感情色彩，用于轻松随意的语境场合，与单音节名词或单音名词性语素附带"子"缀词构成对立。单音节名词或"子"缀词多是通称或泛指，没有其他附加意义。例如，"刀"和"刀子"是大小刀子的通称，"刀刀"专指小刀。

有少量单音名词性语素构成的单音词与重叠式语义截然不同。例如，单音词"眼"指眼睛，重叠式"眼眼"是小洞义；单音词"嘴"指嘴巴，重叠式"嘴嘴"是指器物前伸的小口；单音词"牌"指扑克、麻将等娱乐工具，重叠式"牌牌"是指小标牌等。

丹江方言中，由单音名词性语素重叠后再附加"子"缀，也可以构成小称形式。例如：

刀刀子、车车子、桌桌子、凳凳子、屉屉子、碗碗子、盆盆子、碟碟子、勺勺子、杯杯子、盅盅子、瓶瓶子、罐罐子、锅锅子、棍棍子、棒棒子、绳绳子、线线子、珠珠子、牌牌子、票票子、镜镜子、洞洞子、眼眼子、嘴嘴子、口口子、辫辫子、头头子、脚脚子、心心子、皮皮子、房房子、窗窗子、门门子、道道子、草草子、根根子、叶叶子、芽芽子、米米子、面面子、豆豆子、网网子、兜兜子、汤汤子、水水子、格格子、圈圈子、末末子

与单音名词性语素重叠儿化构成的小称不同在于，"AA子"小称附加有不满、轻蔑、厌恶等感情色彩，常用于表达消极情绪的语境场合。

其中，"娃、头、末、粉、毛、片〔pian^{55}〕、渣、精、尖、边、角、根"等，还可以四叠为"娃娃娃娃、头头头头、末末末末、粉粉粉粉、毛毛毛毛、片〔pian^{55}〕片片片、渣渣渣渣、精精精精、尖尖尖尖、边边边边、角角角角、根根根根"等，重叠后强调事物的物量变得极小。

4）由单音节表示方位的名词构成的 AA 式。能重叠的表方位名词有"里、的（里）、边、底、角、头、尖、根"等，例如，里里（面）、的的（头）、边边、底底、角角、头头、尖尖、根根等。重叠后表示在方位指向上程度加大，向前更进一步。例如：

我住在道子（巷子）里里面。
别睡在床边边起，掉下去唠。
这些东西你要藏到柜子的的头。

这些方位名词还有三叠的 AAA 式和四叠的 AAAA 式，在方位指向上更进一步强调程度加深、加大，带有夸张的意味。例如，"河边"指靠近河水的地方，可大指一片范围，可小只指近水的地方；"河边边"，比河边更靠近河水；"河边边边边"指最靠近河水的地方。重叠次数越多，越强调名词表示的方位指向。再如：

我叫钱装在衣服里里里面，看谁偷得走。
老师叫我坐在教室的角角角角起，看都看不到黑板。
你敢站到树尖尖尖尖上吗？

在日常口语中，由"边、角、头、尖、根"构成的 AA 式，后一个音节要儿化为"边边儿、角角儿、头头儿、尖尖儿、根根儿"。由

"边、角、头、尖、根"构成的 AAA 式，每一个音节都儿化为"边儿边儿边儿、角儿角儿角儿、头儿头儿头儿、尖儿尖儿尖儿、根儿根儿根儿"。由"边、角、头、尖、根"构成的 AAAA 式，有两种儿化形式：一种是第二个和第四个音节儿化为"边边儿边边儿、角角儿角角儿、头头儿头头儿、尖尖儿尖尖儿、根根儿根根儿"；一种是每一个音节都儿化为"边儿边儿边儿边儿、角儿角儿角儿角儿、头儿头儿头儿头儿、尖儿尖儿尖儿尖儿、根儿根儿根儿根儿"。"底"构成的 AA、AAA、AAAA 式，可儿化也可不儿化。"里、的"一般不儿化。

3.1.2.2 AAB 式

单音名词性语素重叠式 AA 常常可以作为另一个名词性语素或词的修饰成分，共同构成重叠格式 AAB 式。其中，AB 本身不能单独构词，第二个 A 要儿化。例如：

娃娃书（小人书）、娃娃亲、娃娃头、娃娃鱼、妹妹头（齐额短发）、
花花布、叶叶菜、格格纸、条条布、面面药、水水药、
棒棒糖、豆豆糖、粉粉土、片片柴、板板床、毛毛雨、
毛毛虫、瓶瓶酒、盒盒粉、筒筒茶、婆婆嘴、娘娘腔、
裆裆裤、衩衩裤、条条衫、坡坡地、珠珠棋、链链锁

AA 从材质、性状、对象、包装等不同方面对 B 进行修饰限制。同一个 AA 可以修饰多个名词性语素 B，构成不同的 AAB 式词。例如：娃娃书、娃娃头、娃娃脸、娃娃亲、娃娃鱼、娃娃衫、娃娃鞋、娃娃菜；花花纸、花花布、花花碗、花花鞋。不同的 AA 可以修饰同一个名词性语素 B。例如，花花布、格格布、条条布、点点布、纹纹布；棒棒糖、豆豆糖、条条糖、颗颗糖等。

名词性 B 还可以是双音节词。例如，格格衣服、花花帽子、条条床单、毛毛大衣、毛毛领子、花花帘子等。

由名词重叠构成的 AAB 式都是名词性，都包含有亲切、喜爱等色彩。如果要表达不满、厌烦等感情，就在 AA 后面加上"子"缀，构成"AA 子 B"式。例如，娃娃子书、叶叶子菜、格格子纸、条条子布、面面子药、板板子床、毛毛子雨、婆婆子嘴、珠珠子棋、链链子锁等。

3.1.2.3 ABB 式

根据内部的结构关系，ABB 式有以下三种：

1）AB 不成词，A 是对 BB 的修饰或限制。例如：

木娃娃、茶筒筒、纸杯杯、药碗碗、药面面、花格格、纸票票、柴棍棍、花叶叶、草根根、椅背背、泥点点、壶嘴嘴、火钳钳

2）AB 独立成词，ABB 式与 AB 语义不同。ABB 式是小称，AB 是泛指或统指。例如：

水杯杯、酒壶壶、纸盒盒、线头头、瓶口口、草棚棚、山沟沟、糖纸纸、药水水、菜汤汤、面糊糊、树叶叶、树枝枝、酒窝窝、脚片片、虫眼眼、肉芽芽、笔帽帽、鞋带带、墙角角、窗帘帘、灯罩罩、钢珠珠、锅盖盖、书本本、铜板板、瓜籽籽

这两种 ABB 式中，第二个 B 要读为儿化。A 也可以是双音节名词或语素。例如：

花生米米、苞谷坨坨、玻璃镜镜、玻璃球球、塑料袋袋、塑料杯杯、可乐瓶瓶、木头勺勺、桌子腿腿、椅子背背、骨头渣渣、螺丝帽帽、眼睛毛毛

读为儿化的 ABB 本身包含有亲切、喜爱等色彩。如果要表达不满、厌烦等感情，就在 AA 后面加上"子"缀，构成"ABB 子"式。例如：

木娃娃子、茶筒筒子、药碗碗子、药面面子、花格格子、水杯杯子、酒壶壶子、纸盒盒子、线头头子、草棚棚子、山沟沟子

3）单音名词性语素 A 附加重叠的音节或语素 BB，构成的 ABB 式状态形容词。例如：

血乎乎、油淋淋、油光光、肉乎乎、皮实实、水叽叽、水夹夹、木渣渣、火烧烧、火辣辣、面乎乎、病恹恹

3.1.2.4　AABB 式

两个单音节语素分别重叠组合构成 AABB 式。例如：

家家户户、汤汤水水、盆盆罐罐、坛坛罐罐、坑坑洼洼、沟沟坎坎、棍棍棒棒、洞洞眼眼、花花草草、边边角角、里里外外、上上下下、前前后后、方方面面、婆婆妈妈、风风火火、风风雨雨、头头脑脑、口口声声、条条框框、棱棱角角、杯杯把把、壶壶嘴嘴、凳凳腿腿、瓶瓶口口、草草芽芽、根根枝枝

AABB 式的两个单音节语素，语义上具有相关性，多是同类语素，也有整体与部分的关系。构成重叠式的语义却并不一样，有以下几种

意义：

1）表示逐指，有"每、各"的意思。例如：家家户户、边边角角、方方面面等；

2）表示 A 和 B。例如：汤汤水水、里里外外、上上下下、前前后后、棱棱角角等；

3）表示事物 AA 的一部分 BB。例如：杯杯把把、壶壶嘴嘴、凳凳腿腿、瓶瓶口口、草草芽芽等；

4）表示有很多事物 A 和 B。例如：盆盆罐罐、坛坛罐罐、坑坑洼洼、沟沟坎坎、棍棍棒棒、洞洞眼眼、花花草草等；

5）表示与名词相关的引申意义。例如：婆婆妈妈、风风火火、风风雨雨、头头脑脑、条条框框等。其中，"婆婆妈妈"表示人做事不果断、不利索；"头头脑脑"引申为各位领导；"条条框框"比喻有很多规矩、障碍。

有的 AABB 式在不同的语境中具有不同的意义。例如，"沟沟坎坎"既可以指有很多沟坎，也可以指每一个沟坎，还可以引申为生活艰辛；"棍棍棒棒"可以指有很多"棍和棒"，也可以引申为"舞刀弄枪"。

具有前三种语义的 AABB 式是名词性结构，在句中主要做主语、定语或宾语。第四种语义的 AABB 式既有名词性，又有谓词性，在句中可做任何一种语法成分。第五种语义的 AABB 式有的具有名词性，如"风风雨雨、头头脑脑、条条框框"；有的具有形容词性，如"婆婆妈妈、风风火火"，经常在后面加上助词"的"。具有多种语义的 AABB 式，在句中有多种语法功能。

3.1.2.5　AA 叽叽 [$tɕi^0$] 式

单音节名词重叠附加语缀"叽叽"构成"AA 叽叽"式。例如：

水水叽叽、汤汤叽叽、油油叽叽、毛毛叽叽、皮皮叽叽、草草叽叽、棍棍叽叽、纸纸叽叽、灰灰叽叽、渣渣叽叽、粉粉叽叽、糊糊叽叽、烟烟叽叽、洞洞叽叽、坑坑叽叽、沟沟叽叽、缝缝叽叽、瓶瓶叽叽、盆盆叽叽、病病叽叽、汗汗叽叽

重叠音节"叽叽"是用于构词的附加性成分，本身没有实际意义，与重叠名词组合构成"AA 叽叽"形式后，表达某种情状，表示有很

多、到处都是事物 A 的样子，带有一种厌恶、不耐烦等感情色彩。常常在后面带上助词"的"，用在句中主要作谓语、定语和补语。例如：

叫你洗个碗，你到处搞得水水叽叽的。
汤汤叽叽的菜我可不吃。
几天不回来住，屋的灰灰叽叽的。

3.1.3 动词重叠

丹江方言动词重叠相比普通话要丰富得多，有构词重叠，但主要是构形重叠。

3.1.3.1 AA 式

AA 式有三种形式：一种是单音节动词性语素重叠构成的小称名词。例如：

包包、垫垫、扣扣、戳戳、盖盖、塞塞、摊摊、把把、泡泡、钩钩、
钉钉、叉叉、截截、澄澄（沉淀物）、箍箍、架架、撑撑、转转、
卷卷、锤锤、刷刷、堆堆、夹夹、铲铲、擦擦、筛筛、罩罩

一种是单音节动词重叠构成的语法形式。例如：看看、听听、说说、写写、玩玩等。

二者存在明显的区别。在语音上，小称 AA 式第二个音节要儿化，并读为轻声；语法 AA 式第二个音节不儿化，读为轻声。结构形式上，小称 AA 式可以修饰另一个名词构成 AAB 式，例如：泡泡糖、泡泡纱、钩钩针、卷卷纸等，或受另一个名词修饰构成 ABB 式，例如：纸包包、布垫垫、瓶盖盖、牙刷刷、木夹夹、钥匙扣扣、螺丝钉钉等；语法 AA 式没有这样的组合形式。语义上，小称 AA 式表示相对较小事物或事物相对少量，同时附加上喜爱、亲昵等意味的感情色彩，具有轻松、随意等语体风格；语法 AA 式表示动作的持续、尝试或短时等时体意义。（参看第 5 章）功能上，小称 AA 式是名词性词，在句中主要做主语、定语或宾语；语法 AA 式是动词性结构，在句中主要做谓语。

还有一种是某些名词中的单音节动词重叠修饰成分。例如：跷跷板、跳跳糖、碰碰车、蹦蹦床、跳跳棋、转转门等。这种动词重叠不表小，可能来自童语。

AA 式小称都可以在后面加上一个附加性成分"子"，构成"AA

子"的小称形式。例如：

包包子、垫垫子、扣扣子、戳戳子、盖盖子、塞塞子、摊摊子、把把子、泡泡子、钩钩子、钉钉子、叉叉子、截截子、澄澄子、箍箍子、架架子、转转子、卷卷子、锤锤子、刷刷子、堆堆子、夹夹子、铲铲子、擦擦子、筛筛子、罩罩子

"AA子"形式带有不满、轻蔑、厌恶等感情色彩，常用于表达消极情绪的语境场合。

3.1.3.2　AABB 式

两个单音节动词重叠后组合为 AABB 式。例如：

商商量量、吃吃喝喝、说说笑笑、哭哭笑笑、摔摔打打、拍拍打打、扯扯捞捞、疯疯打打、疯疯闹闹、拉拉扯扯、蹦蹦跳跳、上上下下、缝缝补补、洗洗涮涮、泼泼洒洒、挑挑拣拣、偷偷摸摸、来来去去、做做停停、吃吃玩玩、睡睡醒醒、写写看看、走走歇歇、开开关关

AABB 式表示动量繁多。有两种不同类型：一种是两个单音节动词语义上具有相关性，多是同类或同义词，重叠组合后表示同时持续或反复发生 A、B 两个动作行为。例如：商商量量、吃吃喝喝、说说笑笑、哭哭笑笑等。有的语义有引申。例如："拉拉扯扯"引申为牵扯、勾结；"偷偷摸摸"引申为暗地、不正大光明；"挑挑拣拣"引申为挑剔等。

另一种是表示交替重复发生动作行为 A 和 B。例如：做做停停、吃吃玩玩、睡睡醒醒、写写看看、走走歇歇等。

有的 AABB 式同时具有两种语义，在不同的语境中有不同的意义。例如："来来去去"，当动作的主体是一个人时，表示交替重复发生动作行为"来"和"去"（例如：我这个月来来去去了好几趟）。而当动作的主体不是一个人时，表示同时持续或反复动作行为"来"和"去"（例如：大街上的人来来去去）。

从语法功能上讲，两种 AABB 式大都保持了 A、B 的动词性，只是语义有所引申的 AABB 式，有的具有形容词性。例如：偷偷摸摸、挑挑拣拣等。

3.1.3.3　ABAB 式

双音节动词 AB 重叠为 ABAB 式。例如：

商量商量、讨论讨论、应付应付、拾掇拾掇、打扫打扫、收拾收拾、

拣拾拣拾、梳洗梳洗、考虑考虑、关心关心、了解了解、认识认识、打听打听、调查调查、操心操心、选择选择、活动活动、复习复习、预习预习、准备准备、张罗张罗、熟悉熟悉、坚持坚持、搅和搅和

与普通话相同，ABAB 重叠式或表示动作的时量短、动作轻微，例如：拾掇拾掇、打扫打扫、收拾收拾、拣拾拣拾、梳洗梳洗等；或表示尝试，例如：商量商量、考虑考虑、打听打听、调查调查等；或表示未然，例如：了解了解、认识认识、操心操心、张罗张罗等。有的 ABAB 式语义要在具体语境中才能体现。

3.1.3.4 AAB 式

动宾关系的双音节动词或动词结构重叠为 AAB 式。例如：

化化妆、吃吃饭、睡睡觉、散散心、跳跳舞、跑跑步、逛逛街、上上班、刷刷牙、梳梳头、洗洗手、理理发、抽抽烟、喝喝酒、送送礼、敬敬酒、作作揖、还还价、算算帐、请请假、下下棋、串串门、聊聊天、点点头、张张嘴、吹吹牛、谈谈心、打打球

AAB 重叠式表示动作的持续、尝试或短时等语法意义。

3.1.3.5 AAA 式

单音节动词可以三叠构成 AAA 式。例如：

跑跑跑、说说说、笑笑笑、敲敲敲、看看看、吃吃吃、玩玩玩、睡睡睡、坐坐坐、聊聊聊、抢抢抢、跑跑跑、跳跳跳、唱唱唱、爬爬爬、做做做、打打打、挑挑挑、洗洗洗、拍拍拍、写写写

进入 AAA 式动词，都是状态或动态动词。表示动作行为的持续、反复进行，同时还附加有厌烦、失望、奇怪、诧异等感情色彩。在句中作谓语，有时在后面加上助词"的"。语音上，全部读原调，不轻声。

如果要强调动作行为的一直不停地持续、反复进行，单音动词可以四叠构成 AAAA 式来表加强程度。例如：

你一个劲儿说说说说，烦不烦呀！

他上课还说说说说的，没停过。

整天吃吃吃吃，吃成个老肥唠。

3.1.3.6 AA 生生

单音节动词重叠后附加语缀"生生"，构成"AA 生生"式。例如：

跑跑生生、抢抢生生、跳跳生生、蹦蹦生生、甩甩生生、飞飞生生、

摆摆生生、抖抖生生、撒撒生生、晃晃生生、闪闪生生、歪歪生生、翻翻生生、滴滴生生、飘飘生生、眨眨生生、竖竖生生、慌慌生生、扭扭生生、弯弯生生、叽叽生生、□□［ts'an³⁵］（走路前冲）生生

词缀"生生"，有的方言比如襄阳、武汉等不重叠，写作"神"。"AA 生生"式具有描述性，表示动作持续、反复进行的一种情状。经常后加助词"的"，在句中作谓语、补语和状语。例如：

外面都在抢抢生生的，买啥子呀？

他跑得飞飞生生的。

你慌慌生生地做啥子在？

3.1.3.7 AA 叽叽

单音节动词重叠附加语缀"叽叽"，构成"AA 叽叽"式。例如：

抢抢叽叽、玩玩叽叽、磨磨叽叽、骂骂叽叽、吵吵叽叽、挑挑叽叽、泼泼叽叽、吭吭叽叽、哼哼叽叽、歪歪叽叽、翻翻叽叽、撒撒叽叽、疯疯叽叽、晃晃叽叽、□□［pan⁵⁵］（扔、摔）叽叽

"AA 叽叽"式经常后加助词"的"，表示动作持续、反复进行的一种状态，带有不满、不耐烦、埋怨等贬义色彩。在句中作谓语、补语和状语。例如：

吃饭别挑挑叽叽的。

我打得他哼哼叽叽的。

整天疯疯叽叽地到处乱跑。

3.1.3.8 AA 搭搭

单音节动词重叠后附加语缀"搭搭"，构成"AA 搭搭"式。例如：

玩玩搭搭、做做搭搭、拍拍（聊天）搭搭、走走搭搭、卖卖搭搭、吃吃搭搭、挑挑搭搭、修修搭搭、晃晃搭搭、睡睡搭搭

"AA 搭搭"式表示动作行为时断时续地进行。经常后加助词"的"，在句中作谓语和状语。例如：

我们一路上拍拍搭搭的，不觉得路长。

你们玩玩搭搭地做，不要慌。

3.1.3.9 连 A 直 A

单音动词、少量双音动词与"连……直……"结合，构成"连 A 直 A"重叠式。例如：

连跑直跑、连吃直吃、连说直说、连喊直喊、连看直看、连让直让、连爬直爬、连跳直跳、连问直问、连写直写、连洗直洗、连翻直翻、连拱直拱、连踢直踢、连踩直踩、连滚直滚、连抢直抢、连打直打、连吹直吹、连卜拉直卜拉、连扑腾直扑腾、连扑跳直扑跳

"连A直A"式，表示动作快速、连续不停地进行。进入格式的动词都是主体自主有意识的动作行为。例如：

我连跑直跑，一口气赶过来。

我一脚踢得他连翻直翻。

他连扑腾直扑腾地从水里爬起来。

除此之外，丹江方言中还有诸如"A啊A、一A一A、圪A圪A、A下A下、A的A的、A到A到、一AA到、紧A紧A、A来A去"等动词重叠式，表示动作或持续、或反复等。我们在第5章第5.1节中将有详细论述。

3.1.4　形容词重叠

3.1.4.1　AA式

AA式可以分为两种类型：一种是单音节形容词性语素重叠构成的小称名词。例如：尖尖、空空、弯弯、精精、末末、皱皱等。附带有喜爱、亲昵等意味的感情色彩，第二个音节要儿化，并读为轻声。

一种是单音节形容词重叠构成的表程度的语法形式。例如：

红红、白白、黑黑、高高、矮矮、长长、短短、美美、大大、小小、香香、臭臭、湿湿、甜甜、涩涩、酸酸、轻轻、清清、肥肥、胖胖、快快、慢慢、早早、重重、滑滑、嫩嫩、厚厚

第二个音节读为轻声，可儿化，也可不儿化。儿化后带上亲切、喜爱等感情色彩。单用时后面经常带上助词"的"。单音形容词重叠，从语法意义上讲，既可以表示程度较轻微，例如：红红的苹果、白白的墙、高高的个子等；也可以表示程度较深重等，例如：厚厚的被子、早早地放学、重重的一击等。在不同语境中，同一个重叠形式具有相反的程度意义，例如："远远"，在"远远地看着"中表示程度较轻微；在"滚得远远的"中程度较深重。

AA式小称都可以在后面加上一个附加性成分"子"，构成"AA

子"的小称形式。例如：尖尖子、空空子、弯弯子、精精子、末末子、皱皱子等。"AA 子"形式带有不满、轻蔑、厌恶等感情色彩，常用于表达消极情绪的语境场合。

3.1.4.2　ABB 式

单音节形容词性语素加重叠的 BB 构成 ABB 式。BB 可以分为两种：一种是语素重叠，有自身的词汇意义。例如：

孤单单、光秃秃、亮堂堂、干净净、甜蜜蜜、苦涩涩、齐整整、平展展、白茫茫、黑漆漆、红彤彤、绿茵茵、热烫烫、暖和和、冷冰冰、凉沁沁、碎渣渣、硬梆梆、软绵绵、新崭崭、新鲜鲜、轻飘飘、厚墩墩、瘦掐掐、矮墩墩、热辣辣、臭腥腥、端正正

一种是音节重叠，本身没有词汇意义。例如：

热乎乎、湿糊糊、干巴巴、冷飕飕、光溜溜、绿油油、黑区区、黄唪唪、黄撒撒、粉嘟嘟、香喷喷、甜丝丝、酸溜溜、咸丁丁、臭烘烘、脆生生、稀乎乎、烂哇哇、软巴巴、新嘎嘎、喜滋滋、瘦垮垮、肥愣愣、慢腾腾、精溜溜、稳当当、薄夹夹、重腾腾、脏兮兮、密讲讲、稀拉拉、麻架架、懒洋洋、傻兮兮、晕乎乎

着眼于不同的角度、不同的感受、不同的心理，针对不同的事物，同一个形容词性语素可以带不同的重叠音节 BB，例如：白晃晃、白嫩嫩、白茫茫、白蒙蒙、白嚓嚓、白乎乎、白花花、白叽叽、白生生、白卡卡；由于音节重叠本身没有词汇意义，不同的形容词性语素可以带相同的 BB，例如：热乎乎、傻乎乎、黑乎乎、白乎乎、灰乎乎、黏乎乎、软乎乎、稀乎乎、圆乎乎、甜乎乎、酸乎乎、胖乎乎、肥乎乎、晕乎乎、潮乎乎等。

形容词 ABB 重叠式，其语法意义主要有两个：一是表示状态，一是表示程度适量。在口语中，最后一个音节可儿化，也可不儿化。儿化后带上亲切、喜爱、善意等感情色彩，即使 A 是含有贬义的形容词。例如：长得傻乎乎的（贬义）/长得傻乎乎儿的（亲切、善意）。

3.1.4.3　BBA 式

语素或音节重叠 BB 修饰单音节形容词性语素 A，构成 BBA 式。例如：

崭崭新、铛铛亮、冰冰凉、乓乓臭、喷喷香、

煞煞白、麻麻亮、温温热、梆梆硬、黢黢黑

BBA 重叠式数量很少，主要表示状态和程度。有的表示程度深重，例如：崭崭新、铮铮亮、冰冰凉等；有的表示程度轻微，例如：麻麻亮、温温热等。

3.1.4.4 AA 子

与"AA 子"小称表小不同，单音形容词重叠后附加语缀"子"，还可以构成表示状态的"AA 子"语法形式。例如：

弯弯子、直直子、偏偏子、歪歪子、斜斜子、反反子、尖尖子、扁扁子、圆圆子、平平子、仰仰子、竖竖子、横横子、麻麻子

进入"AA 子"重叠式的形容词很少，主要是上述一些包含有形状、姿态等意义的形容词。表示状态，带有不满、厌恶等贬义色彩。AA 子在句中主要作谓语、宾语和定语。例如：

他的眼睛斜斜子的。

嘴给你打成歪歪子。

你长唠个直直子眼呀，看不见我。

3.1.4.5 AABB 式

AABB 重叠式可以分为两类：

1）基式 AB 可以单独成词。例如：

干干净净、清清静静、白白净净、毛毛躁躁、斯斯文文、实实在在、正正经经、快快活活、热热闹闹、平平安安、甜甜蜜蜜、欢欢喜喜、开开心心、客客气气、规规矩矩、斯斯文文、漂漂亮亮、清清爽爽、活活泼泼、结结实实、严严实实、扎扎实实、稳稳当当、安安静静、平平常常、简简单单、冷冷清清、孤孤单单、光光溜溜、光光秃秃、亮亮堂堂、整整齐齐、完完全全、破破烂烂、真真切切、模模糊糊、糊糊涂涂、新新鲜鲜、暖暖和和、冰冰凉凉、辛辛苦苦、潇潇洒洒

2）AB 不成词。例如：

空空荡荡、密密麻麻、白白茫茫、花花绿绿、满满当当、鼓鼓囊囊、红红彤彤、绿绿油油、碎碎渣渣、软软塌塌、软软绵绵、硬硬梆梆、轻轻飘飘、湿湿乎乎、干干巴巴、傻傻乎乎、酸酸溜溜、臭臭烘烘、脆脆生生、瘦瘦抇抇、慢慢腾腾、重重腾腾、密密讲讲、懒懒洋洋、嘻嘻哈哈、歪歪扭扭、慢慢吞吞、松松垮垮、乱乱糟糟、晕晕乎乎

形容词 AABB 重叠式在句中主要作谓语、定语、状语和补语，主要语法意义是表示状态或程度。大致来说，AABB 式作谓语和定语时，描述性较强，表示程度轻微；作状语和补语时，表示程度深重。

3.1.4.6　ABAB 式

双音节形容词 AB 可以重叠为 ABAB 式。ABAB 重叠式有两种不同形式：

1）形容词性的 ABAB 式。例如：

雪白雪白、乌黑乌黑、蜡黄蜡黄、冰凉冰凉、笔挺笔挺、

锃亮锃亮、矮胖矮胖、黑瘦黑瘦、干冷干冷、煞白煞白、

稀烂稀烂、酸甜酸甜、涩苦涩苦、生疼生疼、麻利麻利

ABAB 重叠式数量较少，主要表示在基式 AB 基础上的程度加深。在句子中主要充当句子的谓语和定语。

2）动词性的 ABAB 式。例如：

快活快活、轻松轻松、安静安静、开心开心、热闹热闹、

潇洒潇洒、冷静冷静、凉快凉快、清爽清爽、暖和暖和

根据李宇明（1996b）的研究，动词性的 ABAB 式具有"致使性"，即让某人处于某种状态、获得某种体验、发生某种变化等。在句子中作谓语，可以带宾语。例如：

发钱唠，我们出去潇洒潇洒。

我叫你冷静冷静头脑。

3.1.4.7　AAAA 式

丹江方言，单音节性质形容词可以四叠为 AAAA 式。例如：

大大大大、小小小小、高高高高、长长长长、远远远远、短短短短、

美美美美、好好好好、慢慢慢慢、满满满满、硬硬硬硬、宽宽宽宽、

胖胖胖胖、肥肥肥肥、薄薄薄薄、稀稀稀稀、老老老老、直直直直

四叠 AAAA 式，主要的语法意义就是表示程度从一般加深到极度高强，带有强调和夸张的意味。在口语中有两种实际读音：一种读儿化，第二、四音节儿化，例如：小小儿小小儿、远远儿远远儿；一种读音不变。AAAA 式主要作句子的定语、状语和补语。例如：

我要去远远远远的地方。

今天可以美美美美地睡上一觉。

你再不锻炼的话，斗要长得肥肥肥肥的唠。

3.1.4.8　AA 叽叽式

单音节形容词重叠后附加语缀"叽叽"，构成"AA 叽叽"式。例如：

甜甜叽叽、酸酸叽叽、苦苦叽叽、臭臭叽叽、肥肥叽叽、

白白叽叽、灰灰叽叽、糊糊叽叽、湿湿叽叽、碎碎叽叽、

软软叽叽、磨磨叽叽（磨蹭）、歪歪叽叽、晕晕叽叽

表示性状的程度轻微，带有不满、不耐烦、埋怨等感情色彩。后面常带上助词"的"，在句子中作谓语、定语、补语等。

3.1.4.9　A 里 AB 式

双音节形容词 AB 不完全重叠并加上中缀"里"，构成 A 里 AB 式。例如：

糊里糊涂、慌里慌张、啰里啰嗦、结里结巴、邋里邋遢、

窝里窝囊、古里古怪、□[ku^{53}]里□洞儿[tər^0]（糊涂、不清楚）、

毛里毛躁、妖里妖气、怪里怪气、傻里傻气、老里老气、

娇里娇气、小里小气、酸里酸气、晕里晕气、俗里俗气

A 里 AB 式相比形容词基式 AB，语义程度有所加深。这种重叠形式只出现在含有贬义的词中，带有较强的贬义色彩。

3.1.4.10　AaAb 式

单音节形容词重叠，并与两个语义相关性名词、数词组合，构成 AaAb 式。例如：

昏头昏脑、贼头贼脑、笨头笨脑、傻头傻脑、呆头呆脑、鬼头鬼脑、

憨头憨脑、犟头犟脑、大手大脚、轻手轻脚、毛手毛脚、笨手笨脚、

粗声粗气、老声老气、恶声恶气、大声大气、杂七杂八

AaAb 重叠式具有很强的描写性，表示对事物情状的一种描述，多为贬义。经常带上助词"的"，在句子中作谓语、定语、状语和补语。

3.1.4.11　形容词的其他生动形式

丹江方言形容词除了以上重叠形式外，还有下面几种生动形式很有地方特色，值得注意。

3.1.4.11.1　形容词附加语缀

A 不 ab 式：

酸不囔叽、酸不叽咧、酸不嚓叽、咸不叽嚓、苦不拉叽、稀不拉叽、傻不拉叽、傻不愣登、黑不曲连、乌不出连、灰不突噜、灰不噜突、白不拉嚓、花不溜秋、滑不溜秋、滑不出溜、滑不叽溜、滑不溜叽、灰不隆冬、干不拉梢、软不拉塌、好不拉三、花不楞腾、直不楞腾

A 不 a 式：

苦不叽、涩不叽、酸不叽、辣不叽、花不叽、臭不叽、丑不叽、拐（坏）不叽、蠢不叽、傻不叽、笨不叽、粘不叽、潮不叽、干不叽、硬不叽、软不叽、碎不叽、胖不叽、俗不叽、灰不叽

A 不 aa 式：

苦不叽叽、酸不叽叽、辣不叽叽、花不叽叽、臭不叽叽、丑不叽叽、拐（坏）不叽叽、蠢不叽叽、傻不叽叽、傻不愣愣、甜不囔囔、酸不溜溜、尖不溜溜、黑不曲曲、软不哝哝、肥不呲呲、白不呲呲

AB 不 aa 式：

小气不叽叽、可怜不叽叽、恶心不叽叽、难受不叽叽、狐燥不叽叽、糊涂不叽叽、冒失不叽叽、吓人不叽叽、气人不叽叽、熏人不叽叽、烦人不叽叽、怄人不叽叽、无聊不叽叽、土气不叽叽、热闹不叽叽

ABab 式：

吓人吧叽、丢人吧叽、恶心吧叽、难受吧叽、心疼吧叽、心焦吧叽、无聊吧叽、可怜巴嚓、造孽［ie^{35}］巴嚓、危险巴嚓、正经巴嚓、□［lin^{312}］（恶心）人巴撒、小气巴撒、牛皮［pi^{35}］巴撒

A 拉 ab 式：

酸拉吧叽、硬拉吧叽、稀拉吧叽、糊拉吧叽、臭拉吧叽、腥拉吧叽、脏拉吧叽、肥拉吧叽、坏拉吧叽、傻拉吧叽、蠢拉吧叽、怪拉吧叽、犟拉吧叽、凶拉吧叽、黑拉吧叽、啬拉吧叽、稀拉巴撒、烂拉巴嚓

A 圪 ab 式：

酸圪囔叽、甜圪囔叽、酸圪叽咧、酸圪嚓叽、咸圪叽嚓、烂圪叽嚓

A 圪 aa 式：

酸圪叽叽、苦圪叽叽、甜圪囔囔、软圪哝哝、酸圪嚓嚓

这些形容词生动形式具有以下几个特点：

1）主要语法意义在于表示程度的轻微，有"稍微……有点……"等义。同时带有不满、诧异、不屑等感情色彩，常用于表达消极情绪的

语境场合。除 A 不 a 式、AB 不 aa 式外，其他各种形式都可以附加一个中缀"子"，加强贬义色彩。例如：酸不子囔叽、小气子不叽叽、吓人子吧叽、酸拉子吧叽、酸圪子囔叽、酸圪子叽叽等。

2）形容词与语缀在语义上没有一定的对应关系，完全是语言习惯使之组合构形。有同一个形容词带多个不同语缀的，例如：酸不囔叽、酸不叽咧、酸不嘹叽、酸不叽嘹、酸不叽叽、酸不溜溜、酸拉吧叽、酸圪囔叽、酸圪叽咧、酸圪嘹叽、酸圪叽嘹、酸圪叽叽等；也有不同的形容词带相同语缀的，例如：苦不叽、涩不叽、酸不叽、辣不叽、花不叽、臭不叽、丑不叽、酸拉吧叽、硬拉吧叽、稀拉吧叽、糊拉吧叽、臭拉吧叽、腥拉吧叽、脏拉吧叽等。

3）各种形式的语缀，没有实在意义。有的中缀可以互换，如"不"和"圪"：酸不囔叽——酸圪囔叽、酸不叽叽——酸圪叽叽等；有的后缀音节顺序可以前后调换，例如：嘹叽与叽嘹、叽溜与溜叽、突噜与噜突等。有的中缀"不"可以去掉，如 A 不 a 式；有的却不能，如 A 不 ab 式、A 不 a 式、AB 不 aa 式等。

4）以四个音节为主，不够就用音节凑，但不是绝对的。中缀"不、拉、圪"等都是起凑足音节的作用。

3.1.4.11.2　abcd 式

花里胡哨、黑咕隆咚、圆咕噜头、昏天黑地、云山雾罩、吊儿郎当、厚皮打脸、死皮赖脸、龇牙咧嘴、大声老气、清汤寡水、横七竖八、贼眉鼠眼、尖嘴猴三、古灵精怪、直截了当、丢人现眼、少条失教、乱七八糟、稀啪乱贱（不值钱）、怪达扭叽、懒腰斯夸（懒散）、重三摞四（重复多）、丢三落四、曲扭拐弯、正二八百（正经）、金光锃亮、乌漆抹黑、活蹦乱跳、瘦骨拉架、黑汗白流、马二虎子、虚头巴脑、七拱八翘、五马长枪（不规矩）、五马三道（路子广）、滴溜打连（不整齐）、踢鞋撒袜（不整洁）、歪流打垮（无力）、严实合缝、奇形怪状、舍急慌忙、岔八舞四（碍事）、拐弯抹角、扬叉舞道（不懂规矩、张扬）、嘎达马西（零碎）、抓麻缭乱（心焦）、鳖死哇乌（难看、不成样子）、日骂翻天（骂得凶）。

这种四字格形容词形式，大多内部结构无规律可循，是民间口语长期产生、发展、凝固化的结果。其主要意义在于描写人或事物的形貌情状，具有很强的表现力。大多带有鲜明的贬义色彩，基本上都可以在两个音节之间加上一个中缀"子"，起加强贬义的作用。

3.1.5 量词与数量结构重叠

普通话量词与数量结构重叠形式较少，根据充当的句法成分不同，主要表达"周遍、多、逐一、连绵"等多种语法意义（宋玉柱，1981a）。相比之下，丹江方言的量词与数量结构重叠形式繁多，表达的语法意义也更丰富一些。

3.1.5.1 量词重叠

3.1.5.1.1 AA式

AA式可以分为三种类型：一种是单音节量词性语素重叠构成的小称名词。例如：点点、颗颗、条条、片片、块块、枝枝、本本、丝丝、节节、串串、沓沓等。构成名词的量词性语素都是物量词，表示小称，同时附带有喜爱、亲昵等意味的感情色彩，第二个音节要儿化，并读为轻声。

一种是某些名词、动词中的单音节量词性重叠成分。例如：分分钱、角角钱、毛毛钱、块块钱、毛毛票、对对牌、寸寸头、跑趟趟、数天天等。这种量词性重叠成分不能单独使用，只是作为构词的一部分，不表小。

一种是单音节量词重叠构成的语法形式。例如：个个、颗颗、条条、片片、块块、件件、只只、批批、次次、种种、年年、门门、瓶瓶、回回、遍遍等。几乎所有量词，包括专用量词和临时借作量词的名词都可以两叠表"每一、多、逐一"等义。第二个音节读为轻声，但不儿化，以此与小称名词区分开。

有些单音节量词重叠后儿化，带有"少"义，重叠后带上"子"缀，表"多"义。例如：

几页页儿书（少）——几页页子书（多）

三块块儿糖（少）——三块块子糖（多）

去唠两回回儿（少）——去唠两回回子（多）

3.1.5.1.2 个是个、个顶个

这种重叠式，只限于量词"个"，没有普遍性。表示逐指，"每一

个"的意思。在句子中作主语、状语。例如：

个是个都不错。

你们个顶个都是好娃子。

3.1.5.2 数量结构重叠

3.1.5.2.1 一AA式

丹江方言的一AA式没有和普通话相同的用法。普通话一AA式充当句子的主语、宾语、定语、状语和补语，表示"每一、多、逐一、连绵"等义。

丹江方言的一AA式主要是表示数量"多、少"的用法。当A是物量词和借以表物量的名词时，"一AA"式作句子的主语、宾语或定语，表示少量，最后一个音节儿化且读为轻声。例如：

一点点、一颗颗、一条条、一片片、一块块、一枝枝、一本本、一丝丝、一节节、一串串、一杳杳、一车车、一桌桌、一屉屉、一碗碗、一盆盆、一锅锅、一勺勺、一杯杯、一盅盅、一瓶瓶、一盒盒、一柜柜、一口口、一房房、一网网、一兜兜、一撮撮

相比"一A"式，一AA式所指的量要小。例如：一点钱/一点点钱、一块糖/一块块糖、一车人/一车车人、一锅饭/一锅锅饭等。

有些"一A"基式还可以重叠为"一AAAA"式，强调量更加少。例如：一点点点点、一丝丝丝丝、一片片片片、一撮撮撮撮等。与一A式、一AA式构成一个递减量级：一A＞一AA＞一AAAA。

但如果在一AA式后面跟上"子"缀，构成"一AA子"式，除了"一点点子"外都不表少量，而是表"大、多"。例如：一块糖/一块块糖/一块块子糖、一枝花/一枝枝花/一枝枝子花、一车人/一车车人/一车车子人、一盅酒/一盅盅酒/一盅盅子酒、一锅饭/一锅锅饭/一锅锅子饭等。

还有少量动量词构成的一AA式，表示"多"义。如：一趟趟、一遍遍、一回回、一次次等。例如：

为唠你的事，我一趟趟地跑。

我一次次说你，你都不听。

3.1.5.2.2 一A一A式

一A一A式可以表示"每一、多、逐一、连绵"等义，作句子的

定语、状语、补语等。这些用法与普通话一致。

丹江方言的一 A 一 A 式还可以表示以下三种意义：

1）强调事物是按"A"计量的。在句子中作定语、状语或补语。例如：

苹果是一斤一斤卖的。

一杯一杯的酒来两杯。

你再说，给你打成一截一截的。

2）强调事物的每一"A"都是不同的。常常带上助词"的"，在句子中作谓语。例如：

我的苹果都是一个一个的，你看看这个。

这批衣服一件一件的，款式都不一样。

3）强调量少。常常带上助词"的"，在句子中作谓语。例如：

这种事都是一回一回的，怎么你遇上唠。

他说话总是一句一句的。

3.1.5.2.3　一 ab 一 ab 式

数词"一"与由语缀"圪、骨"等构成的双音量词组合，重叠为一 ab 一 ab 式。例如：

一圪瘩一圪瘩、一圪截儿一圪截儿、一圪蛋儿一圪蛋儿、

一圪抓儿一圪抓儿、一圪厥儿一圪厥儿、一骨堆一骨堆、

一骨抓儿一骨抓儿、一骨噜一骨噜、一骨都一骨都

一 ab 一 ab 式除了表示"每一、多、逐一、连绵"等义外，还可以表示状态，后面往往带上助词"的"。例如：

葡萄一圪抓儿一圪抓儿的。

垃圾到处堆得一骨堆一骨堆的。

3.1.5.2.4　A 把两 A 式

所有表度量、物量、动量的单音量词都可以进入"A 把两 A"重叠式，表示量少。例如：

只来唠个把两个人。

你只买个斤把两斤，够谁吃？

我光看个遍把两遍，一本书我斗记得。

主要充当主语、宾语、定语和补语等，句子中常常出现"只、光、

斗（就）"等范围副词。

3.1.5.2.5 一A两A式

"A"可以是单音或多音的专用量词或借以表物量的名词，重叠后，

1）表示周遍，"所有、每"等义。例如：

你们一个二个都这样。

一瓶子两瓶子都给它装满。

2）表示量少。例如：

我吃得只剩下一个两个的唠。

看唠一遍两遍斗学会唠。

一口两口也不给我留。

3.1.6 代词重叠

普通话代词一般不能重叠，丹江方言的指示代词"那"却经常可以两叠、三叠，甚至多叠。

指示代词"那"在指示方所时，可以重叠为AA式。例如：那那边、那那头、那那闷儿[mər^0]、那那个屋的、那那个上头等。相比远指代词基式，"那那"式表示所指离说话人距离更远。例如：

我说的不是那边，是在那那边。

东西好像放在那那个上头。

如果继续强调所指事物距离说话人更远，可以三叠甚至更多叠来表示。例如：

太阳落到山的那那那闷儿[mər^0]（边）去唠。

我一口气可以跑到那那那那头。

指示代词"那"的重叠式虽然也是代词性，语义上指比基式更远的地方，但这并不意味着丹江方言的代词是三分或多分的。代词"那"的重叠，其语法意义还是在于表量，表示程度上的加强。

丹江方言中指代方所的代词"那闷儿[la^{312}mər^0]"，表示普通话的"那边、那头"等义，可以两叠为"那闷儿闷儿[la^{312}mər^{53}mər^{35}]"，指代比"那边、那头"更远的地方。有时三叠甚至四叠为"那闷儿闷儿闷儿[la^{312}mər^{53}mər^{53}mər^{35}]""那闷儿闷儿闷儿闷儿[la^{312}mər^{53}mər^{35}mər^{53}mər^{35}]"。例如：

那冈儿冈儿有个池塘。

他家住在那冈儿冈儿冈儿冈儿，远得狠。

3.1.7 副词重叠

丹江方言的副词重叠，既有普通话常见的两叠形式，也有特别的三叠、四叠形式。

3.1.7.1 AA 式

偏偏、将将（刚刚）、明明、真真、好好、整整、最最

3.1.7.2 ABAB 式

双音节副词大多重叠为 ABAB 式。例如：

硬是硬是、总是总是、贵贱贵贱、赶紧赶紧、赶快赶快、
当现当现、真地真地、高地高地（真地）、非要非要、
亏得亏得、千万千万、特别特别、格外格外、一定一定、
一再一再、一直一直、麻里麻里 [ti⁰]（赶快）、幸亏幸亏

3.1.7.3 AABB 式

双音节副词少数重叠为 AABB 式。例如：

确确实实、真真正正、实实在在、自自然然、急急忙忙、
陆陆续续、时时刻刻、千千万万

3.1.7.4 ABB 式

一定定、一再再、一样样、一会会、一下下 [xər⁰]、一般般

3.1.7.5 AAA 式

紧紧紧、最最最、真真真

3.1.7.6 ABBB 式

一定定定、一再再再、一样样样、一会会会、一下下下

3.1.7.7 AAAA 式

AAAA 式有两种情况：

1) 单音副词 A 四叠构成的 AAAA 式。例如：

紧紧紧紧、最最最最、真真真真

2) 双音 AA 式两叠构成的 AAAA 式。例如：

明明明明、将将将将（刚刚刚刚）、整整整整、白白白白、
足足足足、偏偏偏偏、通通通通

二者通过语音上的区别加以区分。由基式 AA 式两叠构成的 AAAA 式，第二和第四个音节要儿化，且读为轻声；而由单音副词 A 四叠构成的 AAAA 式，各个音节都读原声原调。

副词重叠最主要的语法意义就在于表示程度的加强。两叠式明显比基式程度要更强，三叠式比两叠式程度要更强，四叠式比三叠式程度要更强，表示程度达到极致，带有强调和夸张的意味。例如：最＜最最＜最最最＜最最最最。在句子中主要作状语，有些还能修饰方位名词。例如：

你硬是硬是不听我的话。
我确确实实不该做这种事。
他说的一定定要来的。
你紧紧紧挨到我坐。
我坐到最中间，你坐到最最中间，他坐到最最最中间，最最最最中间留的给老五子。
明明明明说要带我去玩，又不去唠。

3.1.8 象声词重叠

丹江方言象声词重叠形式非常丰富，很有地方特色。

3.1.8.1 AA 式

丁丁、当当、哗哗、喳喳、吱吱、啪啪、嘟嘟、叽叽、哼哼、嘤嘤、嘀嘀、突突、咪咪、唑唑、咯咯、呵呵、唰唰、咚咚、叭叭、咣咣、哐哐、梆梆、呼呼、隆隆、嗡嗡、沙沙、乓乓、嘭嘭、喵喵、汪汪、哞哞、轰轰、哔哔、哒哒、啾啾、呼呼

3.1.8.2 AAA 式

毚毚毚、嘎嘎嘎、喳喳喳、丁丁丁、当当当、哗哗哗、吱吱吱、啪啪啪、嘟嘟嘟、叽叽叽、哼哼哼、嘤嘤嘤、嘀嘀嘀、突突突、咪咪咪、唑唑唑、咯咯咯、呵呵呵、唰唰唰、咚咚咚、叭叭叭、汪汪汪、咣咣咣、哐哐哐、梆梆梆、嗡嗡嗡、嘭嘭嘭、呼呼呼

3.1.8.3 ABB 式

扑通通、扑喽喽、哗啦啦、咪溜溜、咕嘟嘟、哐嘟嘟、咕叨叨、光当当、呼啦啦、轰隆隆、嘟噜噜、咯哒哒、丁当当、扑啦啦

3.1.8.4 AAB 式

叮叮当、叽叽喳、圪圪叨、咕咕叨、扑扑通、嘟嘟噜、咯咯哒

3.1.8.5 AAAA 式

丁丁丁丁、当当当当、哗哗哗哗、喳喳喳喳、吱吱吱吱、啪啪啪啪、嘟嘟嘟嘟、哼哼哼哼、嘀嘀嘀嘀、突突突突、咪咪咪咪、唑唑唑唑、咯咯咯咯、呵呵呵呵、唰唰唰唰、咚咚咚咚、叭叭叭叭、咣咣咣咣、哐哐哐哐、梆梆梆梆、嗡嗡嗡嗡、呼呼呼呼、沙沙沙沙、轰轰轰轰

3.1.8.6 AABB 式

圪圪叽叽、圪圪哇哇、圪圪咚咚、圪圪吱吱、圪圪塔塔、圪圪噔噔、圪圪嘣嘣、圪圪嚓嚓、圪圪吧吧、哗哗啦啦、叮叮当当、叽叽喳喳、钉钉光光、光光当当、噼噼啪啪、呼呼噜噜、扑扑通通、扑扑哧哧、哧哧溜溜、轰轰隆隆、咕咕嘟嘟、乒乒乓乓、兵兵梆梆、嘻嘻哈哈

3.1.8.7 ABAB 式

圪叽圪叽、圪哇圪哇、圪咚圪咚、圪吱圪吱、圪塔圪塔、圪噔圪噔、圪嘣圪嘣、圪嚓圪嚓、圪吧圪吧、哗啦哗啦、叮当叮当、钉光钉光、咣当咣当、呼噜呼噜、扑通扑通、扑哧扑哧、哧溜哧溜、轰隆轰隆、咕嘟咕嘟、咕咚咕咚、哐啷哐啷、哧啦哧啦、滴答滴答、扑喽扑喽

3.1.8.8 A 里 AB 式

圪里圪啷、圪里圪哇、圪里圪咚、圪里圪吱、圪里圪塔、圪里圪噔、圪里圪嘣、圪里圪嚓、圪里圪吧、哐里哐当、扑里扑通、光里光当

3.1.8.9 ABCD 式

噼里啪啦、稀里哗啦、稀里呼噜、丁零光郎、丁零当啷、砌里咔嚓、叽里咕噜、乒零嘭咙、叽里呱啦、扑里啪啦

3.1.8.10 AA 生生式

咚咚生生、当当生生、哗哗生生、啪啪生生、嘟嘟生生、哼哼生生、嘀嘀生生、咪咪生生、呵呵生生、咚咚生生、咣咣生生、梆梆生生、嘭嘭生生、汪汪生生、轰轰生生、钉钉生生、噗噗生生、呼呼生生

3.1.8.11 AA 叽叽式

哼哼叽叽、吱吱叽叽、哼哼叽叽、咪咪叽叽、咚咚叽叽、咣咣叽叽、哐哐叽叽、梆梆叽叽、嗡嗡叽叽、嘭嘭叽叽、轰轰叽叽、哇哇叽叽

象声词重叠，既可以模拟事物的声音，例如：（水声）哗哗、（笑

声）呵呵、（敲击声）叮叮当当等；还可以描写事物或动作的情状，例如：（水）滴滴答答地流、（人）乒乒砰砰地摔打东西、（人）咚咚生生地走在楼梯上、（病人）躺在床上哼哼叽叽等。

象声词的重叠形式，在句子中主要作谓语、定语、状语、补语等。例如：

他睡着唠还哼哼。

一听到汪汪汪的叫声，斗知道有人来唠。

妈妈回到家噼里啪啦地打唠他一顿。

他牙疼得哼哼叽叽的。

某些重叠形式，以 AAA 式、AAB 式、AABB 式为常，还可以重叠为更长的形式。突出声音持续的时间长，带有一种厌烦、不满的感情色彩。例如：

蚊子老是嗡嗡嗡、嗡嗡嗡的，烦死人。

外面丁丁当、丁丁当地敲唠一晚上。

你叽叽喳喳、叽叽喳喳唠一上午，累不累呀！

3.1.9　重叠的功能

以上详细列举了丹江方言几乎所有的重叠形式，分析了它们本身具有的词汇意义和表示的语法意义。从这些重叠现象中我们可以发现，重叠作为一种重要的语法手段，在丹江方言中具有构词构形、区分词性、区别语义、表示语法意义、附加色彩、表达童语等多种功能。

3.1.9.1　构词构形

构词构形是重叠在形式方面最重要的功能。理论上，任何一级能区别意义的语法结构单位都可以重叠来构词或构形，小到音位，大到句子。

丹江方言的构词重叠有：

重叠音位（或音位组合）构成的联绵词，例如：琵琶、螳螂、辗转等；重叠音节构成的双音叠音词，例如：丁丁、通通、猩猩等；重叠不成词语素构成的合成词，例如：爸爸、星星、馍馍等；重叠成词语素构成的小称名词，例如：刀刀、包包、尖尖、点点等；重叠副词语素构成的副词，例如：偏偏、将将、明明等。

构形重叠有：

两叠实词构成的语法形式，例如：

名词：人人、家家、娃娃书、木娃娃、水杯杯、家家户户、汤汤水水

动词：看看、听听、商商量量、吃吃喝喝、商量商量、讨论讨论、化化妆、吃吃饭

形容词：红红、孤单单、干干净净、雪白雪白、快活快活

量词：个个、颗颗、条条、片片

代词：那那

副词：真真、好好、整整、最最

三叠实词构成的语法形式，例如：

名词：里里里、边边边、底底底

动词：跑跑跑、说说说、笑笑笑、敲敲敲

代词：那那那

副词：紧紧紧、最最最、真真真

四叠实词构成的语法形式，例如：

名词：里里里里、边边边边、底底底底

动词：跑跑跑跑、说说说说、笑笑笑笑、敲敲敲敲

形容词：大大大大、小小小小、高高高高、长长长长

代词：那那那那

副词：紧紧紧紧、最最最最、真真真真

重叠结构构成的语法形式：

动词结构：一A一A、A下A下、A的A的、A到A到、一AA到、紧A紧A、A来A去

数量结构：一AA、一AAAA、一A一A、A把两A、一A两A

述补结构：X得Y得Y

3.1.9.2 区分词性

重叠可以改变词性。一种词性的词或语素重叠后，可以变成另一种不同词性的词或结构。例如：

名词性→形容词性：婆婆妈妈、风风火火

动词性→名词性：包包、垫垫、扣扣、戳戳、盖盖、塞塞、摊摊

形容词性→名词性：尖尖、空空、弯弯、精精、末末、皱皱

形容词性→动词性：快活快活、安静安静、开心开心、热闹热闹、潇洒潇洒

形容词性→副词性：好好、快快、慢慢、静静、远远、大大、满满

量词性→名词性：点点、颗颗、条条、片片、块块、枝枝、本本

象声词性→动词性：哼哼、叮叮当当、嗡嗡嗡、叽叽喳喳

3.1.9.3 区别语义

重叠可以改变语义，重叠后的语义与基式语义截然不同。例如：

牌（扑克、麻将等）——牌牌儿（标牌）

眼（眼睛）——眼眼儿（小洞）

嘴（嘴巴）——嘴嘴儿（器物突出的小口）

面（面粉、面条）——面面儿（细粉状物）

婆、妈（称谓）——婆婆妈妈（人做事不果断、不利索）

头、脑（器官）——头头脑脑（领导、上级）

条、框（物品）——条条框框（有很多规矩、障碍）

包（把东西裹起来）——包包（装东西袋子）

夹（从两边钳住）——夹夹（夹东西的器具）

尖（尖锐）——尖尖（细小尖锐的物体或部分）

弯（不直）——弯弯（弯曲的部分）

拉、扯（牵拽）——拉拉扯扯（牵扯、勾结）

偷、摸（偷窃）——偷偷摸摸（暗地、不正大光明）

3.1.9.4 表示语法意义

重叠作为一种语法手段，其最主要的功能就是表示语法意义。丹江方言中，重叠所表示的语法意义有物量、数量、程度变化、时体、状态等。

3.1.9.4.1 表物量

重叠能使事物的空间量发生变化，两叠形式可以作为较小事物或事物较少部分的指称。例如：刀刀、车车、桌桌、凳凳、水杯杯、酒壶壶、纸盒盒、线头头、瓶口口、包包、垫垫、扣扣、戳戳、盖盖、尖尖、空空、弯弯、精精、末末、皱皱、点点、颗颗、条条、片片、块块等。某些名词的四叠形式，表示事物的物量达到极小。例如：娃娃娃

娃、头头头头、末末末末、粉粉粉粉、毛毛毛毛、片［p'ian⁵⁵］片片片、渣渣渣渣、精精精精、尖尖尖尖、边边边边、角角角角、根根根根等。

在丹江方言口语中，表小称的重叠式最后一个音节都要读为儿化，而儿化也是丹江方言一种表小称手段，那么，究竟是重叠手段单独表小称，还是仅仅儿化表小称，还是重叠与儿化构成复合手段共同作用表小称呢？

我们认为重叠可以单独表小称。因为①很多小称重叠式的基式儿化形式不表小称，例如：刀儿≠刀刀儿、车儿≠车车儿、票儿≠票票儿、面儿≠面面儿等；②很多小称重叠式根本没有相应的基式儿化形式，例如：桌桌儿（*桌儿）、房房儿（*房儿）、镜镜儿（*镜儿）、带带儿（*带儿）、纸纸儿（*纸儿）；（3）小称重叠式中儿化有其自身的语法意义，重叠儿化式都附加有亲昵、喜爱的感情色彩，和轻松、随意的语境风格，与重叠加"子"缀小称形式，如娃娃子、洞洞子、桌桌子等，带有不满、轻蔑、厌恶等感情色彩，用于消极情绪的语境场合构成对立。因此，重叠式中的儿化，其语法意义不在表小称，而是表示感情色彩。

3.1.9.4.2 表数量

重叠还能表示事物数量的变化，既可以表少数，也可以表多数。

数量结构重叠表示数量少。两叠一 AA 式比基式"一 A"所指的量要少，例如：一点钱/一点点钱、一块糖/一块块糖、一车人/一车车人、一锅饭/一锅锅饭等；四叠一 AAAA 式比两叠一 AA 式所指的量要少，例如：一点点/一点点点点、一丝丝/一丝丝丝丝、一会会/一会会会会、一下下/一下下下下等。A 把两 A 式，如个把两个、次把两次；一 A 两 A 式，如一回两回、一个两个等，也表示数量少。

量词重叠、数量结构重叠表示数量多。单音量词重叠为 AA 式，例如：个个、条条、次次、回回、遍遍等，表示数量多，以及与之相联系的"每一、逐一"等义。数量结构一 AA 重叠式附加"子"缀，也能表多数。例如：一条条子、一片片子、一块块子、一枝枝子、一本本子、一串串子、一盆盆子等。数量结构一 A 一 A、一 ab 一 ab 重叠式，如一片一片、一行一行、一圪瘩一圪瘩、一骨都一骨都等表示多数。

3.1.9.4.3 表程度变化

有些词或结构意义中包含程度意义,如形容词、副词性的词或结构等,它们重叠会在表示的程度意义上产生加强或减弱的变化。

两叠单音形容词 AA 式,既能表高强程度,如重重(的一击)、长长(的列车);也能表低弱程度,如大大(的眼睛)、轻轻(地走过)。四叠单音形容词构成 AAAA 式,表示程度从一般加深到极度高强,带有强调和夸张的意味。相比基式 A,AA、AAAA 重叠式在程度上有不同表现。

副词重叠最主要的语法意义就在于表示程度的加强,重叠次数越多,所表程度越强。两叠式比基式程度要强,三叠式比两叠式程度要强,四叠式比三叠式程度要强。例如:最＜最最＜最最最＜最最最最。

小称后缀"娃儿"可以重叠为"娃娃儿"形式,附加在名词后面表小称。"娃娃儿"又可以连续无限重叠,每多重叠一次,表示的事物就更小。例如:板凳娃儿、板凳娃娃儿、板凳娃娃儿娃娃儿。

述补结构"X 得 Y"的不完全重叠式"X 得 Y 得 Y"式,助词和补语可以无限重叠。重叠的次数与语义的强化程度成正比,每重叠一次,强化的程度就增加一分。例如:好得狠＜好得狠得狠＜好得狠得狠得狠。

3.1.9.4.4 表时体意义

除了附加标记和虚词手段,重叠也是汉语表达时体范畴的一种很重要的形态变化。丹江方言中,动词的重叠可以表示动作的持续、尝试、短时、反复等时体意义(具体见第 5 章)。

表持续体的重叠形式有:AA、AAA、AAAA、A 啊 A、一 A 一 A、圪 A 圪 A、A 下 A 下、A 的 A 的、A 到 A 到、一 AA 到、紧 A 紧 A 式等。

表尝试体的重叠形式有:AA、ABAB、AA 看式等。

表短时体的重叠形式有:AA、ABAB 式等。

表反复体的重叠形式有:圪 A 圪 A、A 来 A 去、A 啊 A、一 A 一 A、A 下 A 下、A 的 A 的式等。

3.1.9.4.5 表状态

根据李宇明(1996a)的观点,词语重叠是一种表达量变化的语法手段,"调量"是词语重叠的最基本的语法意义。重叠表示的物量、数量、程度、时体等意义,实质上包含着基式所表达的物量、数量、度量、动量在维度上发生变化。但"调量"不是重叠表示的唯一意义,丹江方言中就有许多表状态的重叠形式。

某些单音词重叠修饰成分,表示中心语存在的状态。例如:面面药、水水药、颗颗药、粉粉糖、颗颗糖、粒粒橙、末末茶等。

单音名词重叠"AA 叽叽"式,例如:水水叽叽、汤汤叽叽、油油叽叽、粉粉叽叽、糊糊叽叽等,表示事物呈现的状态。

单音动词重叠"AA 生生、AA 叽叽"式,例如:跑跑生生、抢抢生生、跳跳生生、抢抢叽叽、玩玩叽叽、磨磨叽叽等,表示某种动作状态。

朱德熙(1982)认为形容词重叠形式都是状态形容词,带有明显的描写性。丹江方言重叠形式的状态形容词比普通话要丰富得多,有些是独具特色的。例如:"AA 子"重叠式,表示事物的状态,带有不满、厌恶等贬义色彩,如弯弯子、直直子、偏偏子、歪歪子、斜斜子等。

数词"一"和含语缀"圪、骨"的双音量词构成的数量结构重叠形式一 ab 一 ab,也能表示事物的状态。例如:一圪瘩一圪瘩、一圪抓儿一圪抓儿、一骨堆一骨堆、一骨噜一骨噜、一骨都一骨都等。

3.1.9.5 附加色彩

色彩意义是一种附加意义,它依附在词语形式上,表达该词语对听话人产生的情感效果,以及用于某种特定语体而造成的语体风格。重叠构成的词或结构形式,往往附带有感情色彩和语体色彩义。

重叠语素构成的亲属称谓词,如爸爸、妈妈、爷爷、奶奶、叔叔、姨姨、娘娘、大大(姑姑)、哥哥、姐姐等,都带有亲切、喜爱等感情色彩和轻松、活泼的方言口语色彩。

动词 AAA、AAAA 重叠式,表示动作行为的持续、反复进行,同时还附加有厌烦、失望、奇怪、诧异等感情色彩。例如:跑跑跑、说说说、笑笑笑笑、敲敲敲敲等。

名词、动词、形容词、象声词等重叠构成的 AA 叽叽式,都带有不满、不耐烦、不屑、埋怨等感情色彩。

形容词重叠式 A 里 AB、AaAb,也带有强烈的贬义色彩,只用于消极的语境场合。

动词重叠 AA 式、ABAB 式，表示动作的尝试、短时等意义，带有轻松、随意的风格色彩，与用于正式、庄重场合的"V 一下"形成对比。

3.1.9.6 表达童语

童语是指儿童所说的话以及成人与儿童对话时所说的话。重叠构词是童语词语的一个非常重要的来源。例如：乖乖、宝宝、手手、脚脚、嘴嘴、眼眼、肚肚、饭饭、水水、狗狗、猫猫、鞋鞋、袜袜、帽帽、裤裤、床床、抱抱、亲亲、睡觉觉、藏猫猫、上街街、洗澡澡、吃饭饭等。

童语重叠词语很多的意义跟单用时没有区别，这是与语言中其他重叠现象根本区别之处。"饭饭"等于"饭"，"抱抱"就是"抱"，"嘴嘴"是"嘴"而不是器物突出的小口。不发生词义变化，也没有任何附加的语法意义。其作用可能就在于重叠音节、拉长词形、产生节奏以引起儿童的注意。童语具有年龄限制，一旦超出一定的年龄，就不再使用。

但有些童语重叠词语已经扩大使用范围，进入语言词汇系统中，成为所有人在任何场合，不仅仅是儿童或成人对儿童，经常使用的词汇。这不仅包括某些常见的词语，如爸爸、妈妈、爷爷、奶奶、宝宝、果果、乖乖（词义有变化，由指子女变为感叹词）等，而且作为构词成分来构造新词。例如：跷跷板、跳跳糖、碰碰车、蹦蹦床、跳跳棋、转转门、翻绞绞等。这些与儿童有关的事物或游戏名称，显然已经超出了童语的范围。

3.2 "X 得 Y 得 Y"重叠式

丹江方言中有一种特殊的重叠形式："X 得 Y 得 Y"，其中"得 Y"可以多次重叠。例如：

她美得狠得狠。

老五相信得狠得狠得狠。

小李吃得多，小王比小李吃得多得多得多。

你那算啥子，我跳得高得高得高得高得高。

3.2.1 重叠式的语形特点

丹江方言"X 得 Y 得 Y"重叠式，基式是正补结构"X 得 Y"。其中，"X"是谓词性词语，"得"是结构助词，"Y"是形容词补语。

能够进入"X 得 Y 得 Y"重叠式"X"位置的，一般是语义具有级度变化、能受程度副词修饰，或后面可以带程度补语的词或短语。主要有以下几类：

1）形容词。如"美、丑、黑、黄、大、小、高、低、胖、瘦、干净、背时、客气、热闹、聪明、小气"等。凡是具有级度变化、能受程度副词修饰的性质形容词，都可以用作"X"。状态形容词，如"冰凉、雪白、笔直、硬梆梆、黑乎乎"等，不能用作"X"，但少量可以受程度副词修饰的非谓形容词，如"高级、低级、直接"等，也可以进入重叠式。

2）形容词性短语。如"好［xau⁵³］吃、难看、听话、能吃、有钱、过细、笑人、认生、赔钱、不舒服、不好受、不像话、不得闲、不中用、讨厌人、难为情、讨人嫌、能说会道"等。

3）动词。包括两类：一类是行为动词，如"哭、打、摔、病、骂、碰、掐、嚷、疯、撞、占、吃、说、睡、听、见、做、用、剩、写、跑、跳、投、扔、丢、站、躲、滚、抱、住"等。但"X"只限于能受程度副词"很"修饰的单音节行为动词，复音节行为动词一概不能用作"X"。一类是心理动词，如"疼、爱、爱护、爱惜、操心、担心、愁、懂得、放心、关心、伤心、怕、后悔、恨、嫉妒、讨厌、喜欢、满意、生气、同情、相信、注意、着急、重视、迷信、明白、计较、痛苦"等。所有的表心理活动和主观感受的动词，都能用作"X"进入重叠式。

4）动词性短语。包括三类：一类是动宾结构，如"爱你、怕事、相信我们、喜欢看电影、有能力、有身份、有地位、没得本事、像妈妈、像坏蛋"等。进入重叠式的动宾结构，带宾语的动词分别是表心理、断事或有无、像似等的动词，一般行为动词带宾语不能直接进入，必须采用重动的方式，即在后面加上一个相同的行为动词构成"拷贝结构"，如"他打人打得狠得狠得狠"。一类是动补结构，如"长得美、跑得快、离得远、吃得胖、猜得准、爱得深、烧得烫、扫得干净、做得小气、搞得热闹"等，其中动词都是单音节的行为或心理动词。一类是由"能愿动词+行为动词"构成的短语，如"能跑、能吃、能哭、能睡、会说、会算、会学习、会气人、肯干、肯吃苦、敢做、敢说"等。

　　进入"X得Y得Y"重叠式的形容词补语"Y"，常见的只有"狠（厉害）、多、远、高"等少数几个，其他的形容词很少见到使用。只有在对举的情况下，才可以用上述形容词的反义词"少、近、低"等，如"我跳得比你高得高得高，你比我低得低得低"；但形容词"狠"没有对应的反义词用法。

　　丹江方言中，"狠、多、远、高"是用得极广的表高强程度的形容词。特别是"狠、多"两个，表示普遍意义的程度高强，概括性极强，几乎所有具有级度变化、能受程度副词修饰或后面可以带程度补语的形容词、动词，都能与之结合。因此，所有能充当"X"的形容词、动词都能与"狠、多"组合构成"X得狠（多）得狠（多）"重叠式，甚至"远、高"构成的重叠式，也可以换用成"狠、多"，意义和功能基本不变。例如：

　　他住得远得远得远→他住得远得狠得狠

　　小王比你跳得高得高得高→小王比你跳得高得多得多

　　与其他重叠式不同的是，从理论上讲，"X得Y得Y"可以无限重叠。在丹江地区，常常可以听到两人斗嘴，特别是小孩子，为了强调自己的观点比对方正确，总是看谁重叠的次数超过对方，有时斗嘴的双方就这样不断地重叠下去，直到其中一方语气接不上来认输为止。当然，在一般情况下，受呼气的限制，以一至三叠为常。作为一个连续的语流，重叠式的内部因重叠次数多少的不同，在语气停顿上会存在差别。重叠一次，基式和重叠部分联系密切，中间一般不停顿；重叠两次或多次，重叠部分与基式之间，重叠部分与重叠部分之间需要停顿，即：X得Y/得Y/得Y/得Y……但不管重叠几次，结构助词"得"总是读轻声[ti⁰]，语音不变。在实际话语中，"X得Y得Y"重叠式有两种不同的语速：一种语速平缓，重音在"Y"上面；一种语速较快，无明显的重音。

3.2.2 重叠式的语法意义及语义搭配关系

丹江方言"X得Y得Y"重叠式,不是基式的完全叠加,重叠的只是正补结构的助词和补语部分。因此,格式的语法意义是由重叠的补语部分来体现的,表示对补语所表语义程度的强化。进入重叠式的补语"Y",是"狠、多、远、高"等表示高强程度的形容词,基式"X得Y"本身就表示谓词"X"的程度高,重叠后表示对基式所表程度的进一步强化;而且重叠的次数与语义的强化程度成正比,每多重叠一次,强化的程度就多增加一分,以至达到极限。例如:美得狠<美得狠得狠<美得狠得狠得狠<美得狠得狠得狠得狠<美得狠得狠得狠得狠得狠<美得狠得狠得狠得狠得狠得狠……随着重叠次数的增加,表示"美"的程度越来越高。跟其他的增量形式相比,重叠式在语义强度上分别相当于:美得狠=挺美<美得狠得狠=美得不得了<美得狠得狠得狠=美得要命(要死)<美得狠得狠得狠得狠=美到唠极点……

正因为重叠是对基式所表高强程度的进一步强化,而基式的否定形式不再表示程度的高强,因此,"X得Y得Y"重叠式的补语部分不能用否定形式,比如不能说"美得不狠得狠"或"美得不狠得不狠"。对整个重叠式的否定,也不能直接在前面单用否定词,如不能说"不美得狠得狠",而只能在其前面加上"根本斗不、一点儿也不"之类的修饰性成分。唯一的例外是,由像似动词"像"构成的动宾结构的否定式能跟"狠"配合使用,比如可以说"小王不像他爸爸得狠得狠得狠","他不像个人得狠得狠得狠"。

在实际话语中,"X得Y得Y"重叠式的语速不同,对基式语义强化的程度会有不同。重叠式语速平缓,重音加在"Y"上,或表肯定,或表辩白,或表补充,强化的力度要大一些,突出"Y"的非同寻常;如果重叠式的语速较快,无明显重音,则或表陈述,或表确认,强化的力度要弱一些。

丹江方言"X得Y得Y"重叠式,其基式的"X"和"Y"在语义上存在一定的搭配关系。充当"X"的谓词性词语,并不出现在所有的"X得Y得Y"重叠式中,能进入哪种具体格式,跟形容词补语"Y"的语义直接相关。

形容词或形容词短语作"X"，只出现在"Y"是"狠、多"的"X 得 Y 得 Y"重叠式中。

行为动词作"X"，能出现在所有的"X 得 Y 得 Y"重叠式中；但"Y"不同，与之搭配的行为动词也有所不同。根据行为动词的不同，"X 得 Y 得 Y"重叠式可分为三类：①V_1得狠得狠；②V_2得多得多；③V_3得高/远得高/远。与"狠"对应的"V_1"是"哭、打、摔、病、骂、碰、掐、噎、疯、撞"等行为动词，这些行为动词在动作轻重程度上存在着级度变化。基式"V_1得狠"，表示动作在情态上达到高强程度，重叠式"V_1得狠得狠"，表示动作高强程度上的进一步加强，属于"情态—程度"范畴。与"多"对应的"V_2"是"占、吃、说、睡、听、见、做、用、剩、写"等行为动词，这些行为动词在动作相关数量上存在着级度变化。基式"V_2得多"，表示动作在数量上达到高强程度，重叠式"V_2得多得多"，表示动作以及动作涉及对象数量高强程度上的进一步加强，属于"数量—程度"范畴。与"高/远"对应的"V_3"是"跑、跳、投、扔、丢、站、躲、滚、抱、住"等行为动词，这些行为动词在动作空间方位上存在级度变化。基式"V_3得高/远"，表示动作在空间方位上达到高强程度，重叠式"V_3得高（远）得高（远）"，表示动作以及动作涉及对象空间高强程度上的进一步加强，属于"空间—程度"范畴。

3.2.3 重叠式的语用条件

"X 得 Y 得 Y"重叠式是丹江方言里口语味最浓的表达形式之一，绝少出现在书面语中。

在口语表达中，基式补语"Y"不同，"X 得 Y 得 Y"重叠式出现的句型及句类分布也不同。"X 得狠得狠"式，用于一般陈述句或感叹句。例如：

他成绩好得狠得狠，是班上第一名。
我真是背时得狠得狠得狠！

还可以用于比较句。例如：

他笨得狠，你比他还笨得狠得狠。
小王比小李好得狠得狠得狠！

"X得多（远、高）得多（远、高）"式，主要用于比较句。既可以是显性比较句（"比"字句），也可以是隐性比较句，但常用的还是显性比较句。例如：

他比你好得多得多。

小王比你跳得高得高得高。

老五的爸爸是老板，钱多得多得多。

基式补语"Y"不同，"X得Y得Y"重叠式出现的话语环境也不相同。重叠式的用法因此可以分为两类："X得狠得狠"式和"X得多（远、高）得多（远、高）"式。

"X得狠得狠"式，既可以单用，也可以作为后续句，其前面出现先行句，造成特定的话语环境。单用的如"今天真是爽得狠得狠得狠"。作为后续句，常出现在下面几种语境中：

1）X。X得狠得狠。例如：

甲：她好美呀。乙：嗯，她美得狠得狠！

甲：她好美呀。乙：才不是奈，她是美得狠得狠！

2）X得狠。X得狠得狠。例如：

甲：小王家有钱得狠。乙：那可不是一般的有钱，是有钱得狠得狠得狠。

3）X。X得狠。X得狠得狠。X得狠得狠得狠。X得狠得狠得狠得狠。例如：

甲：你好小气呀！乙：你小气得狠！甲：你小气得狠得狠！乙：你小气得狠得狠得狠！甲：你小气得狠得狠得狠得狠！……

"X得多（远、高）得多（远、高）"式，用于比较句，因此很少单用，前面必须出现先行句，造成特定的话语环境：

1）AX，B比AX得多得多。例如：

小王够漂亮唠，小张比小王漂亮得多得多。

甲：小王好漂亮！乙：小张比小王漂亮得多得多。

2）A–X（X的反义词），B比AX得多得多。例如：

小王太丑唠，小张比小王漂亮得多得多。

3）AX得多（远、高），B比AX得多（远、高）得多（远、高）。例如：

我吃得多？他比我吃得多得多。

4）AX，B 比 AX 得多，C 比 A（和 B）X 得多得多。例如：

小王怪漂亮的，小张比小王漂亮得多，小马比小王漂亮得多得多。

小王怪漂亮的，小张比小王漂亮得多，小马比她们漂亮得多得多。

5）A 比 BX。A 比 BX 得多。A 比 BX 得多得多。例如：

甲：小张比小王漂亮。乙：小张比小王漂亮得多。丙：是的，小张比小王漂亮得多得多。

甲：小张比小王漂亮。乙：小张比小王漂亮得多。丙：不是的，小张比小王漂亮得多得多。

6）A 比 BX。B 比 AX。A 比 BX 得多。B 比 AX 得多得多。A 比 BX 得多得多得多。……例如：

甲：小张比小王漂亮。乙：小王比小张漂亮。甲：小张比小王漂亮得多。乙：小王比小张漂亮得多得多。甲：小张比小王漂亮得多得多得多。……

3.2.4 历史来源

"X 得 Y 得 Y"重叠式，是一种结构的不完全重叠。这种结构重叠，在汉语中出现不多，其语法意义跟词语的重叠一样，主要表示程度的增强。

在现实生活中，人们对事物的"增加"的认识，是事物在原有基础上量的叠加。事物数目的"增加"，是事物在数量上叠加了相同的个体；事物体重的"增加"，是事物在重量上叠加了相同的个体；事物体积的"增加"，是事物在空间上叠加了相同的个体。根据认知语法理论，语言结构在很大程度上与人类对外在世界的认知结构相对应，存在着"象似性"（iconicity）。人们对客观世界的主观感知和体验，会积淀在语言中，由此在头脑中形成的概念结构的单位以及单位之间的关系，会通过语言结构的单位以及单位之间的关系显露出来。因此，这种对事物数量"增加"的主观感知和体验，对应在语言中就表现为语言单位的叠加，反映了语言结构与概念结构以及它所代表的外在世界的一种"数量相似关系"。语言中大量存在的重叠现象，经常承载的核心意义之一就是"量的增加"。这种"量的增加"既包括所指的量，也包括强调的量。其中"强调的量"指的是动作的强度及性状的程度的增加（张敏，1997）。由此可见，丹江方言中的"X 得 Y 得 Y"重叠式，是人们对动补结构表示的高强程度感觉不足，需有所"增加"而叠加补语的结果，只是连带连接补语的助词一块给重叠了。

汉语方言中，重叠语形"AA"式以表示程度加强的现象较为常见。"AAA"三叠式在福州、阳江、信宜、徐州方言中也可以见到，如"红红红（极红）"。在长汀、淮阴、洪洞以及丹江方言中，甚至还有四叠语形的格式，如洪洞话"老老老老（形容极远）"等（黄伯荣，1996）。厦门话较为典型，单音节形容词有二叠、三叠以至五叠的形式，强调性状程度的逐步增强，如"乌乌（有些黑）、乌乌乌（极黑）、乌乌乌乌（极黑极黑）、乌乌乌乌乌（黑得没法说）；紧紧（较快）、紧紧紧（极快）、紧紧紧紧（极快极快）、紧紧紧紧紧（快得不得了）"（李如龙，2001）。丹江方言最为丰富多样，不仅单音节性质形容词有两叠、三叠甚至多叠现象，单音普通名词如"娃、头、末、粉、毛、片［pian^{55}］、渣、精、尖、边、角、根"等，单音节方位名词如"里、的（里）、边、底、角、头、尖、根"等，单音节动词，数量结构"一+量"，指示代词"那""那闷儿"，单音副词"紧、最、真"，双音副词"一定、一再、一样、一会、一下、明明、将将、整整、白白、偏偏、通通、足足"等，正补结构"X 得 Y"，也有多重重叠形式。重叠的次数越多，强调的量就越大，程度就越高。

据李宇明（1996a）的观点，词语重叠的主要表义功能是"调量"，使基式所表达的物量、数量、动量、度量向加大或减小两个维度上发生变化。而语言中的"量"范畴，根据是否含有主观评价意义，可以分为客观量和主观量（陈小荷，1994；李宇明，1997）。李宇明（1999）提出四类表达主观量的语表手段，数量词语是其中一种，而数量词语的复叠是"数量标"形式之一。这好像意味着"复叠"（包括重叠）本身并不单独表达主观量。从丹江方言以及其他方言的多重重叠现象可以看出，重叠作为一种语法手段，起码多重重叠（不限于数量词语的多重重叠）不仅具有"调量"功能，在量的维度上发生变化，而且因为有意地增加重叠次数，还具有主观"强调"或"夸张"的功能，能表达说话人的一种主观评价，应该也是汉语主观量的表达手段之一。

相比名词"头",四叠式"头头头头"强调物量极小。"头"可以作为客观量,也能作为主观量,例如:"吃剩下的头"。但"吃剩下的头头头头"却只能表达主观量,带上说话人自己的认识和评价:吃剩下的东西是非常非常少。同样,"一点钱",可以表达主、客观量,而"一点点点点钱"却只能是说话人心理对钱数量少的认识和评价。究竟少到什么程度,无法用客观的标准衡量;也许说话人认为少,而其他人却不这样认为,是主观小量。比如:你别哭穷,你的一点点点点钱斗够我们吃一个月唠。方位名词的三叠和四叠形式、形容词四叠形式、代词"那"的多叠形式、副词的三叠和四叠形式,以及"X 得 Y 得 Y 得 Y……"多叠式,相比它们的基式,不仅在度量上加深加大至极致,而且这种加大加深传达的或者是,说话人的主观感受,或者是说话人有意为之的夸大其词,表达一种主观大量。例如:"那"的多叠,就反映了说话人的一种心理距离。远指代词"那"本来无所谓指远的程度变化,可是说话人为了区分相对远近,或者强调或夸大远的高强程度,主观地在心理上形成一个远近距离。重叠次数越多,说话人主观感觉离自己就越远。动词的两叠,一般说来表示动作的时量短或动量小(朱德熙,1982)。而"动词或简短的动宾结构重叠三次以上,表示反复的次数多,并有厌烦之意"(李宇明,1996a)。看来动词的多叠与两叠不同,作用在于"加大动量",表达多量。而且这种多量,也是主观大量,表明说话人的一种主观感受。比如"你一个劲说说说,烦不烦呀!""你"说的反复次数,客观上并不一定就比"一个劲说"要多,但是,说话人对此如果有不耐烦或厌恶的情绪,就会主观上认为或有意夸大反复的次数太多;或者说话人主观上认为反复的次数太多,超出了自己可忍受的范围,就会产生不耐烦或厌恶的情绪。因此,动词的多叠包含的多量总是伴随着"厌烦之意"。

带结构助词"得"的正补结构表程度,除北京话外,主要分布在西南官话和中原官话的南部地区。但以此为基式的"X 得 Y 得 Y"重叠式,却只出现在中原官话与西南官话相交的鄂西北、豫西南地区,以及安徽省的西北部地区。除丹江口市外,还包括湖北的襄阳市、老河口市、十堰市,以及河南的南阳、安徽的阜阳(黄伯荣,1996)等地区。但在外来人口较多的大城市襄阳、十堰,由于受到普通话的影响,用法呈明显萎缩趋势，使用人数和使用范围已大大减少。如今市区内年轻人已不大用到这种重叠式，老辈人以及郊区农村还较多使用。其他小城市，由于所处地理位置相对偏远，受标准语冲击较小，使用情况变化不大。

安陆方言中，存在一种"X 得 X"重叠形式（李崇兴、刘晓玲，2004）。能够进入结构的"X"除了单音节的形容词、动词、助动词外，还能是方位名词和个别单音否定副词。例如：红得红、怕得怕、该得该、前得前、没得没。这种重叠形式，主要用于比较以表示程度之甚或极甚。

中原官话中，也存在结构类似的强化程度的重叠现象。在山西南区的万荣、永济方言中，副词"太"与结构助词"得"一起构成程度补语，"太"还可以重叠成"太太"，表示程度的加深，如"美得太（好得很）、美得太太（好极了）；冷得太、冷得太太"。临汾方言中，有用重叠形式表示不同程度级差的现象（孙玉卿，2004）：

原级	比较级	高级	最高级
美	美得多哩	美得美着哩	美得美得美着哩
红	红得多哩	红得红着哩	红得红得红着哩
好	好得多哩	好得好着哩	好得好得好着哩

洪洞方言里，最多可以有四叠格式"美得美得美得美着哩"。这种表示不同程度级差的重叠式（乔全生，2000 称之为"形补同词结构"），比较起来，与丹江方言强化程度的"X 得 Y 得 Y"重叠式异常相似。溯其历史和社会根源可知，丹江方言"X 得 Y 得 Y"重叠式极有可能源于山西南区。

山西历来是中国重要的移民输出地。从秦汉以来，无论是"永嘉之乱""安史之乱"还是"靖康之乱"，都造成大批山西人外迁。公元 310 年永嘉之乱，以江左平阳郡（今山西临汾一带）流民寓居武当县（丹江口市前身）附近，增平阳郡，与武当县同属始平郡（《丹江口市志》）。而最大规模的官制移民，当属"洪洞大槐树移民"。元朝末年，战乱频繁，社会经济遭到严重破坏。明初，针对"中原诸州，元季战争，受祸最惨，积骸成丘，居民鲜少"的状况，明王朝决定从山西等地移民。当时的山西是蒙古贵族察罕帖木儿及其义子扩廓帖木儿（俗称王保保）的统治地，他们凭借山河之险，幸免战乱，社会相对安定。其中晋南是山西人口稠密之处，而洪洞又是当时晋南面积最大、人口最多的县。民国年间的《洪洞县志》和《增广洪洞县大槐树志》记载：明初，从山西移民，凡是出移的各府州县老百姓，都要先集中到洪洞县，然后再迁徙各地。据《明实录》等史书记载，从洪武元年（1368年）开始，到永乐十五年（1417年）结束，历三朝50年，山西先后移民18次，移民姓氏共554个，主要分布在河南、河北、山东、北京、安徽、江苏、湖北等地，少部分迁往陕西、甘肃、宁夏等地区，共18省（市），498县（市）。其中，河南是山西移民的重点地区之一，分布包括彰德府、怀庆府、开封府、卫辉府、大名府、归德府、河南府、汝宁府以及南阳府的南阳、方城、唐河、邓县、淅川等地区。湖北主要分布在襄阳、武汉、十堰、孝感、大悟、荆门、监利、沔阳、郧县、均县（今丹江口）、随县、随州、枣阳、宜城、保康、光化（今老河口）、钟祥等县（市）。安徽是朱元璋的家乡，山西移民主要分布在合肥、蚌埠、淮北、安庆、铜陵、凤阳、亳县、阜南等地区。"X得Y得Y"重叠式的分布地区全部包括在内。另外，丹江境内的武当山，被明代统治者推崇为"天下第一仙山"，位尊五岳之上。明太祖朱元璋崇拜武当真武神，把真武作为"护国家神"来祭祀。明成祖朱棣夺取皇位后，为了巩固政权，宣称其父朱元璋和自己之取得天下，是武当真武神的"阴翊"，为报答神恩，于永乐十年（1412年），遣隆平侯张信等率三十多万军夫工匠，以十二年功夫，大兴土木，在元代宫观旧址上，建成宫观三十三处。这次的修建活动，正处于明初"洪洞大槐树移民"期间，三十多万军夫工匠，来自山西地区的当不在少数。除了大规模的官制移民外，均州民间也不断有来自山西的移民。据均州金陂《朱氏家谱》记载："均州朱姓始祖于明崇祯元年（1628年）携子自山西洪洞迁居均州城南。"原因是明末"天启末年（1627年），王二在陕北澄县首举义旗，随后出现高迎祥、张献忠、罗汝才、李自成等大规模起义。战火烧遍了西北地区，洪洞县正处于动荡而危险的地带"。以此推断，山西移民把山西方言中表示加强程度的重叠式带到鄂西北地区，并在这里生根发芽，进一步发展出独具特色的"X得Y得Y"重叠式，也就不足为奇了。

第 4 章 丹江方言的小称

4.1 小称的基本含义

关于小称的基本含义是什么？目前方言学界还没有形成一个统一的、固定的认识。曹志耘（2001）把汉语方言中"许多跟北京话的儿化相类似的语言现象，例如'变韵'、'变音'、'小称变调'、韵母'鼻尾化'或韵母'鼻化'"，统称为小称。认为"小称的基本功能或初始功能是'指小'，在'指小'的过程中，自然衍生出表示喜爱、亲昵、戏谑等功能"。沈明（2003）指出："小称简而言之就是表小指爱。通常认为小称主要指名词表小指爱，也有人认为某些形容词表喜爱义，某些动词表示动作短暂，某些量词表示少量，所以小称应该包括这四类词。"我们认为，小称是汉语方言中用各种语法手段或形态标记对相对较小事物或事物相对少量的指称，有些还同时附加上喜爱、藐视等意味的感情色彩，或正式、随意等语体风格。因此，本书所说的小称只限于名词，有时也涉及量词。

4.2 丹江方言的小称形式

汉语方言中，用于表示小称的语法手段或方式非常丰富，即使是同一种方言中，常常也会同时存在几种不同的表示方法。丹江口市受其地理位置影响，方言同时具有中原官话和西南官话的不同特点，呈现出复杂多样的面貌。表现在小称上，丹江方言中的小称，与周边其他方言相比，不仅兼收并蓄了周边多种不同的表达方式，而且发展出具有自身特色的特殊用法，呈现出丰富多样的特点。

和语言的普遍用法相同，丹江方言可以直接在名词前加形容词"小"来表示小称。例如：小桌子、小娃子、小河、小树等。除此之外，小称表达方式还有以下几种。

4.2.1 儿化

单音节名词性或多音节名词性词根儿化表示小称，在北方和西南各地方言中使用较为普遍（黄伯荣，1996）。丹江位于北方和西南地区的交界，方言中自然也有表现。例如：

单音名词（根）儿化：凳儿、袋儿、店儿、院儿、屋儿、道儿、盘儿、盆儿、盒儿、刀儿、眼儿、牌儿、皮儿、勺儿、棍儿、格儿、虫儿、娃儿、仁儿、根儿、枝儿、丝儿、树儿、叶儿、芽儿等。

多音名词（根）儿化：酒杯儿、脸盆儿、锅盖儿、火钳儿、背心儿、裤衩儿、手帕儿、鞋带儿、别针儿、拐棍儿、煤球儿、书本儿、方桌儿、茶几儿、铜板儿、皮筋儿、茶叶儿、瓜子儿、花生米儿、钢筋棍儿、眼睛毛儿、豆腐块儿、手指头儿、吸铁石儿等。

这些表小称的儿化名词，单音名词性词根大都不能单用。既能单用又能儿化的，名词儿化形式就不再表示小称。例如：花儿、火儿、车儿、门儿、歌儿、头儿（首领）等。"眼儿、牌儿、背心儿"等表小称又能单用，是因为"眼"单用指"眼睛"，与儿化的"小洞"义截然不同。而且，绝大多数儿化都能用后附式语缀"子"替换，但替换后就不再表示小称，同时也失去了亲昵、喜爱的附加义，语气变得较为正式，有些带有轻蔑、厌恶的感情色彩。例如：凳子、袋子、院子、屋子、盒子、刀子、勺子、酒杯子、脸盆子、锅盖子、火钳子、裤衩子、鞋带子、书本子等。也有少量不能替换，或是没有相应的"子"缀词，例如：店儿、仁儿、手帕儿、别针儿、茶叶儿；或是语义有对立，例如，"皮儿"泛指事物的表皮，"皮子"专指动物皮制成的熟皮或胶皮等。

丹江方言中，除了名词性词根儿化表小称外，还有少量的数词儿化也可以表示小称。这常常用在称呼中，含亲昵意味。例如：三儿、四儿、五儿、六儿、七儿、九儿等，前面可以加上前缀"小"或"老"，强调其小和喜爱之情，例如：小/老二儿、小/老四儿、小/老五儿、小/老六儿。有时还在前面加上姓氏，以示区别，例如：马小三儿、王老四儿。

其他还有，量词儿化构成的小称形式：点儿、片儿、块儿、条儿、个儿、枝儿、本儿、丝儿等。

动词儿化构成的小称形式：包儿、垫儿、扣儿、戳儿、盖儿、塞儿、摊儿、把儿、泡儿、钩儿、钉儿、叉儿、截儿、箍儿等。

形容词儿化构成的小称形式：干儿、亮儿、空儿、弯儿、尖儿、零碎儿、杂碎儿等。

各种词性的词根儿化构成的名词不仅表小，而且附加上亲昵、喜爱的感情色彩，主要使用在轻松、随意的话语环境中。但是，在丹江方言中，"儿化"更主要是一种构词手段，大多数情况下，并不表示小称。例如，由名词、量词、动词、形容词、代词性的词根儿化后，构成不表小的名词、代词性词，例如：桌儿、名儿、底儿、角儿、桃儿、本儿（本钱）、猫儿、今儿、昨儿、明儿、前儿、后儿、里儿、边儿、这儿、那儿、哪儿、画儿、活儿、伴儿、黄儿、青儿、汗衫儿、同伴儿、跟头儿、麻花儿、花卷儿、面条儿、眼镜儿、嘴唇儿、厕所儿、豆腐脑儿、谁个儿、自个儿、这下儿、那下儿等。

4.2.2 重叠加儿化

重叠也是汉语方言一种重要的小称表达手段。多集中在西部的官话方言区，北部吴语也有这种现象（沈明，2003）。在中原、西南官话的某些方言中，重叠往往同时附加上后附性成分"儿"或"子"，共同表示小称（黄伯荣，1996）。丹江方言也是如此。

4.2.2.1 单音节名词、动词、形容词、量词性等语素重叠后儿化，表示小称

单音名词性语素重叠后儿化，例如：娃娃儿、洞洞儿、桌桌儿、凳凳儿、背背儿、袋袋儿、店店儿、院院儿、房房儿、窗窗儿、门门儿、道道儿、猫猫儿、虫虫儿、碗碗儿、盆盆儿、盒盒儿、杯杯儿、盅盅儿、勺勺儿、刀刀儿、牌牌儿、皮皮儿、棍棍儿、格格儿、仁仁儿、根根儿、须须儿、边边儿、角角儿、眼眼儿、嘴嘴儿、口口儿、毛毛儿、

镜镜儿、水水儿、汤汤儿、面面儿、米米儿、豆豆儿、痂痂儿、带带儿、线线儿、纸纸儿、印印儿、影影儿等。

单音动词性语素重叠后儿化，例如：包包儿、垫垫儿、扣扣儿、戳戳儿、盖盖儿、塞塞儿、摊摊儿、把把儿、泡泡儿、钩钩儿、钉钉儿、叉叉儿、截截儿、澄澄儿（沉淀物）、箍箍儿、架架儿、撑撑儿、转转儿、卷卷儿、锤锤儿、刷刷儿、堆堆儿、夹夹儿、铲铲儿、擦擦儿、罩罩儿、钻钻儿等。

单音形容词性语素重叠后儿化，例如：尖尖儿、空空儿、弯弯儿、精精儿、末末儿、皱皱儿等。

单音量词性语素重叠后儿化，例如：点点儿（小点）、颗颗儿、条条儿、片片儿、块块儿、枝枝儿、本本儿、丝丝儿、根根儿、节节儿、串串儿、沓沓儿等。

单音节名词性语素重叠儿化，其中的单音节名词性语素，有些不能单独使用。要么附加语缀"儿"儿化，例如：洞儿、店儿、碗儿、皮儿、仁儿、根儿、边儿、角儿、毛儿、水儿、面儿、米儿等；要么在后面附加语缀"子"，例如：牌子、皮子、根子、角子、镜子、影子等。但与儿化不同，后加"子"缀构成的名词，既不表示小称，也没有可爱、喜爱等感情附加义。当然也有既可以儿化，又能附加"子"尾的名词，例如：娃儿/子、凳儿/子、店儿/子、院儿/子、猫儿/子、盆儿/子、盒儿/子、勺儿/子、刀儿/子、眼儿/子、痂儿/子、豆儿/子等。有些单音节名词性语素可以单独使用，例如：洞、虫、碗、皮、刀、牌、皮、根、眼、毛、水、汤、面、米、线、纸、印等。但其中有的单用与重叠儿化后所指并不相同，例如：牌（扑克、麻将等）——牌牌儿（标牌）、眼（眼睛）——眼眼儿（小洞）、嘴（嘴巴）——嘴嘴儿（器物的小口）、面（面粉、面条）——面面儿（细粉末）等。

4.2.2.2 复音节名词重叠构成 ABB 式或 ABCC 式，然后儿化，表示小称

例如：树叶叶儿、窗帘帘儿、灯罩罩儿、酒杯杯儿、圆桌桌儿、钢珠珠儿、脸盆盆儿、锅盖盖儿、火钳钳儿、鞋带带儿、书本本儿、铜板板儿、皮筋筋儿、茶叶叶儿、瓜子子儿、花生米米儿、钢筋棍棍儿、眼睛毛毛儿、豆腐块块儿、可乐瓶瓶儿等。

由基式重叠儿化构成的小称形式，大多带有亲昵、喜爱的感情色彩，主要使用在轻松、随意的话语环境中。

重叠儿化构成的小称形式，与方言中用于对儿童或儿童之间说话的名词重叠形式不是一回事。儿童语境中常出现灯灯、鼻鼻、糖糖、桌桌、饭饭、肉肉、果果、车车等重叠形式，它们与小称形式一样，带有亲昵、亲热等感情。但它们之间存在根本性的区别，那就是由基式重叠儿化构成的小称形式，已经取得词语地位，是方言词汇的一部分；而童语重叠形式只是特定语境中的临时用法，没有固定的词语地位。另外，童语重叠形式的语义与基式完全一样，而重叠儿化构成的小称形式有的与基式语义并不对等。例如：牌、眼、面等。

4.2.3 重叠加"子"缀

单音节名词、动词、形容词、量词性等语素重叠后附加后附性语缀"子"，表示小称。

单音名词性语素重叠+子：娃娃子、洞洞子、桌桌子、凳凳子、袋袋子、院院子、虫虫子、盆盆子、盒盒子、杯杯子、盅盅子、勺勺子、刀刀子、牌牌子、棍棍子、格格子、根根子、边边子、角角子、眼眼子、嘴嘴子、口口子、辫辫子、心心子、皮皮子、毛毛子、线线子、珠珠子、票票子、镜镜子、水水子、汤汤子、面面子、米米子、痂痂子、豆豆子、带带子、纸纸子

单音动词性语素重叠+子：包包子、垫垫子、扣扣子、戳戳子、盖盖子、塞塞子、摊摊子、把把子、泡泡子、钩钩子、钉钉子、叉叉子、截截子、澄澄子（沉淀物）、箍箍子、架架子、撑撑子、转转子、卷卷子、锤锤子、刷刷子、堆堆子、夹夹子

单音形容词性语素重叠+子：尖尖子、空空子、弯弯子、精精子、末末子

单音量词性语素重叠+子：点点子、颗颗子、条条子、片片子、块块子、枝枝子、本本子、丝丝子、根根子、节节子、串串子、沓沓子

凡是重叠后能带"儿"缀的，基本上都能带"子"缀，二者都表小称，但附加义不同。重叠加"子"缀构成的小称形式，带有不满、轻蔑、厌恶等感情色彩，常用于表达消极情绪的语境场合。例如：我叫

你给我拿那个花杯杯儿，你非要给我这个白杯杯子。

一些单音名词性语素重叠附加"子"缀，可以借作物量词，前加数词构成数量关系。例如：一袋袋子米、一盒盒子笔、一杯杯子水、一盅盅子酒等。单音量词性语素重叠附加"子"缀，也可以用作量词。例如：一点点子钱、一条条子布、一块块子糖、一串串子辣子等。与名词性形式不同的是，量词性形式除了"一点点子"外都不表小称，而是表"大、多"。例如：

家里还有一袋袋子米，够吃唠。

叫你吃一块块儿糖，你吃唠一块块子。

4.2.4 附加语缀"娃儿 [uar³⁵]"

单复音节语素、词以及其他小称形式，都能后加语缀"娃儿"，表示小称。几乎所有能分出大小的事物，都可以用"娃儿"指小。例如：

单复音节语素+娃儿：椅娃儿、桌娃儿、盆娃儿、绳娃儿、店娃儿、院娃儿、桃娃儿、娃娃儿、被卧娃儿、衣架娃儿、眼镜娃儿、裤衩娃儿

单复音节词+娃儿：车娃儿、刀娃儿、门娃儿、狗娃儿、鸡娃儿、猪娃儿、碗娃儿、树娃儿、花娃儿、书娃儿、笔娃儿、河娃儿、山娃儿、苹果娃儿、板凳娃儿、窗户娃儿、手巾娃儿、电视娃儿、石头娃儿、沙发娃儿、老虎娃儿、大象娃儿

儿缀词+娃儿：凳儿娃儿、袋儿娃儿、屋儿娃儿、盆儿娃儿、盒儿娃儿、包儿娃儿、缝儿娃儿、摊儿娃儿、钩儿娃儿、钉儿娃儿、酒杯儿娃儿、脸盆儿娃儿、锅盖儿娃儿、背心儿娃儿、别针儿娃儿、拐棍儿娃儿、煤球儿娃儿、方桌儿娃儿、茶几儿娃儿、铜板儿娃儿

子缀词+娃儿：娃子娃儿、个子娃儿、椅子娃儿、桌子娃儿、凳子娃儿、袋子娃儿、院子娃儿、虫子娃儿、盆子娃儿、杯子娃儿、勺子娃儿、刀子娃儿、牌子娃儿、棍子娃儿、镜子娃儿、豆子娃儿、垫子娃儿、扣子娃儿、盖子娃儿、钉子娃儿、锤子娃儿、夹子娃儿

重叠儿化+娃儿：洞洞儿娃儿、桌桌儿娃儿、凳凳儿娃儿、袋袋儿娃儿、盆盆儿娃儿、盒盒儿娃儿、杯杯儿娃儿、盅盅儿娃儿、勺勺儿娃儿、刀刀儿娃儿、豆豆儿娃儿、鞋鞋儿娃儿、包包儿娃儿、垫垫儿娃

儿、缝缝儿娃儿、盖盖儿娃儿、泡泡儿娃儿、钩钩儿娃儿、锤锤儿娃儿、点点儿娃儿、条条儿娃儿、块块儿娃儿。

各种亲戚称谓也能附加"娃儿"表小称。例如：爹娃儿、爷爷娃儿、叔叔娃儿、舅舅娃儿、姨姨娃儿、妹妹娃儿、弟弟娃儿等。一可以表示其排行靠后，二可以表示其年纪小。另外，表人名的名词后面都可以加"娃儿"，表示其年龄小或是晚辈。例如：山娃儿、飞娃儿、钢娃儿、宝娃儿等。除了名词外，还有少量的用来表排行称呼的数词也可以加"娃儿"表示小称，例如：三娃儿、四娃儿、五娃儿、六娃儿等。

附加语缀"娃儿"构成的各种小称形式，在表小的同时，还带有强烈的亲昵、喜爱等感情色彩。在具体语境中，既可以特别强调其小，也可以特别强调附加的亲昵可爱义。

语缀"娃儿"还可以重叠为"娃娃儿"或"娃儿娃儿"，更加强调事物的小和可爱之情。例如：车娃（儿）娃儿、刀娃（儿）娃儿、狗娃（儿）娃儿、猪娃（儿）娃儿、碗娃（儿）娃儿、树娃（儿）娃儿、河娃（儿）娃儿、山娃（儿）娃儿、椅子娃（儿）娃儿、板凳娃（儿）娃儿、窗户娃（儿）娃儿、手巾娃（儿）娃儿、电视娃（儿）娃儿、娃子娃（儿）娃儿、石头娃（儿）娃儿、沙发娃（儿）娃儿、酒杯儿娃（儿）娃儿、脸盆儿娃（儿）娃儿、锅盖儿娃（儿）娃儿、洞洞儿娃（儿）娃儿、刀刀儿娃（儿）娃儿、豆豆儿娃（儿）娃儿、包包儿娃（儿）娃儿、缝缝儿娃（儿）娃儿等。甚至为了取得夸张的效果，可以无限止地重叠语缀"娃儿"。例如：石头娃娃儿娃娃儿娃娃儿……

4.2.5 附加语缀"娃子 [ua^{53}tsʅ^{0}]"

不像"娃儿"，由语缀"娃子"构成的小称形式数量很少。例如：椅娃子、树娃子、猪娃子、狗娃子、猫娃子、三娃子、四娃子、五娃子、山娃子、飞娃子、钢娃子、宝娃子、石头娃子、板凳娃子、红薯娃子、白菜娃子、被卧娃子

后加语缀"娃子"构成的小称，常用于表达消极情绪的话语场合，带有明显的厌恶、不满、轻蔑等贬义倾向。有些名词加"娃子"，虽不表示小称，但也包含了这种厌恶、不满情绪。例如：贼娃子。语缀"娃

子"有时还可以重叠为"娃娃子",更加强调事物的小和厌恶、不满之情。例如:椅娃娃子、石头娃娃子等。但它不能像语缀"娃儿"那样多重重叠。

据本人调查,与丹江口市接邻的襄阳市也用"娃儿""娃娃儿"或"娃子"表小称。此外,湖北随州、荆门也有附加性成分"娃儿"或"娃子",附着在某些表人或具体物件的名词后面,表小称。例如:牛娃儿、鱼娃儿、兄娃儿、猪娃子、椅娃子、小姑娘娃子等。河南南阳话附加"娃儿[uar⁴²]"、甘肃敦煌话后加"娃子"表小。甘肃临夏话,附加性成分"娃"加在亲属或家禽等生物名词的词根后,表示"小"和"可爱"。例如:外甥娃、女婿娃、猫娃、狗娃等(黄伯荣,1996)。山西南部方言中,也有名词加"娃儿"或"娃子"的构词形式,多指幼小动物。如临汾话:(乔全生,2000)

猪娃子/儿、牛娃子/儿、鸡娃子/儿、猴娃子/儿、狗娃子/儿、猫娃子/儿、驴娃子/儿、兔娃子/儿

4.2.6 附加语缀"头儿[t'our³⁵]"

语缀"头儿"跟在表示条状、线状等事物名词后,表示小称,表小或指称事物的一小部分。例如:

烟头儿、针头儿、线头儿、筷头儿、砖头儿、棍子头儿、
火柴头儿、铅笔头儿、粉笔头儿、电线头儿、铁丝头儿、
柴火头儿、竹竿头儿、笤帚头儿、萝卜头儿

如果要强调事物更加小,就把"头儿"重叠为"头头儿"或"头儿头儿"。例如:

烟头(儿)头儿、针头(儿)头儿、线头(儿)头儿、
砖头(儿)头儿、筷子头(儿)头儿、棍子头(儿)头儿、
铅笔头(儿)头儿、粉笔头(儿)头儿、电线头(儿)头儿、
铁丝头(儿)头儿、柴火头(儿)头儿、竹竿头(儿)头儿、
笤帚头(儿)头儿、萝卜头(儿)头儿、火柴头(儿)头儿

4.2.7 前加语缀"圪[kuɤ⁰]"

语缀"圪",附加在名词、动词性词根之前,有些还要儿化,构成

名词，表示小称。例如：

圪+名：圪瘩（小球状物）、圪鳞（皮肤上突起的小痕迹）、圪蛋儿（小而圆的东西）、圪蚤（跳蚤）、圪渣儿（小渣）、圪叉（小分叉）、圪厥儿（小节）

圪+动：圪纠（小结）、圪截儿（小截）、圪抓儿（小抓儿）

由"圪"构成的小称名词，有些可以用作量词单位，表示小量。例如：

一圪瘩（一小坨）、一圪蛋儿（一小团）、一圪厥儿（一小节）、
一圪截儿（一小截）、一圪抓儿（一小抓儿）

根据侯精一（1999）、王临惠（2002）、温端政（2003），"圪"缀词主要分布在晋语和中原官话区。

4.3 小称音变

丹江方言的小称，不仅仅只是一种语法词汇现象。在构形表意的同时，还伴随着变韵、变调等语音的变化。

小称的儿化形式，遵循儿化音变的规律。表现为：

1）央化。儿化时，儿化韵［ər］紧附在前一个音节上，与之构成一个整体，导致主要元音央化。例如：

a——ɐ　　ɤ——ə　　ia——iɐ　　ua——uɐ

ɛ——ə　　　　　　　　　　　　　uɛ——uə

ei——ə　　　　　　　　　　　　uei——uə

　　　　　　　　　　　ie——iə　　　　　　　　ye——yə

an——ə　　　　　iɛn——iə　uan——uə　yɛn——yə

"央化"是这些主要元音的发音趋势，但主要元音的发音部位不同，央化的路径和程度不同。大致说来，舌位高于央元音［ə］与低于央元音［ɐ］的，开合度不同，儿化读音不同。舌位同高于或同低于［ə］的儿化读音大致相同。例如：同是前元音，［a］比［ei］的主要元音低，开合度要大一些，虽然都向［ə］央化，但儿化读音不同。［a］与［ɛ］都是前元音且都低于［ə］，［ei］与［ən］同高于（或等于）［ə］，它们的儿化读音大致相同。但如果前面出现韵头［i］［u］，

则儿化读音大致相同。例如：[ia]　[ie]　[iɛn]、[ua]　[uɛ]。

2）失落鼻尾[n]。儿化时，当前一音节以鼻音[n]收尾时，[n]韵尾自然脱落。主要元音向[ə]央化。例如：

an——ər　　iɛn——iər　　uan——uər　　yɛn——yər

ən——ər　　in——iər　　uən——uər　　yn——yər

3）直接附加儿化韵[ər]。鼻尾[ŋ]韵和其他各韵主要元音不变，直接在音节后加上卷舌音。[ɯ]韵字少，没有儿化音。例如：

　　　　　　　i——iər　　　u——uər　　y——yər　　ɿ——ər

o——ər　　io——io ər　　uo——uər

au——auər　　iau——iauər

ou——ouər　　iou——iouər

aŋ——aŋər　　iaŋ——iaŋər　　uaŋ——uaŋər

əŋ——əŋər　　　　　　　　　uŋ——uŋər　　yŋ——yŋər

4）变调。前一个音节为去声时，儿化后变为新调313，其他一律变调为升调35。

阴平 35 → 35　　例如：刀[tau³⁵]——刀儿[tauər³⁵]、屋[u³⁵]——屋儿[uər³⁵]

阳平 53 → 35　　例如：皮[pʻi⁵³]——皮儿[pʻiər³⁵]、牌[pʻai⁵³]——牌儿[pʻər³⁵]

上声 55 → 35　　例如：眼[iɛn⁵⁵]——眼儿[iər³⁵]、铜板[pan⁵⁵]——铜板儿[pər³⁵]

去声 312 → 313　　例如：凳[təŋ³¹²]——凳儿[tər³¹³]、手帕[pʻa³¹²]——手帕儿[pʻər³¹³]

重叠后附加"儿、子"缀形式，重叠后不管基式原调是什么，后一个音节一律读为轻声3。例如：

桌[tsuo³⁵]——桌桌[tsuo³⁵tsuo³]儿/子、娃[ua⁵³]——娃娃[ua⁵³ua³]儿/子

碗[uan⁵⁵]——碗碗[uan⁵⁵uan³]儿/子、棍[kuən³¹²]——棍棍[kuən³¹²kuən³]儿/子

由附加性成分"娃儿""头儿"重叠而成的小称形缀"娃娃儿、娃儿娃儿""头头儿、头儿头儿"，重叠音节不读轻声，而是读一种高升

调 15。例如：

娃 [ua⁵³]——娃娃儿 [ua⁵³ uər¹⁵]、娃儿 [uər³⁵]——娃儿娃儿 [uər³⁵ uər¹⁵]

头 [t'ou⁵³]——头头儿 [t'ou⁵³ t'our¹⁵]、头儿 [t'our³⁵]——头儿头儿 [t'our³⁵ t'our¹⁵]

4.4 丹江方言小称的特点

从上面的分析我们可以看出，丹江方言的小称具有以下几个特点：

1) 形式多样。受地理位置影响，丹江方言的小称表达形式复杂多样。丹江口市位于中原官话和西南官话的交汇区，和比较特殊的、与鄂东南关系密切的竹山竹溪"楚语方言岛"也交往频繁，这种特殊的地理位置使得丹江方言呈现出复杂多样的特点。同时受到周边各种不同方言的影响，具有多种不同形式的表达方式，这是丹江方言小称的一个重要特点。例如，丹江方言中，既有广泛分布在北方和西南各地方言中的儿化形式，也有主要分布在中原、西南官话某些方言中的重叠后附加"儿、子"缀形式；既有分布在中原、西南官话某些方言中的附加"娃儿、娃子"缀形式，也有分布在晋语、中原官话区的附加"圪"缀形式。另外，还有丹江方言特有的附加"娃儿娃儿、头儿、头（儿）头儿"缀形式。

2) 手段丰富。构成各种形式的小称，既有语音、词汇、语法手段，也有多种手段综合使用的复合手段。例如，由词根或词附加"儿"缀构成小称词语，本身就是一个包含了语音、词汇和语法手段的综合运用过程。另外，各种语法手段还可以叠加使用。比如，重叠手段叠加附加手段，有先重叠词或词根再附加后缀"儿、子"，构成的"重叠儿化"和"重叠加'子'缀"形式；有先重叠附加性成分"娃儿、头儿"，再附加在词上构成的"X 娃娃儿、X 娃儿娃儿、X 头头儿、X 头儿头儿"形式。还有，各种小称形式也可以叠加使用。例如：

X + 儿 + 娃儿（娃儿娃儿）：凳儿娃儿（娃儿娃儿）、屋儿娃儿（娃儿娃儿）、包儿娃儿（娃儿娃儿）、酒杯儿娃儿（娃儿娃儿）、脸盆儿娃儿（娃儿娃儿）

X+重叠+儿+娃儿（娃儿娃儿）：洞洞儿娃儿（娃儿娃儿）、桌桌儿娃儿（娃儿娃儿）、凳凳儿娃儿（娃儿娃儿）、袋袋儿娃儿（娃儿娃儿）

X+头儿+娃儿（娃儿娃儿）：烟头儿娃儿（娃儿娃儿）、针头儿娃儿（娃儿娃儿）、线头儿娃儿（娃儿娃儿）、筷头儿娃儿（娃儿娃儿）

圪+X+娃儿（娃儿娃儿）：圪瘩娃儿（娃儿娃儿）、圪鳞娃儿（娃儿娃儿）、圪蚤娃儿（娃儿娃儿）、圪叉娃儿（娃儿娃儿）、圪纠娃儿（娃儿娃儿）

圪+X+儿+娃儿（娃儿娃儿）：圪蛋儿娃儿（娃儿娃儿）、圪渣儿娃儿（娃儿娃儿）、圪厥儿娃儿（娃儿娃儿）、圪抓儿娃儿（娃儿娃儿）

各种小称形式的叠加使用，加强了语义中的小义，所表事物比单用一种形式要更小。但是，小称形式的叠加也不是随意的，必须考虑到各自附带的感情色彩。例如，可以先重叠再儿化再附加"娃儿"，却没有重叠加"子"缀再附加"娃儿"的形式，也没有重叠加儿化再附加"娃子"的形式，就是因为重叠加"子"缀所带的贬义色彩与附加"娃儿"所加的亲昵喜爱感情、重叠后儿化所带的亲昵喜爱色彩与附加"娃子"所加的消极情绪有冲突，不相符合。

还要注意的是，丹江方言中，同一种语法手段并不是绝对的小称表达形式，有时还可以表示大量、多量。例如，很多儿化词并不表小称，如花儿、名儿、底儿、角儿、桃儿、本儿等。附加"娃子"构成的"贼娃子"也不表小。重叠后加"子"缀形式，名词性表小，量词性却表大。如一袋袋儿/子米、一块块儿/子糖。

3）用法呈共用与互补分布。丹江方言的小称，以附加"娃儿"为主要形式，其他形式相辅共用。任何只要是能分大小的具体事物，都可以附加"娃儿"缀表小。但附加"娃儿"缀形式只能表达亲昵喜爱的感情，表达消极情绪就必须用附加"娃子"缀形式。儿化和"圪"缀主要用于构造小称词；重叠儿化或加"子"缀是小称的生动形式，分别带上褒贬色彩，用于不同的语境场合；"头儿"主要用于表示条状、线状等事物名词后，指称事物的一小部分。

4）对立关系复杂，具有相对等级关系。丹江方言表小称的儿化和重叠儿化手段，既有根词与儿化形式、基式与重叠式在小称意义上形成对立，例如：洞——洞儿、洞——洞洞儿，碗——碗儿、碗——碗碗儿，刀——刀儿、刀——刀刀儿；也有和方言中的其他形式构成对立，如儿化形式、重叠儿化或加"子"缀式与"子"缀词构成小称对立，例如：凳儿——凳子、桌儿——桌子、瓶瓶儿——瓶子、盆盆儿——盆子、绳绳子——绳子、条条子——条子等；有些重叠后儿化与基式儿化构成对立，基式儿化不表小称，重叠后儿化表小称，例如：花儿——花花儿、车儿——车车儿、狗儿——狗狗儿等。附加形缀"娃儿、娃子、娃娃儿、头儿"等手段，加与不加构成小称对立。

在多种表示方式的小称之间，由于所表事物的大小或量多少不同，呈现不同的等级。相比而言，重叠就要比儿化名词所指更小，多种复合手段比单一手段所指更小。例如：洞 > 洞儿 > 洞洞儿 > 洞洞儿娃儿 > 洞洞儿娃（儿）娃儿 > 小洞洞儿娃（儿）娃儿。

5）所谓小称中的"小"，只是一个相对的概念。因此，尽管这些用法都表小称，但它们前面都还可以加形容词"小"，进一步强调事物之"细小"。例如：小凳儿、小凳凳儿、小凳儿娃儿、小板凳娃子、小板凳娃娃儿、小板凳娃儿娃儿；小烟头、小烟头头儿、小烟头儿头儿；小圪瘩、小圪瘩娃儿、小圪瘩娃娃儿、小圪瘩娃儿娃儿等。有些形式还可以加"大"，表示小事物中相对较大者。例如：大凳儿、大凳凳儿、大板凳娃儿、大板凳娃子、大圪瘩、大圪蛋儿等。

第 5 章　丹江方言的时体

5.1　丹江方言的时体

5.1.1　引言

5.1.1.1　汉语的时体

迄今为止，汉语语言学界对时体以及汉语时体等问题的认识，存在着很大的分歧。传统的语法观点认为汉语中只有体范畴，而没有时范畴，因为汉语中没有表达时间意义的语法形态。有的学者却认为汉语虽然没有狭义的形态形式（屈折、附加、重叠、虚词），但可以利用广义的形态如词汇、语法格式、语调等来表达时范畴。戴耀晶（1997）强调区分时体范畴和时体意义，指出前者总是与一定的形态形式相关，而后者则可通过词语形式、形态形式、语调形式、格式形式、言语环境及说话者心理等各种手段来表现，因而在任何语言中都有所反映。确实，明确区别二者有助于澄清长期以来人们对汉语时体的模糊认识。汉语的分析类型决定了其形态成分相对较少，但这并不意味着汉语没有时间观念以及相关时间意义的表达。另外，汉语在表达体范畴时，总是或多或少与时间义相联系，也并不是完全相互孤立的。

形态形式只是表达汉语时体意义的手段之一。除此之外，汉语还有丰富多样的其他的各种语法手段或表达方式。这些语法手段或表达方式虽然还没有完全语法化，但大多与时体意义已经形成了固定的对应关系，已不同程度地语法化为语法形式了。比如表将来的"将、将要"，表过去的"已经、曾经"，表持续的"正、正在"等时间副词。相对于已经语法化的时体形态标记，这些部分语法化的时体表达手段，我们可以称为"准时体标记",它们构成了表达汉语时体意义的重要力量。

汉语方言中的时体表达形式,要比普通话丰富复杂得多。既有不同于普通话的时体标记,还有各式各样的准时体标记。研究方言中各种时体标记、准标记的形式、用法、来源及发展,对揭示汉语时体构形表达和演变发展的规律具有十分重要的意义。

5.1.1.2 体与貌

吕叔湘(1942)把汉语的"体"叫作"动相",王力(1943)称为"情貌",陈平(1988)把汉语的"时"称作"时制(tense)","体"称作"时态(aspect)"。在具体的研究文献中,常见的还有称其"貌"或"态"。之所以会有名称不统一,是因为各自对汉语动态范畴性质和本质的认识不一致。汉语的体和西方语言中的时态(aspect)并不完全相同。它不仅可以指动作、事件所处的阶段和状态(有人称为"体"),还可以表示动作过程中表现出来的情貌(有人称为"貌"或"态"),如"短时、尝试、反复"等。二者都具有时间性,与动作、事件发生的时间密不可分。本书不打算纠缠概念问题,为行文方便通称之为"体"。

5.1.1.3 相关概念

5.1.1.3.1 时间轴和时间关系

时间是运动着的物质的一种存在形式,它不依赖人的意识而客观存在,具有单向度、永恒等特点。根据物质世界的时间特点,我们可以用一条带箭头的线段来标示:

$$————▽————▽————→T$$
$$\quad\quad\quad\quad t_1 \quad\quad\quad\quad t_2$$

这条线段就是时间轴(T),箭头表示时间发展的方向。在时间轴上,任何一点都是事物存在的时间位置,叫作时点。例如,时点 t_1 位于时点 t_2 之前。体现在语言结构中,时点通常用"什么时候"来提问,用"这、那个时候"来指称,表现形式为时间词"X 时、X 时候、X 时分、X 时节"等。任何两点之间构成事物存在的时间跨度,叫作时段。例如,时点 t_1 到时点 t_2 之间就构成一个时段。时段用来计算和划分时间的长度,有起点和终点。语言中通常用"多长时间"来提问,用"这、那段时间"来指称,表现形式为时间词"X 时间、X 时期、X 期间、X

阶段"等。

在时间轴上的各个时点，表明现实世界事物所处的时间。体现在语言结构中，包括事件（包括动作 action，简写为 A）发生时间（event time，简写为 E）、说话时间（speech time，简写为 S）、参照时间（reference time，简写为 R）。

在时间轴上，某一时点或时段与另一时点或时段之间发生的关系称之为时间关系。常见的时间关系有先时、同时、后时关系。先时是指时间在前，在时间轴上表现为位置相对靠左；同时是指所处时间相同；后时是指时间在后，在时间轴上表现为位置相对靠右。如果参照时间与说话时间一致，先时、同时、后时关系就变成现实中的过去、现在、将来。

5.1.1.3.2　动词与事件（event）

西方语言学家对"体"（aspect）的传统看法是把它当作动词的一个语法范畴。克里斯特尔主编的《现代语言学词典》（2002）中把"体"定义为："对动词作语法描写的一个范畴（其他范畴有时和语气），主要指语法所标记的由动词表示的时间活动的长短或类型。"汉语的情况不同，"体"不仅反映在动词上，说明动作的阶段或状貌，而且可以表现在整个命题句上，说明与一个事件（event）相关的阶段与情状。形式上也不是动词的形态变化，而是用具有附着性的虚词（结构）附加于动词或整个小句来表示体的意义。

不同的动词具有不同的语义特征，相关动作就会表现出不同的情状。根据三种语义特征［±静态］［±持续］［±有界］，可以把动词分为以下拥有不同情状的类型：

A. 静态动词：［＋静态］［＋持续］［－有界］
B. 瞬间动词：［－静态］［－持续］［＋有界］
C. 有界动词：［－静态］［＋持续］［＋有界］
D. 无界动词：［－静态］［＋持续］［－有界］

首先按［±静态］特征把动词分为静态动词和动态动词。静态动词只表示状态；动态动词按［±持续］特征又分为动作动词和瞬间动词。动作动词又按有没有内部终结点分为有界动词与无界动词（潘悟云，1996）。

一部分动词在不同的时间阶段具有的不同的语义的特征，表现为不同的情状。这些动词兼有两种类型。例如，一些瞬间动词完成后，就会转化为状态动词。"开"，在"开灯"阶段作"打开"讲时，是瞬间动词；在"开灯"后表示灯所处的"开着"状态，是状态动词。类似的还有"坐、站、躺、跪、戴、挂、昏、钉、挂"等。

一部分形容词具有［＋静态］［＋持续］［－有界］语义特征，表示一种可以持续的状态，与状态动词的用法相同。例如："天还黑着"中的"黑"。有些形容词具有［－静态］［－持续］［＋有界］语义特征，表示一种性状的变化，与瞬间动词的用法相同。例如，他的脸红了中的"红"。

同样，根据这三个语义特征，也可以把事件分为以下情状类型（李宝伦、潘海华，2005）：

　　A. 活动（activity）：［＋动态］［＋持续］［－有界］
　　B. 单动作（semelfactive）：［＋动态］［－持续］［－有界］
　　C. 完结（accomplishment）：［＋动态］［＋持续］［＋有界］
　　D. 实现（achievement）：［＋动态］［－持续］［＋有界］

5.1.1.3.3　时体范畴

动作或事件，如果作为一个整体，在时间轴上表现为一个时点；如果展开为一个过程，在时间轴上就体现为一个时段。作为一个时点的动作或事件，总是在时间轴上与其他的动作或事件发生各种时间关系，或先时、或同时、或后时于另一参照点，这种语义上的先后关系用句法形式表现出来，就成为语言中的时范畴。如果把一个在时间轴上表现为时段的动作或事件作为一个过程来对待，那么这个动作或事件不仅和其他的动作或事件发生各种时间关系，而且自身内部在时间轴上还可以分成起始、持续、终结等不同的阶段。这些语义上的不同阶段用句法形式表现出来，就是语言中的体范畴。另外，当某些动作或事件发生后，可能会产生一种持续的结果状态，这个结果状态在时间轴上有自己的时段和内部阶段，也会与其他的参照点发生各种时间关系。这些语义内容和关系用句法形式表现出来，也是体范畴的一部分。汉语中虽然没有专门的形态形式来表现时范畴，但在表达体范畴时总是或多或少包含时间关系，所以汉语的时体是不可分的。

根据动作或事件的不同情状以及在时间轴上的不同表现，我们把丹江方言的时体范畴分为完成、持续、起始、经历、继续、已然、将然、尝试、短时、反复等。

5.1.2 完成体

完成体表示动作的完成或状态的实现。在时间轴上，体现为动作或状态变化发生在参照时间以前，即表示过去的动作（或状态）与现时的参照状态之间是完成实现的关系。

————▽————▽————→T
　　　A　　　　　　R

丹江方言中完成体是用完成体标记"唠［lau⁰］""得［ti⁰］""过［kuo⁰］"以及准完成体标记"好［xau⁵⁵］"来表示。

5.1.2.1 唠［lau⁰］

丹江方言中完成体标记"唠［lau⁰］"相当于普通话中的"了₁"，主要是用在动词后表示动作或变化的完成。例如：

(1) 你忘唠他吧！
(2) 我们敲唠半个小时门。
(3) 这个电影我看唠三遍，很好看。
(4) 他赶走唠客人。
(5) 妈妈拿来唠雨伞。
(6) 窗子一开斗飞唠几只蚊子进来。
(7) 我热唠菜等你在。

体标记"唠"附加在谓语动词的后面。若动词带有宾语、时量补语、动量补语等成分，一律放在"唠"的后面。如例(1)、例(2)、例(3)。动词若带有单音结果补语，"唠"一般紧跟在动结式后面。如例(4)；当宾语是数量名结构时，"唠"也可以紧跟在动词后。例如：他一连赶唠好几个客走。如果动词带上趋向补语，"唠"则既可以出现在趋向补语后，如例(5)；也可以在趋向补语前，如例(6)。一部分具有发展变化义的形容词，如"红、黑、热、凉"等，也可以带"唠"表示性状变化的完成，如例(7)。

完成体标记"唠"根据语境参照时间的不同，可以表示已经完成、将来完成和主观假定完成。例如：

（8）我吃唠三碗饭还没吃饱。

（9）将看唠一场电影。

（10）你吃唠饭再走吧。

（11）明的放唠学埋到处乱跑，早点回来。

（12）你赚唠钱可别忘记我呀。

（13）天晴唠我们斗去。

在时间轴上，完成意味着动作或状态变化发生在参照时间之前。当参照时间与说话时间一致时，"唠"表示现时已然完成，如例（8）、例（9）；当以说话时间以后将来的某个时间为参照时间时，"唠"表示将来完成，如例（10）、例（11）；当参照时间只是主观假定的某个时间时，"唠"表示一种只存在于主观上的假定完成，如例（12）、例（13）。丹江方言完成体标记"唠"的功能和使用范围与普通话"了$_1$"基本一致。

5.1.2.2 得 [ti⁰]

丹江方言中，"得 [ti⁰]"是一个不自由的完成体标记，它的使用有条件限制。"得"主要用在连动式的前一个动词后，表示动作行为的完成。例如：

（14）给菜炒得吃唠。

（15）柴划 [xua³⁵] 得搁厨房的。

（16）你才洗得脚别乱跑。

（17）贼娃子拿得东西斗跑唠。

这些连动式中的前后两个动作行为，先后相继发生，前一个动作行为完成后，后一个动作行为开始发生。带标记"得"的前一个动词都是单音节动词，可以带宾语；后一个动作行为却不能是光杆动词，必须带上副词、助词、宾语、补语等成分。两个动作行为可以指向同一个受事，或出现在宾语位置，或放在句首，或用介词引进在动词前。

从句法限制可以看出，丹江方言完成体标记"得"的语法化来源是作补语的动词"得"（具体过程见下文）。距语法化完成的时日尚不远，还滞留了原来实义词的语义和相关语法特征，这些残存的特征对完成体标记"得"的使用施加了一定的限制和制约。也可能受到另一个完成体助词"唠"的影响,语法化进程停滞。虽然语义上,"得"都能用体助词"唠"替换,但用法上与"唠"却存在差别。带"唠"的连动式分别可以和主语构成相对独立的主谓关系,中间可以有停顿,带上"接着、然后"等标记后就变成具有顺承关系的连贯复句;由"得"构成的连动式却不能。例(14)可以变成"给菜炒唠/给菜吃唠""给菜炒唠,然后吃唠",却不能变成"给菜炒得/给菜吃唠""给菜炒得,然后吃唠"。其他方言中,完成体标记"得"的语法化过程可能结束较早,且完成得较为成熟,用法相对丰富。例如:江西安义、浙江绍兴(张双庆,1996)、贵州贵阳、江苏淮阴(黄伯荣,1996)等。但也有方言"得"的用法有限制。比如在浙江金华汤溪(曹志耘,1996)方言中,"得"只用在"数量名(受事)+动词+得+趋向动词"结构里表示完成。

5.1.2.3 好 [xau^{55}]

丹江方言中,"好 [xau^{55}]"是一个准完成体标记。它常用在动词之后表示完成。例如:

(18) 衣服洗好没?——洗好唠。

(19) 语文写好唠,数学还没写好。

(20) 给地扫好!

(21) 门锁好唠再离开。

(22) 我写好作业唠,想出去玩。

(23) 我吃好唠斗走。

如果出现受事,以放在句首和用"给"等介词提到动词前为常见,但也有用在动词后宾语位置上的,此时后面大多会紧跟后续内容。如例(22)。

很明显,准完成体标记"好"源自于作补语的形容词"好"。例如:

(24) 今天可要吃好、喝好、玩好呀!

(25) 这把锁坏唠,你给它修好。

与一般形容词"好"相比,准体标记"好"语义已经虚化,不再表示性状好坏,而是表示完成;句法位置开始固定,紧跟在相关动词后面,不能在动词与"好"之间加上补语标记"得",或在"好"前加修饰副词"恨、怪"等。但是,"好"尚处于语法化过程当中,虽然已经出现体标记用法，却仍未完全脱离形容词补语的特点。语义上，"好"还没有完全虚化，还带有某些实义，含有结果如意的意味。一些语义上无法与"如意的结果"相联系的动词，如"摔、跌、伤、害、倒、垮、毁、失败、灭亡"等，一般后面不能带"好"。另外，一些动词后的"好"只可能是结果补语，比如"走、跑、坐、跪、戴、了解、坚持"等。句法功能上，动词受事还不能任意出现在宾语位置上，常放在句首或用介词引进。语用上，表示完成的"好"还没有完全摆脱语境的限制，有些必须用在特定语境中，如例（20），"好"可以有两种意思：完成或干净，具体表达内容由语境决定；有些必须跟后续内容，如例（21）、例（22），前一个动作完成后，才能发生后一个动作。而例（23）具有歧义，有两种不同理解。语音形式上，"好"也没有弱化，在句中一般读本调。

丹江方言中，表示动作的完成，除了用完成体标记"唠""得"以及准完成体标记"好"外，还可以用词汇形式，在动词后面加表示"完成"义的动词补语。常见的"完成"义动词有"罢、毕、讫、完、了"等。例如：

（26）电影放罢唠。
（27）你吃毕饭再玩。
（28）作业终于写讫唠。
（29）这本书我看完唠，换一本。
（30）这么大一碗饭，你吃得了吗？

其中"罢、毕、讫"是一类，都是表示完成、结束的动词，但不能单独作谓语，只能用作补语，中间可以加上可能补语标记"得"或否定词"不"。"完"是一类，能作谓语，也能作补语。"了"是一类，能作谓语，也能作补语，但必须加补语标记"得"或否定词"不"。三类动词都可以与已然体标记"唠"共现。

丹江方言中，完成体的否定形式是在动词前加否定词"没、还没"等。例如：

（31）你忘唠他——你（还）没忘他
（32）衣服洗好唠——衣服没洗好

完成体的疑问形式有三种：

（一）动词+体标记（+宾语）+没？例如：

你忘唠他——你忘唠他没？

衣服洗好唠——衣服洗好没？

（二）动词+体标记（+宾语）+吧？例如：

你忘唠他——你忘唠他吧？

衣服洗好唠——衣服洗好唠吧？

当用准完成体标记"好"和动词补语表示完成时，疑问形式还可以是：

（三）动词+好（罢、毕、讫、完）（+宾语）+没+动词+好（罢、毕、讫、完）？例如：

衣服洗好唠——衣服洗好没洗好？

作业写讫唠——作业写讫没写讫？

写完作业唠——写完作业没写完？

5.1.3 持续体

持续体表示动作的进行和动作造成的状态的持续。在时间轴上，体现为动作或状态在参照时间正处于事件进程（E→E′）的持续阶段。

```
           起始           持续        （完成）
          ——|————/——▽————————/———|——→T
             E            R              E′
```

我们认为，持续体是包含有［+持续］义的动词所具有的一种动作阶段。因此，不仅包括状态动词表示的状态的持续，也包括动态动词（瞬间动词没有［+持续］义）表示的动作的持续。动作的持续，就是我们常说的动作的进行，在时间轴上，是以某个时间为参照点来观察的，它和状态的持续都是一种现时持续。根据说话时间与参照时间的不同关系，持续体可以是现在、过去或将来时间的持续。

普通话中，持续体是用体标记"着"跟在动词后来表示。例如："他们一边跳着舞，一边唱着歌。"丹江方言中，没有持续体标记"着"，但用来表示持续意义的语法手段却相当丰富复杂。既有持续体标记"的［ti⁰］""到［tau⁰］""在［tsɛ⁰］"，准持续体标记"在［tsɛ⁰］""住［tsu⁰］"，也有语法化的表达形式"在那儿 V""搁那儿 V""V 到那儿""V 那儿""V那下儿"等。既有动词的重叠形式"VV""VVV""V啊V""一V一V""圪V圪V""V下V下""V的V的""V到V到""一VV到"等，也有副词"在［tsɛ³¹²］""正在［tsɛ³¹²］""紧［tɕin⁵⁵］"等。另外，这些语法手段还可以互相组合，构成复合表达式。

5.1.3.1 的［ti⁰］

体标记"的"，主要用在持续性静态动词（不包括是、有、在、像等表判断、存在、相似意义的动词）或动作实现后可转为状态的瞬间动词（包括某些形容词）后面，表示状态持续。

丹江方言中，持续体标记"的"，主要用于以下几种句法格式：

（一）V+的（+O）。例如：

（33）学生们戴的红领巾。

（34）光的头，穿的背心。

（35）手的拿的一本书。

主语是施事，或处所名词（短语）。若是处所名词（短语），小句是存现句。

（二）在+O+V+的（+O）（+在+O）。例如：

（36）书在桌子上搁的。

（37）开水还烧的在炉子上。

（38）我还搁的东西在他那儿。

主语是施事或受事，带"的"的动词前面或后面有表示处所的介宾结构"在+O"。这与普通话中表持续"着"的用法有区别，如不能说：坐着在床上/挂着在墙上（《现代汉语八百词》第646页）。

（三）在+V+的（+O）（+在）。例如：

（39）灯在关的。

（40）他叼的烟在。

（41）脸还红的在。

（42）你咋还在睡的在。

主语是施事或受事，动词前加上准持续体标记"在［tsɛ⁰］"或副词"在［tsɛ³¹²］"等，同时或者单独在句尾带上句尾体标记"在"。

（四）V₁+的（+O）+V₂P。例如：

（43）躺的看电视。

（44）背的书包上学去唠。

（45）你给他抱的回家。

V₁多为单音节动词，带上"的"后，后面同时跟上另一个动作行为构成连动式。表示V₁P是V₂P的方式或情态。

体标记"的"一般不能出现在动态动词后面，表示动作的持续进行。但是在以下任一条件下（可同时具有），动态动词也可以带"的"；①动词前有副词"在、正在、还在"等，例如：我们正在玩的；②句尾加上体助词"在"，例如：玩的在；③带有后续小句，例如：我们上的课，他冲进来；④作连动式的前项，例如：哭的闹的要来。

除特定语境外，丹江方言中很少出现表持续的光杆形式"V+的"。这是因为像"我坐的"等形式中的"的"是将然体标记。

5.1.3.2 到 [tau⁰]

体标记"到"，用在具有[+持续]义状态动词（不包括是、有、在、像等表判断、存在、相似等动词）或动作实现后可转为状态的瞬间动词（包括某些形容词）后面，表示状态的持续。

丹江方言中，持续体标记"到"，主要用于以下几种句法格式：

（一）V+到（+O）。例如：

（46）你们都看到黑板呀。

（47）累唠斗躺到。

（48）墙上挂到一幅画。

（49）站到！

主语可以是施事，动词若是动态及物动词，一般都需要带宾语，不直接出现光杆形式"V+到"。宾语不能是处所宾语，因为在这种情况下，"到"是一个引进动作处所的介词。如例（47）可以变为"累唠斗躺到床上。"主语还可以是表示动作进行的处所，小句是存现句，如例（48）。"到"经常用于祈使句，如例（49），这是它和其他持续体标记如"的""在"用法不同的地方。

（二）在+O+V+到（+O）。例如：

（50）我在地上坐到。

（51）你们先在外头看到门。

（52）花在花瓶的插到。

主语可以是施事或受事。与"的"的用法不同,表处所的介宾结构"在+O"只能出现在动词前,不能出现在"V+到"后。

(三)在+V+到(+O)(+在)。例如:

(53)窗子在关到。

(54)桌子上趴到一只猫在。

(55)天还在阴到在。

主语是施事或受事,动词前加上准持续体标记"在[tsɛ⁰]"或副词"在[tsɛ³¹²]""正在、还在"等,同时或者单独在句尾带上句尾体标记"在"。

(四)V+到+的(+在)。例如:

(56)你等到的。

(57)给鱼放到盆里养到的。

(58)他在床上躺到的在。

(59)你现在还在睡到的在?

持续体标记"到"可以和"的"结合,构成复合结构"到的",用于动词后,表示动作或状态的持续。还可以同时在小句尾加上尾标记"在",构成复合表达式"到的在"。"到"只可能在"的"前,不能颠倒为"的到"。

(五)V₁+到(+O)+V₂P。例如:

(60)他能站到睡觉。

(61)打得他抱到头跑。

(62)骑到驴子找驴子。

"到"用在连动式的前一个动词后,后面可以带宾语,表示V₁是V₂P的方式,如例(60)、例(61);V₁和V₂是手段和目的的关系,如例(62)。

"到"还可以用在连动式的后一个动词后,可以带宾语,构成"V₁P+V₂+到(+O)"格式,表示V₂P是V₁P的目的或结果,例如:拿回来放到/去外头等到我/放阳台晾到/上床上躺到。

体标记"到"一般不能单独出现在动态动词后面,表示动作的持续进行。但是在以下任一条件下(可同时具有),动态动词也可以带"到"。①动词前出现动作进行的处所;②动词前有副词"在、正在、还在"等；③句尾加上体助词"在"；④作连动式的前项。例如：

（63）球在手的玩到。

（64）他在外边敲到门。

（65）娃子还在哭到。

（66）我们在唱到歌在。

（67）吃到看电视。

5.1.3.3 在 [tsɛ⁰]

句尾持续体标记"在"，跟在持续性动态动词或动作实现后可转为状态的瞬间动词（包括某些形容词）构成的小句后面，表示动作正在进行或状态正在持续之中。

丹江方言中，持续体标记"在"，主要用于以下几种句法格式：

（一）V（+O）+在。例如：

（68）吃在。

（69）我看书在。

（70）你咋还在外头疯在。

（71）他今天还在屋的休息在。

（72）还在玩在。

（73）我在走在。

格式中的动词都是可持续的动态动词，静态的状态动词不能单独进入格式。一些瞬间动词，比如"跳、蹦、踢、打"等，如果连续重复出现，就具有了延续性，也可以进入格式。动词前可以出现动作进行的处所，往往由介词"在"引进，如例（70）、例（71）。如果不出现施事者，也可直接放在动词前，例如："外边玩在。"动词前若不出现"在+处所"，还能加上准持续体标记"在 [tsɛ⁰]"例（72）或副词"在 [tsɛ³¹²]"例（73），与句尾体标记"在"一起构成复合表达式，共同表示动作正在持续。

（二）V+在+处所+在。例如：

（74）照片挂在墙上在。

（75）衣服晾在外头在。

（76）垃圾丢在大门口在。

（77）你的破东西扔在厕所在。

(78) 老师坐在讲台上在。

(79) 我们住在武汉在。

此种格式中的动词都是可持续的状态动词，或瞬间动作实现后转化为持续状态的瞬间动词，如"丢、扔、掉、死"等。表持续的动态动词不能出现在格式中。例如不能说：

*我玩在外头在。

*老师讲在讲台上在。

汪国胜（1999）在谈到武汉方言相同格式时，细致地发现这种格式内部并不单纯，有三种不同的情况。丹江方言也是如此。上例（74）、例（75）是一种，主语是受事，句子可以变换为"处所 + V + 到 + 受事 + 在"或"受事 + 在 + 处所 + V + 到 + 在"的形式。如例（74）、例（75）可以说成：

墙上挂到照片在。

外头晾到衣服在。

照片在墙上挂到在。

衣服在外头晾到在。

与武汉方言不同的是，丹江方言的变换式不仅可以用"到"，而且可以用"的"。例（76）、例（77）是一种情况，主语是受事，句子不能像例（74）、例（75）那样变换。例如不能说：

*大门口丢到（的）垃圾在。

*厕所扔到（的）你的破东西在。

武汉方言这种情况还不能变换为"垃圾在大门口丢到在""你的破东西在厕所扔到在"，但丹江方言可以这样变换。这是因为武汉方言中，出现在这种情况下的动词都是"动作完成后不能转化为状态的短时动词"（汪国胜，1999），而这些动词在丹江方言中却可以被当作状态动词。而且，只要主语是受事，都能在后面再出现施事，构成主谓谓语句。例如：

垃圾在大门口丢到（的）在。

你的破东西我在厕所扔到（的）在。

例（78）、例（79）是第三种情况，主语为施事，句子不能变换为"处所 + V + 到 + 施事 + 在"，却可以变换为"施事 + 在 + 处所 + V + 到

+在"的形式。例如：

＊讲台上老师坐到在。

＊武汉我们住到在。

老师在讲台上坐到在。

我们在武汉住到在。

丹江方言像第一种情况一样，两种形式都能变换。而且，变换式不仅可以用"到"，而且可以用"的"。

丹江方言这种格式中的介词"在"还可以不出现，动词直接带处所宾语，构成"V+处所+在"格式。从外在形式上看与第一种形式完全一样，但动词性质不同，主语性质可能不同，所带宾语也不相同。例如：

照片挂墙上在。

垃圾丢大门口在。

老师坐讲台上在。

（三）V+到（的）（+O）+在。例如：

（80）门关到（的）在。

（81）鸡养到（的）在。

（82）我盯到（的）在。

（83）学生看到（的）黑板在。

（84）他坐到的在。

（85）娃子睡到（的）床上在。

这种格式也包含很多变化。首先，动词既可以是状态动词（不包括是、有、在、像、爱、恨等表判断、存在、相似、心理意义的动词），也可以是动态动词，只要具有［+持续］义。其次，主语既可以是受事，也可以是施事。若是受事，可以移到动词后，变为"V+到（的）+O+在"。如例（80）可以变为"关到（的）门在。"若是施事，可带宾语，可不带。持续体标记"到、的"与"在"前后配合使用，构成复合表达式。"到""的""在"也可以同时出现在同一格式中。如例（84）。最后，宾语可以是受事，也可以是处所。若是处所，"到、的"是引进处所的介词，不是体标记，如例（85）。受事作主语时，也可以用介词"到、的"引进处所宾语，如例（81）可以变为"鸡养到（的）屋的在。"

一些具有性状变化的形容词，也可用在此格式中，表示状态的持续。这些具有性状变化的形容词不能直接带"的、到"标记，但如果前面加上"在"或后面加上尾标记"在"，就可以了。例如：

（86）他的脸还在红到（的）。

（87）屋的亮到（的）灯在。

"的、到"一般总是附加在静态持续动词后面，不能单独跟在动态动词后。但当它和尾标记"在"配合使用构成"V的在、V到在"句式时，不仅静态动词，动态动词（包括具有性状变化的形容词）也可以出现在句子中。例如：

灯关的在。

我玩的在。

＊唱到/唱到在

＊打到/打到在

但是，与"V在"不同的是，"V的在、V到在"语义上不表示正在进行某个动作行为，而是表示正处于某个动作状态之中。比如上例"玩在"表示正在玩；"玩的在"表示正处于玩的状态中。这是与"的、到"主要表示状态持续有关。

（四）V_1 + 到（的） + V_2 + 在。例如：

（88）他坐到睡觉在。

（89）骑的车子回家在。

（90）跑到上班在。

（91）躺的床上休息在。

连动式"V_1 + 到（的） + V_2"表示：①持续的 V_1 是 V_2 的方式，例（88）、例（89）；②持续的 V_1 和 V_2 是手段和目的的关系，如例（90）、例（91）。加上尾标记"在"后，表示连动式所表示事件正在进行持续中。

"在"主要用于陈述句、疑问句和感叹句，不能用于祈使句。在陈述句和感叹句中，由于总是出现在句尾，因此，还能够表达一种确信无疑和叙实的语气，或一种夸饰和申辩的语气，是"申言之词，以祛疑树信"（吕叔湘，1984），往往带有强调的意味。

5.1.3.4 准持续体标记"在[tsɛ⁰]"

关于普通话"在""正在"的性质，有人说是副词，有人说已经是体标记，存在一定分歧。丹江方言有两种"在"，一种语义较实，表示发生某事的当时时间，读为原调；一种语义较虚，表示某时正在发生某事，读为轻声。读原调的是时间副词，轻声的就是已经语法化的准持续体标记。例如：

(92) 我在[tsɛ³¹²]写作业，没在[tsɛ³¹²]玩。

(93) 我在[tsɛ⁰]吃饭，他在[tsɛ⁰]玩。

(94) 外头在[tsɛ⁰]下雨。

时间副词"在[tsɛ³¹²]"表示时间，在时间轴上体现为事件发生时间与参照时间存在重合。参照时间可以是时点，也可以是时段。整个小句的语义重点落在"在"上。准持续体标记"在[tsɛ⁰]"表示动作的阶段或状态，在时间轴上体现为在参照时间事件正在发生。语义重点落在"在"后的核心动词上。

认为轻声"在"是准持续体标记，是因为它尚处于语法化过程之中，还没有完全完成。虽然具有了一定的持续体的语义和功能，但还没有完全摆脱副词的性质，还具有一些时间意义，且与核心动词的关系没有固化，中间可以加上其他成分。另外，可以在前面出现其他副词，构成"还在""光在""尽在""正在""又在"等形式。例如：

(95) 他在一个人吃饭。

(96) 他还在睡觉，你小点声。

(97) 你又在打球，累不累？

5.1.3.5 准持续体标记"住[tsu⁰]"

准持续体标记"住"，用在某些状态动词的后面，表示状态的持续。例如：

(98) 张住这个口袋。

(99) 顺住这条路走。

(100) 你对住口口朝里头倒水。

(101) 你上课要看住黑板。

"住[tsu³¹²]"原是"停留"义，多用于和运动有关的动词的补语。例如，"拽住、停住、挡住、站住"等，还能作趋向动词，表示动作最终的状态作为不动的东西存续下来。例如,"拿住、捉住、缠住、记住"等(太田辰夫,2003)。丹江方言"住"在趋向补语的句法位置上,继续虚化为准持续体标记。从语义上讲,"动作最终的状态作为不动的东西存续下来"就是动作造成的状态的持续;句法结构上,同处于动词之后,补语"住"与动词之间都能添加表可能的"得、不"等成分,准标记"住"却不能在动词之间加上"得、不"等成分,位置相对固定;语音形式上,补语"住"往往读原调,而准标记"住"语音已弱化为轻声。

丹江方言中,"住"虽然已经具备了持续体的某些功能和语义,但它还没有完全虚化到纯标记的程度,本身还具有趋向补语的用法和语义。这不仅表现在同样形式的"V+住"既可以表示趋向,又可以表示持续;而且"V+住"后面还可以加上其他体标记,如完成体标记"唠"。例如,张住唠这个口袋,我来倒米。

5.1.3.6 在那儿V

丹江方言中,轻声的语法化形式"在那儿[tsɛ⁰lər⁰]",用在动词前面,表示动作或状态的持续。主要用于以下两种句法格式:

(一)在那儿+V(+O)。例如:

(102)我在那儿读书,他在那儿写字。

(103)你还在那儿玩,几点唠?

(104)光在那儿哭。

此种格式中的主语都是施事,动词都是具有持续性的动态动词,可以带宾语。"在那儿"前面还可以加上副词"正、还、又、光、紧"等,后面可以跟上尾标记"在"构成复合格式"在那儿+V(+O)+在",强调动作的正在持续。例如:在那儿读书在/在那儿写字在/还在那儿玩在。

(二)在那儿+V+到(的)。例如:

(105)他奈?在那儿站到。

(106)娃子还在那儿睡的。

(107)书在那儿搁的。

(108)妈妈在那儿躺的看电视。

(109)老奶奶白天总是在那儿坐到的。

此种格式是"在那儿"与持续体标记"到""的"前后配合使用构成的复合表达式，表示状态的持续。主语可以是施事或受事，动词都是持续性状态动词（不包括是、有、在、像、爱、恨等表判断、存在、相似、心理意义的动词）或动作实现后可转为状态的瞬间动词（包括某些形容词）。"到""的"可以单用在动词后面，也可以同时出现。如上例（109）。一旦同时出现，前面的动词范围就大大增加，不仅状态动词，有［+持续］义的动态动词也可以进入该格式，表示动作的持续，例如：在那儿看到的/在那儿玩到的/在那儿跑到的，后面还可以跟上另一个动词结构构成连动式，表示后一动作的方式，如例（108）。另外，此种格式的不同形式都可以在句尾跟上尾标记"在"构成复合表达式"在那儿+V+到（的）（+O）+在"，强调动作或状态的正在持续。一旦加上"在"，不仅动词使用范围扩大，而且原格式还能带上宾语。例如：在那儿站到在/在那儿睡的在/在那儿玩到在/在那儿哭的在/在那儿看到书在/在那儿坐到的在。

"在那儿"来源于表处所的介宾结构，但它已经语法化了。表现在：语义上，不再表示动作行为的处所，而是由处所隐喻为时间，表示动作状态的持续。句法上，前附于动词之上，位置固定且与核心动词关系密切，之间基本不能添加任何其他成分，如副词"正、又、光、还"、状语"一个人"等都只能加在"在那儿+V"前面。从这个方面说，"在那儿"比准标记"在"的语法化程度更高。但副词"紧"却既能出现在"在那儿"前，也能出现在"在那儿"后。例如：紧在那儿玩/在那儿紧玩。这个例外说明，"在那儿"尚处于语法化进程之中，还没有达到它的语法化终点。语音上，"在那儿"已经弱化为轻声，与读原调的介宾结构构成对立。

丹江方言有时也用轻声的"在这儿［tsɛ⁰tsər⁰］"表示动作的持续，主要用于持续的动态动词前。但远没有"在那儿"用得多，且语法化程度较低。例如：

我们在这儿拍话（讲话），你来搞啥子？

我们在这儿玩在。

5.1.3.7 搁那儿 V

丹江方言中，轻声的语法化形式"搁那儿［kɤ⁰lər⁰］"，用在动词前面，表示动作或状态的持续。

"搁那儿"来源于表处所的介宾结构，语法化过程和程度与"在那儿"一样，且语义、功能也与"在那儿"基本一致。例如：

（110）他们搁那儿玩游戏。

（111）学生还搁那儿坐到。

（112）书搁那儿摆的。

（113）你咋紧搁那儿吃到的。

（114）猫子正搁那儿卧的在。

（115）妈妈还搁那儿等到在。

（116）垃圾到现在还搁那儿堆到的在。

5.1.3.8　V 到那儿

丹江方言中，轻声的语法化形式"到那儿 [tau⁰lər⁰]"，用在动词后面，表示状态的持续。例如：

（117）你站到那儿！

（118）阵不听话。跪到那儿！

（119）他在站到那儿听课。

（120）你还躺到那儿干啥子。

（121）小狗娃儿奈？在门口趴到那儿在。

表持续的"到那儿"形式，紧跟在单音状态动词（不包括是、有、在、像、爱、恨等表判断、存在、相似、心理意义的动词）后面。动词前面可以加上"在、还在、正、正在"等副词，小句后可以跟上尾标记"在"，共同表持续。可以单用，也可以放在其他动词结构前构成连动式，表示后一动作的方式或手段。除陈述句、疑问句和感叹句外，还能用于祈使句。

表持续的"到那儿"形式，来源于动词后的介宾结构"到那儿 [tau³¹lər³¹²]"。除了语音轻化外，语义变虚，不再指具体的动作达到的处所。若要指明动作的处所，往往在动词前用介词引进。如例（121）的"在门口"。当动作的处所放在"到"和"那儿"之间时，例如"小狗娃儿奈？趴到门口那儿在。""那儿"复指处所"门口"，"到……那儿"引进动作的处所，不表持续。

5.1.3.9　V 那儿

丹江方言中，轻声的语法化形式"那儿[lər⁰]"，用在单音状态动词后面，表示状态的持续。例如：

（122）站那儿！

（123）你先住那儿。

（124）你要是身体不舒服斗回去躺那儿。

（125）他只知道坐那儿看电视。

（126）一大群人正围那儿看热闹在。

5.1.3.10　V 那下儿

丹江方言中，轻声儿化的语法化形式"那下儿[lər⁰xər⁰]"，用在单音状态动词后面，表示状态的持续。例如：

（127）坐那下儿！

（128）把东西挂那下儿。

（129）他总是躺那下儿看电视，把眼睛都看坏唠。

（130）我出去站那下儿等你。

（131）他一个人蹲那下儿在。

"那下儿[lər⁰xər⁰]"，是丹江方言中意义和用法与"那儿[lər³¹²]"基本一致的指代动作处所的代词。它的轻声形式和"那儿[lər³¹²]"的轻声形式，都能紧跟在单音状态动词（不包括是、有、在、像、爱、恨等表判断、存在、相似、心理意义的动词）的后面，不再是指明与动作相关的处所，而是表示状态的持续。可以单用，也可以放在其他动词结构前构成连动式，表示后一动作的方式或手段。小句末尾还可以跟上尾标记"在"，强调状态的正在持续。

5.1.3.11　VV

除了附加标记，动词重叠也是表达持续体的一个重要语法手段。丹江方言表达持续义的重叠形式非常丰富。

单音节动词两叠式"VV"，表示动作或状态的持续。例如：

（132）他坐坐斗睡着唠。

（133）跪跪，忽然歪倒唠。

（134）吃吃，斗吃完唠。

（135）说说，他一下子哭起来。

能够这样重叠的单音动词，一般是状态动词，不包括存在、判断、相似类动词和动态动词，包括［－持续］的瞬间动词。重叠式不独立构成完整句子，只用于前一小句或小句的前一部分，后面必须跟有后续内容。动词重叠后，不能再带宾语。语义上，重叠表示的动作或状态持续，是后续内容的方式、伴随状态、原因等。语音上，前一个动词读原调，后一个动词读轻声。

表持续的两叠形式与表短时的动词重叠形式，具有一定的相似性，但它们之间在句法、语义、语音方面都存在很大差别。句法上，持续体重叠式不单独构成语义完整句子，必须带后续部分；短时体重叠式却可以单独作谓语。例如："你坐坐。"语义上，持续体重叠式只能在后面出现另一个动作行为，表示持续的动作或状态是另一个动作行为的方式、伴随状态、原因等。如例（132）是在"坐"的持续过程中发生"睡着"这个动作行为；短时体重叠式则前后都可以出现另一个动作行为，之间多是顺承关系。例如："进来坐坐。"短时量动作"坐"是发生在"进来"之后，二者在时间与逻辑关系上有一前一后和相承的关系。语音上，短时体重叠式既可以都读原调，也可以前一个动词读原调，后一个动词读轻声。

5.1.3.12　VVV

单音节动词三叠式"VVV"，表示动作或状态的持续。例如：

（136）他还在说说说的。

（137）外头一晚上敲敲敲的，烦死人！

（138）你吃吃吃，吃唠一晚上。

（139）坐坐坐，还要坐到啥时候？

三叠的单音动词，和进入两叠式的动词一样，都是状态和动态动词。但三叠式可以单独构成完整的句子，作句子的谓语，如例（136）、例（137）；也可以带上后续内容，如例（138）、例（139）。但都不能带宾语。可以在重叠式前面加上"在、正在、还在"副词，小句末尾加上尾标记"在"，强调正在持续。语义上表示动作或状态持续的时间长，同时还附加有厌恶、失望、奇怪、诧异等感情色彩。语音上，全部读原调，不轻声。

如果要进一步强调动作行为不停反复地持续进行，单音动词可以四叠构成 VVVV 式来表程度加强。如例（136）：他还在说说说说的。如例（137）：外头一晚上敲敲敲敲的，烦死人！

5.1.3.13 V 啊 V

单音节动词重叠式的中间加上轻声音节"啊"，构成"V 啊 V"格式，表示动作或状态的持续。例如：

（140）跑啊跑，跑唠一天。

（141）你总在吃啊吃的。

（142）成天坐啊坐，屁股斗坐起茧子唠。

（143）两只脚一直在踢啊踢的。

动态动词，特别是瞬间动词，进入重叠式后可以表示一种动作的反复不断的持续。如例（143）中的"踢"。因此，该重叠式也可用来表示反复体。但动态动词和状态动词（不包括是、有、在、像等表判断、存在、相似意义的动词）重叠后，还可以表示动作或状态在时间上连续不断的持续。如例（140）、例（142）。而静态的状态动词无法进入反复体重叠式"V 啊 V"中表动态反复。

5.1.3.14 一 V 一 V、圪 V 圪 V、V 下 V 下

单音节动词重叠式"一 V 一 V""圪［kɯ⁰］V 圪［kɯ⁰］V""V 下［xər⁰］V 下［xər⁰］"，表示动作反复不断的持续进行。因此，既可以用来表示持续，也可以表示反复，具体语义以上下文语境而定。例如表动作持续：

（144）灯在一闪一闪，闪唠一晚上唠。

（145）眼皮子老是一跳一跳的。

（146）头圪摇圪摇的，你晕不晕呀。

（147）她的两个小辫子在背后圪甩圪甩。

（148）走下走下一会斗到屋唠。

（149）跳下跳下你斗暖和唠。

5.1.3.15 V 的 V 的、V 到 V 到

单音节动词带持续体标记"的、到"重叠构成的重叠式"V 的 V 的""V 到 V 到"，可以表示动作或状态的持续。例如：

（150）走的走的捡到一个钱包。

（151）躺的躺的睡着唠。

（152）抢到抢到吃。

（153）站到站到倒唠地上。

进入重叠式的"V"，可以是静态的状态动词（不包括是、有、在、像等表判断、存在、相似意义的动词），也可以是动态动词。动态动词本不能直接带持续体标记"的、到"，但重叠后却可以。常常与其他动词短语构成连动式，表示持续的动作或状态是另一动作行为的方式、伴随状态、原因等。"V 的 V 的"还可以单独作谓语，"V 到 V 到"却不能。例如：

（154）他一上午光在写的写的。

（155）我们转的转的，不知不觉天黑唠。

5.1.3.16　一 VV 到

单音节动词带持续体标记"到"重叠构成重叠式"一 VV 到"，表示处于某种持续的状态。例如：

（156）门一开开到，不怕贼娃子进来？

（157）手一背背到，像个老先生。

（158）回来斗一躺躺到，也不吃饭。

（159）他气得嘴一歪歪到。

进入重叠式的"V"，只能是实现后可转化为一种持续状态的瞬间动词（包括某些变化形容词），其他的各种动词都不能进入。重叠式在句中主要作谓语或补语。作谓语时，若前面出现主语，往往是受事，不会是施事。例如不会说"我一开开到门"。但整个句式可以变换为"施事+给+受事+一 VV 到"，表示施事对受事的一种处置。如例（156）可以变为"你给门一开开到，不怕贼娃子进来？"例（157）可以变成"他给手一背背到，像个老先生。"或者变换为"施事+受事+一 VV 到"的话题句。如例（156）可以变为"你门一开开到，不怕贼娃子进来？"例（157）可以变成"他手一背背到，像个老先生。"语义上，重叠式表示一种持续的状态，带有浓厚的描写意味，同时还附加有不高兴、不耐烦、诧异、取笑、嘲弄等情感意义。

重叠式后面还可以加上持续体标记"的"，构成复合式"一 VV 到的"。例如：一开开到的／一背背到的／一躺躺到的／一歪歪到的。也可以带上尾标记"在"，表示状态的正在持续。例如：门一开开到在／手一背背到在/回来斗一躺躺到在/嘴一歪歪到在。

重叠式"一VV到"是一种强调重叠,它是在原格式"V到"的基础上,为了对某种持续的状态进行强调,重叠而成,同时还附加上一种消极的感情色彩。"一VV到"都可以变为"V到",语义不变,强调的程度却大大减弱。如例(156)"门开到,不怕贼娃子进来?"也没有了那种不高兴、诧异的附加意义。

丹江方言中,还有一种动词复叠形式"一VV到",后面跟有处所或时间等名词性成分。"到"不再是持续性标记,而是动词补语或引进处所、时间成分的介词。例如:

(160) 他一蹲蹲到地上。

(161) 一睡睡到下午才起床。

"到"的后面可以加上完成体标记"唠",重叠的动词之间还可以出现助动词"能、会"等。这是复叠形式"一VV到"与表持续重叠式句法上存在的不同。但相同的是,这种复叠形式也是"V到+处所(时间)"的强调形式,强调动作完成后转化的状态所处的地点或持续的时间。它虽然不直接表示持续体意义,但是动作遗留下的状态在某地,或经过一段时间,都意味着状态本身的持续,因此,表持续的重叠式"一VV到"肯定来源于表处所时间的复叠形式"一VV到+处所(时间)"。

丹江方言中还有一种相似形式"一VV到那儿"。"到那儿"既可以读原调,表示动作造成状态的处所;也可以读轻声,表示动作造成状态的持续。这种形式可能就是上面两种形式之间的中间发展阶段。例如:

(162) 腿一跷跷到那儿。

(163) 他一坐坐到那儿,半天不想起来。

5.1.3.17 副词"紧[tɕin^{55}]"

丹江方言还可以用词汇手段表示持续,除了用副词"在[tsɛ^{312}]""正在[tsɛ^{312}]"表示动作或状态正在持续外,还能将副词"紧[tɕin^{55}]"放在动词前,表示动作或状态持续不断。例如:

(164) 你咋紧看电视。

(165) 紧搞呀,累不累!

（166）他们在我们家紧住，烦死人。

（167）你让我们紧等你。

"紧"修饰的动词，可以是动态动词，也可以是状态动词，还可以带宾语。瞬间动词连续重复出现，具有延续性，也可以受"紧"修饰。不能和"的、到"等持续体标记共现，可以和准持续体标记"在"、副词"在、正在、还在"或尾标记"在"共现。另外，"紧"还可以和表持续的语法形式"在那儿"配合使用，放在"在那儿"之前或之后。例如：

你咋紧在那儿看电视。

你咋在那儿紧看电视。

"紧"和单音节动词组合的"紧V"还可以重叠为"紧V紧V"，强调动作或状态持续不断的时间过长。例如：

（168）太晚唠，明儿还要上学，别紧看紧看。

（169）他上课不安分，紧动紧动的。

副词"紧"，语义上表示长时间一直持续某一动作或状态，中间没有停顿。在实际运用中，还附带有令人厌烦、不耐烦等感情色彩。因此，经常用于祈使、禁止的语境，前面加上祈使否定词"别、埋、埋准、不准、莫、不要"等。

丹江方言持续体的否定形式是在谓语前加否定词"没"。例如：

书没在桌子上搁的。

窗子没在关到。

我没看书在。

持续体的疑问形式是在谓语后加否定词"没、没有"等。例如：

书在桌子上搁的——书在桌子上搁的没？

窗子在关到——窗子在关到没？

我看书在——他看书在没？

5.1.4 经历体

经历体表示动作或性状变化曾经发生。在时间轴上，体现为动作或性状变化发生在参照时间之前。

```
————————▽————————▽————————→T
                 A                R
```

从上图可以看出，经历体和完成体在语义上有很多相同的地方，曾经发生就是现在已经完成，它们都表示动作或变化发生在参照时间之前。它们的不同之处在于是否与现时状态发生关系。完成体表示过去的动作（或状态）与现时的参照状态之间存在联系，是完成实现的关系；而经历体，曾经发生的动作或变化与现时的状态之间没有任何关系。

丹江方言的经历体是用经历体标记"过［kuo⁰］"来表示，功能和使用范围与普通话基本一致。例如：

（170）这本书我已经看过。

（171）我吃过山珍海味。

（172）他出过三次国。

（173）你从来没有真正打败过他。

（174）天气前几天冷过。

"过"用于动词、形容词后面，如果动词带有结果补语，就跟在补语后面。如上例（173）。句中往往有表示过去的时间副词"已经、曾经、早斗（就）"等共现。

丹江方言经历体的否定形式是在谓语前加否定词"没、还没"等。例如：

这本书我已经看过——这本书我还没看过。

我吃过山珍海味——我没吃过山珍海味。

经历体的疑问形式有两种，一种是在谓语后加否定词"没、没有"等。例如：

这本书我已经看过——这本书你看过没？

我吃过山珍海味——你吃过山珍海味没有？

另一种是在句尾加疑问语气词"吧"。例如：

这本书我已经看过——这本书你看过吧？

我吃过山珍海味——你吃过山珍海味吧？

5.1.5 起始体

起始体表示动作或状态变化的开始。在时间轴上，体现为动作和状态变化处于事件进程（E→E′）的起始阶段。

$$\text{起始阶段}$$
$$——|————/—————————|——\to T$$
$$\quad\quad E \quad\quad\quad\quad\quad\quad\quad\quad\quad\quad E'$$

丹江方言的起始体是用起始体标记"起 [tɕ'i⁰]"和"起来 [tɕ'i⁰lɛ⁰]"来表示。

5.1.5.1 起 [tɕ'i⁰]

丹江方言的起始体标记"起"，主要用于动态动词的后面，表示动作的开始。例如：

（175）她做起事，什么斗忘唠。

（176）你一说起话斗没完没了的。

（177）这娃子一睡起觉不知道什么时候能醒。

（178）我斗从以前说起吧。

（179）文章从小事开始谈起。

起始反映的是一种动态变化，因此，起始体标记总是跟在动态动词的后面。那些［－动态］义动词，表示一种静态，没有起始体。如是、在、像、坐、站等。起始是动作内部的一个阶段，因此，起始与终结几乎同时的瞬间动词，本身具有［－持续］特点，也没有起始体。但是，瞬间动作若连续重复出现，就具有了延续性，可以带起始体标记。例如敲、打、蹦、跳等。

丹江方言起始体"起"的用法，不是完全自由，有句法—语用限制。①"起"不能单独在小句中使用，后面必须跟有另一后续小句，如例（175）；②"起"与"一"配合使用，构成格式：一＋动词＋起（＋宾语），如例（176）、例（177）；③"起"与介词"从"配合使用，构成格式：从＋宾语＋动词＋起，如例（178）、例（179）。

5.1.5.2 起来 [tɕ'i⁰ lɛ⁰]

丹江方言的起始体"起来"，功能和使用范围与普通话基本一致，主要用于动态动词和一些表示性状变化的形容词后面，表示动作状态变化的开始。例如：

（180）小娃子们打起来唠。

（181）大家开始叫起来。

（182）他不说话，一个人看起书来。

（183）下起雨来唠。

（184）天一下子冷起来唠。

（185）他一哭起来没人劝得了。

（186）张老板斗是从那时发起来的。

"起来"的用法，相比"起"要自由得多。它既能单独使用，如例（180）、例（181）；又能用在"起"的各种句法条件下，如例（185）、例（186）。若带有宾语，"起来"会分开，构成"动词+起+宾语+来"的形式。如例（182）、例（183）。句子中，常常与表示事态变化的体助词"唠"共现。

丹江方言也可以用词汇手段表示起始，副词"开始"单独或与起始体配合使用，在句中作状语。例如：

（187）开始上课唠，请安静。

（188）他现在开始吃起饭来唠。

丹江方言中，起始体的否定形式是在动词前加否定词"没、还没"等。例如：

她做起事，什么斗忘唠——她还没做起事，什么斗忘唠。

下起雨来唠——还没下起雨来.

起始体的疑问形式有两种，一种是在谓语后加否定词"没、没有"等。例如：

大家开始叫起来——大家开始叫起来没有？

下起雨来唠——下起雨来没？

另一种是在句尾加疑问语气词"吧"。例如：

大家开始叫起来唠——大家开始叫起来唠吧？

下起雨来唠——下起雨来唠吧？

5.1.6　继续体

继续体表示已经进行的动作或存在的状态的继续。在时间轴上，体现为动作和状态处于事件进程（E→E′）持续阶段中以某个参照点（R）开始的继续发展阶段。

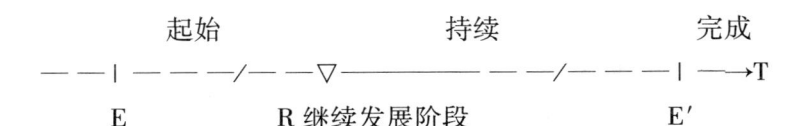

```
        起始              持续             完成
—— | ———/——▽——————— ——/——— | ——→T
        E        R 继续发展阶段           E′
```

丹江方言的继续体是用继续体标记"下去〔$\varcia^0k'w^0$〕"来表示。主要用于动词和一些表示性状变化的形容词后面，表示动作或状态的继续。例如：

（189）你接到说下去。

（190）课还要继续上下去。

（191）坚持这样锻炼下去，身体一定会好起来。

（192）你再糊涂下去咋得了。

（193）天还要热下去的。

（194）你斗一直坐下去吗？

继续反映的是事件开始后的一种动态变化，因此，和起始体一样，继续体也总是跟在动态动词的后面。一部分状态动词，虽然是一种静态，但它们可以表示形成这种状态后的静态持续，因此，也有继续体，表示存在状态的继续。例如站、坐、躺、戴、挂、搁、放、住等，如例（194）。

丹江方言的继续体"下去"，功能和使用范围与普通话基本一致，句中常有副词"再、还、还要、接到、继续、一直"等共现。

丹江方言也可以用词汇手段表示继续，副词"继续"用在句中作状语。例如：

（195）你继续说。

（196）天还要继续热的。

丹江方言中，继续体的否定形式，一般否定是在动词前加否定词"不、不会"等。例如：

你接到说下去——你不接到说下去。

天还要热下去的——天不会热下去的。

祈使否定是在动词前加否定词"别、埋、埋准、莫、不要"等。例如：

你接到说下去——你埋接到说下去！

天还要热下去的——天不要热下去！

继续体的疑问形式是在句尾加疑问语气词"吧、吗"。例如：

你接到说下去——你接到说下去吧？

天还要热下去的——天还要热下去的吗？

5.1.7 已然体

已然体表示事态已经出现了变化。在时间轴上，体现为事态变化发生在参照时间以前，并对说话时间的现时状态造成影响，即表示已经变化的事态与现时的状态之间的关系。

————▽————▽————▽—→T
　　　　E　　　　R　　　　S

丹江方言的已然体是用已然体标记"唠〔lau⁰〕"和"的〔ti⁰〕"来表示。

5.1.7.1 唠〔lau⁰〕

丹江方言中已然体标记"唠"，相当于普通话中的"了$_2$"，主要是用在小句末尾表示事态已经出现了变化。例如：

（197）我已经吃饭唠。

（198）他出去半天唠，还不回来。

（199）这个电影我看唠三遍唠，很好看。

（200）天已经开始下雨唠。

（201）昨儿的已经开始报名唠，你咋现在才来。

（202）他的脸一下子斗红唠。

（203）你已经来唠，斗住下吧。

丹江方言已然体标记"唠"的功能和使用范围与普通话"了$_2$"基本一致。它用在小句末尾，也带有一定语气。但它是附加在谓语形式上的，主要句法功能在于表示已然体意义，可以称为"句尾体标记"。由于已然体标记和完成体标记形式一致，因此，当用在句尾动词后面时，会出现已然体标记和完成体标记形式的融合（普通话有人称为"了$_3$"），表示动作完成且事态已有变化。如例（203）。

5.1.7.2 的〔ti⁰〕

丹江方言中，已然体标记"的"用在小句末尾，表示事件已经发生，有成句的作用。例如：

（204）我们将（刚）吃饭的，还不饿。
（205）他昨的才走的。
（206）上午谁打坏玻璃的。
（207）我骑车子去的。
（208）你看过这个电影的，记得吧？
（209）我们复习功课唠的，不怕考试。

"的"可以与"才、将（刚）、将将儿（刚才）"等情态词语、完成体标记"唠"、经历体标记"过"以及已然体标记"唠"共现。如例（204）、例（208）、例（209）。

已然体标记"的"因为出现在小句末尾，因此常常被看作同形式的表示肯定语气的语气词"的"。其实，虽然它常用于句尾，本身带有语气，但同体标记"唠"一样，它是附加在谓语形式上，主要句法功能在于表示已然体范畴，表示一种与事态的进程相关的、已经变化了的状态，而不是纯语气。因此，"的"的后面还可以出现各种表情态的语气词"吧、吗、哪、呀"等。比如可以说："他啥时候去的哪？""你将（刚）吃饭的吧？"这从"的"的语法化过程也可以看出，具体情况详见下文。

丹江方言也可以用副词"已经"来表示已然，往往放在谓语前面作状语。与普通话不同的是，"已经"可以单独表示已然，而不是必须与体标记"唠"共现。例如：

（210）门已经打开。
（211）天已经下雨在。
（212）我们已经吃饭在，你快来吧。

丹江方言已然体的否定形式是在谓语前加否定词"没、还没"等。例如：

我已经吃饭唠——我还没吃饭。
他昨儿的才走的——他昨儿的没走。

已然体的疑问形式有两种，一种是在谓语后加"没"或"没有"。例如：

我已经吃饭唠——你吃饭没？
他昨儿的才走的——他昨儿的走没有？

另一种是在句尾加疑问语气词"吧"。例如：

我已经吃饭唠——你已经吃饭唠吧？
他昨儿的才走的——他昨儿的才走的吧？

5.1.8 将然体

将然体表示事态将要发生变化。在时间轴上，体现为事态变化发生在参照时间之后。

$$————▽————▽————→T$$
$$\quad\quad\quad\;\, R \quad\quad\quad\;\, E$$

丹江方言的将然体是用将然体标记"唠［lau⁰］"和"的［ti⁰］"来表示。

5.1.8.1 唠［lau⁰］

丹江方言中，将然体标记"唠"，相当于普通话中的"了$_2$"，主要是用在小句末尾表示事态将要出现变化。例如：

（213）快放假唠。
（214）学生们将要毕业唠。
（215）电影马上斗要开始唠，咋还不来。
（216）天明儿的斗要下雪唠。
（217）等他的病好唠，我们斗去。

句中常常会有表示将来的时间名词以及时间或情态副词如"要、快、快要、将要、斗（就）要、马上、准备"等与之共现。

5.1.8.2 的［ti⁰］

丹江方言中，将然体标记"的"用在小句末尾，表示事件将要开始发生，有成句的作用。例如：

（218）他准备出差去的。
（219）我斗要吃饭的。
（220）电影马上斗要开始的。
（221）你放心，明儿早晨我们斗走的。
（222）天马上斗要冷的。

"的"可以与表示将然的"要、快、快要、将要、斗（就）要、马上、准备"等时间情态词语共现，也可以与句尾体助词"唠"共现，放在句尾体助词"唠"的前面。例如：

我斗要吃饭的唠。

天马上斗要冷的唠。

"的"的后面还可以出现各种表情态的语气词"吧、吗、哪、呀"等。例如：

我斗要吃饭的呀！

天马上斗要冷的吧？

丹江方言也可以用词汇手段表示将然，常用的是副词"要、快、快要、将要、斗（就）要"等，放在谓语前作状语。但是除了特殊情况外，后面总是跟有后续小句，本身并不能单独出现。例如：

斗要吃饭，你要去哪儿？

天快要下雨，你带把雨伞。

丹江方言将然体的疑问形式有两种，将然体"的"是在句尾加疑问语气词"吧"来提问。例如：

他准备出差去的——他准备出差去的吧？

我斗要吃饭的——你斗要吃饭的吧？

将然体"唠"既可以用疑问词"吧"，也可以在谓语后加"没"或"没有"来提问。例如：

快放假唠——快放假唠吧？

快放假唠——快放假唠没？

5.1.9 尝试体

尝试体表示试着发出动作行为。在时间轴上，体现为动作的动量小或时量短。

现代汉语普通话，用动词重叠后附加尝试体标记"看"来表示尝试体。丹江方言中，尝试体的表达手段要丰富一些，可以用动词重叠、动词附加儿化的"一下［i⁰xər⁰］"或"下［xər⁰］"、体标记"看［kʻan⁰］"以及动词重叠、"一下（下）"后附加体标记"看"等语法形式来表示。

5.1.9.1 动词重叠 VV

与普通话不同，丹江方言动词重叠形式本身就可以表示尝试。例如：

(223) 我尝尝咸淡。

(224) 你试试这件衣服。

(225) 你来开开，看打得开吧。

(226) 你倒是理解理解你妈吵。

(227) 算算斗清楚唠。

单、双音节的动词都可以重叠来表尝试，但在口语中，还是以单音节动词重叠为常。朱德熙（1982）认为，动词重叠表示动作的时量短或动量小。而时量短或动量小，正是尝试体的语义特征，因此，动词重叠可以用来作为尝试体的表达手段。

5.1.9.2 一+V

数词"一"直接放在动词前面修饰动词，在丹江方言中也可以用来表示动作的尝试。例如：

(228) 一算斗清楚唠。

(229) 我一做马上晓得咋做的。

(230) 你打手一摸，都是灰。

(231) 你一玩这游戏肯定会上瘾。

5.1.9.3　V+一下 [i⁰xər⁰]（下 [xər⁰]）

丹江方言中，轻声的儿化结构"一下（下）"跟在动词后，也能表示动作的尝试。例如：

(232) 你吃一下这个菜。

(233) 穿一下，看合适吧？

(234) 我做下给你看。

(235) 我看下到底好不好。

若动词带有宾语，长宾语都放在"一下（下）"的后面，短宾语则既可以放在"一下（下）"前，也可以在后。例如："问他一下"也能说成"问一下他"。

5.1.9.4　看 [k'an⁰]

丹江方言的尝试体标记"看 [k'an⁰]"，可以单独使用，跟在谓语后，表示尝试做某事。例如：

(236) 你吃看。

(237) 喝点水看。

(238) 跑两圈看。

(239) 叫饭吃唠看。

"看"前的谓语形式，可以是动补结构（动量、时量补语），也可以是光杆动词以及动宾结构。

5.1.9.5　VV+看

尝试体标记"看"，还能与动词重叠式配合使用，表示尝试。例如：

(240) 等我尝尝看。

(241) 我们再研究研究看。

(242) 题又不难，你再想想看嘛。

(243) 试试看，你会成功的。

(244) 休息休息看，身体斗正常唠。

5.1.9.6　V+一下［i⁰xər⁰］（下［xər⁰］）+看

尝试体标记"看"，还能与"一下（下）"配合使用，表示尝试。例如：

(245) 试一下看。

(246) 你再打我一下看。

(247) 闻下看，有坏味没得？

(248) 你再考虑下看。

以上用法中的"看"，还可以重叠为"看看"的形式，表意不变，只是语气变得舒缓。例如：

喝点水看看。

等我尝尝看看。

试一下看看。

从以上的用法可以看出，丹江方言的尝试体标记"看"与普通话相比，存在以下特点。①不仅跟在动词重叠式、动补结构后面，而且可以直接跟在光杆动词后面、跟在动宾结构后面；②不仅后面可以出现语气词"吧、嘛、呀、的"等，而且前面的动词还可以带其他体标记，如完成体"唠"、持续体"到"等；③本身可以重叠为"看看"的形式。由此可见，丹江方言中的"看"，应该是一个句尾体标记。它不是跟在动词的后面，而是跟在整个谓语形式后面，表示尝试做某事。

"看"的这种句尾体标记性质，是与它的语法化来源分不开的。根据吴福祥（1995）的观点，魏晋六朝时，动词"看"由表示视觉动作的"瞻视"扩大使用范围，引申出抽象的动作"测试"，并由作为中心动词带宾语，变成依附于主要动词之后不带宾语，从而语义逐渐虚化，最终语法化为尝试体标记。例如：

将还家，语王云："汝是贵人，试作贵人行看。"（《俗记·太平御览 829 卷》）

精舍中庭前沙地有众长寿。"借我弓箭，试我手看。"答言："可尔。"（《摩诃僧祇律·大正藏 22.377a》）

汝好思量看。（弗若多罗和鸠摩罗什译《十诵律·大正藏 23.53a》）

魏晋六朝时，尝试体标记"看"只跟在单个动词及动宾结构后，唐代文献中才开始出现在动补结构后面。宋代又出现了重叠动词加"看"的形式。宋元以后，随着动词重叠形式的兴起，分担了"看"的功能，"看"在某些方言中逐渐消失。可见，自产生之时起，"看"就用在小句主要动词及动词结构的后面，位于小句末尾，并在此位置上发展成为体标记，因此，不宜把"看"当作是动词的体标记，而应该看作是整个事件的体标记。

《敦煌变文集》（1957）中出现了 5 例"看看"的重叠形式，例如：

依实向我说看看，好恶不须生拒讳。

六师虽五度输失，尚不归降。"更试一回看看，后功将补前过。"

这种形式为后世文献所罕见，却可能一直保存于方言中，如丹江方言、福州方言（陈泽平，1996）。

5.1.10 短时体

短时体表示动作或状态变化经历的时间短暂。在时间轴上，体现为动作或状态变化的时量短。

丹江方言中，短时体是用动词重叠、动词附加儿化"一下 [i⁰xər⁰]"或"下 [xər⁰]"等语法形式来表示。

5.1.10.1 动词重叠 VV

普通话短时体主要以重叠动词的形式来表示，若动词是单音节，可在重叠形式之间加上"一"。丹江方言也用动词重叠形式，但单音节重叠形式之间不加"一"。例如：

（249）你再歇歇。

（250）进来坐坐吧。

（251）我们走走斗到唠。

（252）刚玩玩你斗说我。

（253）他好聪明，猜猜斗猜出来唠。

5.1.10.2　V+一下 [i⁰xər⁰]（下 [xər⁰]）

除动词重叠形式外，丹江方言同时也用动词附加儿化的轻声"一下"或"下"来表示短时。例如：

（254）进来歇一下。

（255）你来我这儿坐一下。

（256）我睡下。

（257）学习一下斗想看电视。

（258）走下斗到唠。

"下"是"一下"的省略形式，二者用法完全一致。在说话时具体使用"一下"还是"下"，完全取决于说话人的习惯或随机。"下"是"一下"附加在动词后面以后快读简省而成。

"一下"和"下"还可以和持续体标记"到"配合，一起放在单音节动词后面，表示动作或状态持续的时量短。多用"下"而少用"一下"。例如：

（259）你帮我看到一下。

（260）你坐到下，我出去一下。

（261）你们先玩到下。

（262）你举到下，我去拿梯子。

可以认为"一下"和"下"是丹江方言短时体的准体标记。表示短时体的"一下"是由表示短时量的数量结构"一下 [i³xər³⁵]"语法化而来。"一下 [i³xər³⁵]"是一个可以常用于定语、状语、补语的名词性成分，构形带有儿化，"一"不能省略。丹江方言可以单独使用它来表示短时。例如：

（263）一下的时间，东西斗不见唠。

（264）我一下斗走的。

（265）客才在屋的坐唠一下。

结构中的"下"还可以重叠，强调更为短时。例如："客才在屋的坐唠一下下。"与时量短语"一下"相比，表短时体的"一下（下）"语义上要虚化，不再表示一个客观的时量，而是表短时；语音形式不仅弱化为轻声音调，而且可以脱落前一个音节［i⁰］。但这个语法化进程至今还没有完全完成，还处于发展过程之中。表现在句法关系上，"一下（下）"还没有完全摆脱补语的性质，句法位置不固定，既可以出现在动词后宾语前，也可以出现在宾语后面。例如："看他一下斗走"也可说成"看一下他斗走"，"看他下斗走"也可说成"看下他斗走"。

一种普遍的观点认为表示短时体的"一下（下）"，来自表示动量的动词补语"一下"（施其生，1996），丹江方言短时体"一下（下）"的语法化来源却不同。从语义上讲，短时表示动作的时间特征，指整个动作所占的时量短小。尝试表示试着做，既可以指动作在空间上发生的次数少、动量少，也可以指动作在时间上花费的时间短、时量小，表示的是动作的方式特征。因此，尝试和短时义会有交叉。表现在句法上，尝试体和短时体的语法形式可能会出现一致。但是，短时本身是一个时间概念，与时量发生关系，不大可能来源于表示动量的成分。这是因为动作的次数少，并不意味着经历的时间就短。"做一次"可能所花时间会很长。因此，短时体应该与时量关系更密切。丹江方言中，表时量的数量短语"一下［i³xər³⁵］"，语义、语音、结构关系都与短时体的"一下"有演变发展关系。不仅丹江方言，武汉话短时量短语"一下子［i³xa³tsɿ³］"以及它的简省形式"一下、下子、下"也表短时体。连城方言（项梦冰，1996）用"一下［i³⁵hu¹¹］"或"一刻［i³⁵khai³⁵］"表示短时量，也用来表示短时。其中，"一下"也兼表尝试。

丹江方言中，短时体的否定形式是在动词前加否定词"不"。例如：

你再歇歇——你不歇歇。

你来我这儿坐一下——你来我这儿也不坐一下。

短时体的疑问形式是在动词前加否定词"不"，也可以同时在句尾加疑问语气词"吗"。例如：

你再歇歇——你不歇歇？

你来我这儿坐一下——你来我这儿也不坐一下吗？

5.1.11　反复体

反复体表示动作或状态变化反复地进行。在时间轴上，体现为动作或状态变化的动量大、次数多。

丹江方言中，反复体是通过加前缀和重叠两种语法手段来表示。动词重叠式包括有"V 来［lɛ⁰］V 去［k'ɯ⁰］""V 啊［a⁰］V""V 的［ti⁰］V 的［ti⁰］""一 V 一 V"和"V 下［xər⁰］V 下［xər⁰］"等。其中，动词都是动态动词。

5.1.11.1　前缀"圪［kɯ⁰］"

"圪"是一个分布于中原官话和晋语中的一个构词附加成分，它附加在单音节动词词根前，可以构成一个动词；加在单音节动词前，能使动词在原词义的基础上，增加一种特殊的语法意义：快速、高频地反复动作。丹江方言中的"圪+动"形式，常见的有：圪眨、圪扭、圪歪、圪扯、圪筛、圪晃、圪甩、圪跳、圪扒、圪爬、圪摸、圪钻、圪塞、圪戳、圪嚼、圪摇、圪咽、圪吸、圪抓、圪拽、圪踢、圪甩、圪挺等。例如：

（266）我咋觉得房子老是乱圪晃。

（267）他们两个圪扯唠半天还扯不清。

（268）眼皮子乱圪跳。

（269）你圪嚼唠半天，说的啥东西。

（270）回去晚唠，在半路跟他圪扯唠半天。

这种"圪+动"形式，在丹江方言中更多地以重叠形式"圪 V 圪 V"出现，几乎所有的单音节动作动词都能加上"圪"重叠，来强调动作反复的快速和高频。例如：

（271）眼睛圪眨圪眨的。

（272）你别在被子的圪蹬圪蹬的。

（273）小娃子在屋的圪窜圪窜的。

（274）他冷得浑身圪筛圪筛的。

（275）圪歪圪歪的，小心汤泼唠。

"圪 V 圪 V"重叠式，多用来描述状态，在句中可以作谓语、定语、补语等，后面往往要加上一个助词"的"。

5.1.11.2　V来 [lɛ⁰] V去 [k'ɯ⁰]

丹江方言中，单音节动词可以加上音节助词"来""去"，重叠为"V来V去"形式，表示动作的反复进行。例如：

（276）别在教室的跑来跑去的。

（277）他的身体晃来晃去，像要倒唠的样子。

（278）总是在脸上画来画去。

（279）作业写来写去，总也写不完。

（280）鸟雀在树上飞来飞去的。

格式中的"来""去"已经失去实义，只是一个构形的音节。丹江方言中，也有用于相同格式中，但保留动作方向义的"来""去"，例如：他总是在单位与住地之间跑来跑去。"来""去"在句中作趋向补语。但这种情况，"V来"与"V去"之间可以有停顿，能加上连接词"又"，而表反复的重叠式"V来V去"则不行。如例（279），就不能说成"写来又写去"。

"圪+动"形式，也可以作为一个整体，出现在"V来V去"的格式中。例如：

（281）在床上圪蹬来圪蹬去。

（282）他总是圪扭来圪扭去，站不安分。

5.1.11.3　V啊 [a⁰] V

丹江方言在单音节动词重叠式的中间加上轻声音节"啊"，构成"V啊V"格式，表示动作的反复进行。例如：

（283）老是在我面前晃啊晃的，烦人。

（284）这个灯闪啊闪的。

（285）一直在写啊写，总也写不完。

（286）只看到你在说啊说。

（287）红旗在屋顶飘啊飘的。

5.1.11.4　V的 [ti⁰] V的 [ti⁰]

丹江方言在单音节动词重叠式的中间加上轻声音节"的"，构成"V的V的"格式，表示动作的反复进行。例如：

（288）在我面前老是晃的晃的，头都晃晕唠。

（289）眼睛翻的翻的。
（290）这一跤摔得他哼的哼的。
（291）旗子被风吹得摆的摆的。
（292）走路扭的扭的。

根据黄伯荣（1996）的观点，湖北西南官话区的武汉、孝感、应城、沙市、汉川、天门、钟祥、随州等，都有这种表动作反复的重叠形式。

5.1.11.5　一V一V

丹江方言还可以在动词前加上"一"再重叠，构成"一V一V"格式，表示动作的反复进行。例如：

（293）走起路来一摇一摇的。
（294）气得他眼睛一翻一翻的。
（295）一扭一扭地走，像个女人。
（296）灯有点一闪一闪的，是不是要坏唠。
（297）震得一抖一抖的。

"一V一V"形式，总是加上助词"的"，在句中作谓语、状语或补语。表示动作反复进行的状态，具有明显的描写意味。

5.1.11.6　V下［xər⁰］V下［xər⁰］

动词加轻声儿化的"下"构成"V下"形式，常用来表示动作时间的短暂。当表示短暂的动作反复不断地进行时，在丹江方言中，可以用重叠"V下"构成的"V下V下"格式来表示。例如：

（298）灯闪下闪下的，有问题唠。
（299）你要不时翻下翻下饼子，不然斗烤糊唠。
（300）像你这样玩下玩下的，做到啥时候唠。
（301）鱼嘴张下张下的。
（302）他总是动下动下，睡不安稳。

"V下V下"格式，在句中主要作谓语，后面可以带宾语。如上例（299）。当它带上助词"的"，在句中作谓语时，往往具有描写的意味。

与"V啊V"格式不同，"V下V下"和"一V一V"，不是强调动作的反复，连续不断，而是表示短时动作，一下接一下地反复出现，中间可能会存在短暂停顿。

5.1.12 小结

通过对丹江方言时体的相关语法事实的分析,我们可以得出以下部分结论:

1)丹江方言表达时体的语法形式与语法意义之间不是一对一的关系。它们之间既有多对一的关系,也有一对多关系。多对一的关系指几种性质、手段不同的语法形式都表达同一种语法意义。例如,丹江方言持续体,可以通过附加标记"的[ti⁰]、到[tau⁰]、在[tsɛ⁰]"、准标记"在[tsɛ⁰]、住[tsu⁰]"、语法化形式"在那儿、搁那儿、到那儿、那儿、那下儿"等,动词重叠"VV、VVV、VVVV、V啊V、一V一V、圪V圪V、V下V下、V的V的、V到V到、一VV到"等来表达,还可以通过词汇手段副词"在[tsɛ³¹²]""正在[tsɛ³¹²]""紧[tɕin⁵⁵]"等来表达;反复体是通过加前缀和重叠两种语法手段来表达。一对多的关系是指同样的语法形式表达多种语法语义。例如,语法标记"唠[lau⁰]"既可以表达完成体,也可以表达已然体、将然体;"的[ti⁰]"既可以表达已然体,也可以表达将然体。动词重叠"VV",既可以表达持续体,也可以表达尝试体、短时体;"V一下/下"既可以表达尝试体,也可以表达短时体;"V啊V、一V一V、圪V圪V、V下V下、V的V的"既可以表达持续体,也可以表达反复体。

2)既有专用的语法化的体标记,也有半语法化的准标记,还有表达相关时体意义的各种表达形式。例如,持续体。既有专表某种时体意义的语法手段,也有兼表某种时体意义的语法手段。例如,经历体标记"过"就是专门用来表示经历体,起始体标记"起"和"起来"用来表示起始体,起始体标记"下去"用来表示起始体。而动词重叠形式"一V一V、圪V圪V、V下V下"等,本身表示"动作反复不断地进行",主要用来表达反复体。但从语义上讲,"动作反复不断地进行"就是持续不断,因此,它们还可以用来表示持续体。

3)即使是表达相同语法意义的同一语法形式,或者是表达相同语法意义的不同语法形式之间,由于构形手段不同、语法化来源程度不同、使用的句法环境不同等原因,在功能上、表达的具体语义上仍存在差别。例如,持续体标记"到",跟在状态动词后面,表示状态的持续；也能跟在动态动词后面，表示动作的持续进行，但不能直接出现光杆形式"V+到"。若在前面加上介宾结构"在+处所"、副词"在、正在、还在"，或后面加上尾标记"在"后，句子成立。同样是持续体标记，"的、到"和"在"的语义不完全相同。"在"在其语法化过程中，保留了"现时存在"义，因此，表达的意义比"的、到"丰富，表示动作或状态"正在"持续。

4）表示相同时体意义的表达形式可以配合使用，构成复合式。例如，持续体标记"到""的""在"同时出现，构成"V+到+的（+O）+在"表达式。表达不同时体意义的语法手段也可以配合使用。例如，短时体准标记"下"还可以和持续体标记"到"配合，一起放在单音节动词后面，表示动作或状态持续的时量短。完成体标记"唠"和已然体标记"唠"配合使用，表示动作完成这一事件已经发生。复合式与原式相比，功能、意义可能会发生变化。例如，持续体标记"的、到"一般附加在静态持续动词后面，不能单独出现在动态动词后。但当它和尾标记"在"配合使用构成"V的在、V到在"句式时，不仅静态动词，动态动词（包括具有性状变化的形容词）也可以出现在句子中。同时，"的、到"和"在"共现，还在语义上增加"现时正在"义，表示动作或状态正在持续。

5）表达同一时体意义的各种语法形式，语法化程度各不相同，分处于各自的发展阶段；相同的语法形式，可能分属不同的语法化历程，也可能同处于一个语法化历程的不同发展阶段。例如，表达持续体意义的"到""到那儿""那儿"，同处于一个语法化历程的不同发展阶段，语法化程度不同。同一语法形式"在"，在表达持续体意义上，有处于不同语法化阶段的表现形式："在那儿"中的介词性成分、副词"在[tsɛ^{312}]"、准标记"在[tsɛ^0]"、尾标记"在"等。

6）丹江方言的某些时体意义，例如持续体，与周边方言相比，语法手段和表达形式异常丰富多样。虽然有的频繁自由使用，有的使用起来有一定条件，但都共处在同一方言中，不仅没有互相限定，而且还能相互补充组合构成复合表达式。复合式不仅在句法上比单一形式扩大了使用范围，而且在语义上相比单一形式增加了语义内容。形成这种特点，从外部来讲，是因为丹江口市地处鄂豫交界，西北靠近陕西省，和比较特殊的、与鄂东南关系密切的竹山竹溪也交往频繁，特殊的地理位置使得丹江方言呈现出复杂的、多姿多彩的特点。从内部来讲，各种来源不同的语法形式，由于用法各自存在不同特点，都有其使用发展的空间，还没有哪一个能够涵盖其他形式，在用法上占绝对优势，因此能够相对独立发展，相互之间排斥挤压的影响还不突出。

附表　　　　　　　　　丹江方言的时体形式

时体意义	语法形式
完成体	V + 唠/得 V + 好
持续体	V + 的/到/在 在 + V V + 住 在那儿/搁那儿 V V 到那儿/那儿/那下儿 VV/VVV/VVVV/V 啊 V/一 V 一 V/圪 V 圪 V/V 下 V 下/V 的 V 的/V 到 V 到/一 VV 到/紧 V 紧 V 在/正在/紧 + V
经历体	V + 过
起始体	V + 起/起来
继续体	V + 下去
已然体	V + 唠/的
将然体	V + 唠/的
尝试体	VV V + 一下/下 VP + 看 VV 看 V + 一下/下 + 看
短时体	VV V + 一下/下
反复体	圪 + V 圪 V 圪 V/V 来 V 去/V 啊 V/V 的 V 的/一 V 一 V/V 下 V 下

5.2 丹江方言持续体标记的历史层次

丹江方言中，在时体方面与其他方言相比，最具有独特特点的是持续体表达。对动作或状态持续的表达，不仅手段多样，而且形式繁多，汉语其他方言很少有与之相比的。既有持续体标记"的［ti⁰］""到［tau⁰］""在［tsɛ⁰］"，准持续体标记"在［tsɛ⁰］""住［tsu⁰］"，也有语法化的表达形式"在那儿V""搁那儿V""V到那儿""V那儿""V那下儿"等。既有动词的重叠形式"VV""VVV""V啊V""一V一V""圪V圪V""V下V下""V的V的""V到V到""一VV到"等，也有副词形式"在［tsɛ³¹²］""正在［tsɛ³¹²］""紧［tɕin⁵⁵］"等。这些形态各异的持续体表达方式，构形方式不同，来源不同，语法化的程度也不相同。它们叠置在一个共时平面中，却并不处于同一个历史层面。正像语法化理论指出的，语言是历史的产物，语言的共时状态是历时演变的结果，因此很多共时现象离开历时维度就无法解释。另外，共时语言状态中存在的交替形式和变异现象本质上体现的是正在进行之中的演变，也为语言的历时研究提供了重要线索（吴福祥，2005）。"在历时线索还不明朗的情况下，可以先把精力集中于考察一个词在某一共时平面的各种具体用法，通过共时分析来'构拟'历时演变过程，然后用历史材料来验证和修正。"（沈家煊，1998）通过揭示持续体表达方式之间的关系以及分别所处的不同历史层次，可以清楚地还原丹江方言持续体标记产生发展的历程。

5.2.1 持续体表达形式的句法、语义功能

丹江方言各种持续体表达方式形态各异，句法和语义功能也各不相同。根据上文的描述，具体表现如下表：

动词	加副词"在"	前加"在+处所"	后加"在+处所"	重叠	语义
V+体标记"的"+（O）	状态V，动态V有条件	能	能	能	V的V的	状态持续

续表

	动词	加副词"在"	前加"在+处所"	后加"在+处所"	重叠	语义
V+体标记"到"+(O)	状态V,动态V有条件	能	能	不能	V到V到	状态持续
V+(O)+体标记"在"	动态V,状态V有条件	能	动态V能,状态V加"的、到"	状态V能,动态V不能	不能	动作正在持续
准标记"在"+V	动态V	不能	不能	不能	不能	动作正在持续
V+准标记"住"	部分状态V	能	能	不能	不能	状态持续
在那儿+V	动态V,状态V有条件	不能	不能	不能	不能	动作正在持续
搁那儿+V	动态V,状态V有条件	不能	不能	不能	不能	动作正在持续
V+到那儿	单音状态V	能	能	不能	不能	状态持续
V+那儿	单音状态V	能	能	不能	不能	状态持续
V+那下儿	单音状态V	能	能	不能	不能	状态持续
副词"在、正在"+V	动态V	不能	不能	不能	不能	动作正在持续
副词"紧"+V	动、状态V	能	能	能	紧V紧V	动作、状态持续

5.2.2 语法化机制

汉语各个时期产生的虚词,绝大多数来源于实词的语法化。关于导致实词语法化实现的机制,Hopper & Traugott(1993,2003)认为是"重新分析"(reanalysis)和"类推"(analogy)(吴福祥,2005);Bernd Heine(1991)认为是认知上的"隐喻"(metaphor)和"转喻"(metonymy)(孙朝奋,1994)。解惠全(1987)指出:"实词的虚化,要以意义为依据,以句法地位为途径。也就是说,一个词由实词转化为虚词，一般是由于它经常出现在一些适于表现某种语法关系的位置上，从而引起词义的逐渐虚化，并进而实现句法地位的固定，转化为虚词。"洪波（1998）总结到，汉语实词虚化的机制有两种：一是认知因素，一是句法语义因素。在这两种机制中，句法语义因素是主要机制，汉语大多数的实词虚化都是受句法结构和句法语义的影响而发生的。

确实，正如Traugott（1996，引自吴福祥，2005）所指出，一个词汇成分发生语法化的先决条件，除了"语义相宜"（semantic suitability）外，还有"结构邻近"（constructional contiguity）。只有出现在特定的句法结构中，一个词汇成分与前后其他成分发生句法语义关系，它才有可能因为认知等原因，在"高频使用"（frequency）中进行重新分析，从而演变为语法标记或形态成分。这个过程揭示的语法化斜坡（cline）是：词汇 > 句法 > 形态句法 > 形态音位 > 零形式。

汉语的体是指动作、事件所处的阶段和状态或动作过程中表现出来的情貌，因此，表达体意义的形式也是围绕着核心动词或谓语发生关系。汉语的句子，语序相对固定不变。核心动词或谓语是主干，和它发生直接句法语义关系的句法成分主语和宾语，是表达句子语义的中心所在，一般不会语法化。而与核心动词或谓语发生句法语义关系的连动动词或状语和补语，由于处于附属地位，语义上是对核心动词或谓语的修饰或补充，最容易发生语法化。从这个方面来讲，汉语体意义的表达形式，实现语法化的句法来源都是句子的状语、补语或者连动成分，句法结构格式为：X + V 或 V + Y。其中，X 和 Y 都有可能语法化为体标记。

5.2.3 语法化来源与过程

分析共时平面上的句法分布和语义特征，结合历时的考察，我们可以找出丹江方言丰富的持续体表达方式的语法化来源与发展过程。

5.2.3.1 持续体标记"的"

由于是附加在动词后面，句法结构格式为 V + Y，因此，实现语法化的句法来源可能是句子的补语或连动成分。持续体标记"的"的句法功能都与这一来源相符合。分别如下：

A. V + 的（+ O）

B. 在 + O_1 + V + 的（+ O_2）（+ 在 + O_1）

C. 在 + V + 的（+ O）（+ 在）

D. V_1 + 的（+ O）+ V_2P

丹江方言中，与持续体标记"的"密切相关的是完成体标记"的"和介词"的"。它们在语音、句法、语义上与持续体标记"的"都有许多共通之处。三者都读轻声 [ti⁰]。完成体标记"的"用在"V_1 + 的（+ O）+ V_2P"格式中，表示动作行为的完成。例如：鸡杀的吃唠。介词"的"用在格式 A、C、D 中，表示动作行为的处所。例如：坐的地上；他在躺的床上在；拿的屋的来。由此可以推测，持续体标记"的"、完成体标记"的"和介词"的"很可能有着同一语法化来源。

持续体标记"的"，语法化程度较高，不仅表现在位置固定，语法形式、语法意义相对应，而且语音弱化为轻声。可见其语法化过程不可能是短时期所能完成的，在历史文献中必然留有踪迹。因此上溯清代书面记载，发现有与丹江方言持续体标记"的"，以及相关的完成体标记"的"和介词"的"用法完全一致的用例。

（1）计议已定，恰好罗子富回来，手中拿的一包抵借契据，令翠凤将去收藏。（《海上花列传》）

（2）只见老狄婆子也没梳头，围着被在床上坐的。（《醒世姻缘传》）

（3）闷闷坐的在这船上，岂不是消闲解闷之方？（《醒世姻缘传》）

（4）不多一时，两个锡匠挑的担子来了。（《歧路灯》）

（5）家人重开大门，满相公送的二人出来，自锁门回讫。（《歧路灯》）

（6）我们傻瓜是的，还坐的那儿听呢。（《小额》）

（7）你先把这封信给送的府里去。（《小额》）

例（6）、例（7）介词"的"用法来自江蓝生（1994）。江蓝生（1994）认为，清末北京话介词"的"源自"著"，是"著"的轻读音变。但我们发现，不仅北京话，其他方言作品中，比如用山东方言写成的《醒世姻缘传》也有介词"的"：

（8）我只是不合你过，你齐这里住下船，写休书给我，差人送的我家去就罢了！

此例与江蓝生（1994）所举《小额》例（7）用法完全一致。但本

第 5 章 丹江方言的时体

书中还有另外一例用法相同却写作"得"的。

（9）连那郑医官都搀扶到一所空书房床上睡了，只等得傍晚略略转头，叫人送得家去。

不仅介词"的"，完成体标记"的"、补语标记"得"、能性结构"V 得/不得"等在此时代各种方言作品中，也是既可以写作"的"，又可以写作"得"。例如：

（10）不多一时，又早黄昏时候，差了薛三省娘子送的晚饭，让着狄希陈吃了两个火烧、一碗水饭。（《醒世姻缘传》）

（11）前日揖别仁兄，未及辞得老爷奶奶，歉歉！（《醒世姻缘传》）

（12）狄宾梁封了五钱银子，送的宾相去了，方才递酒行礼，让如卞兄弟上坐。（《醒世姻缘传》）

（13）送得他丈母去了，才又从新大家吃了晚饭。（《醒世姻缘传》）

（14）谁知天气沤热的很，骡疲人汗，大家觉得难耐，急切歇处，还有十里竟不能到。（《歧路灯》）

（15）可惜这堂楼低得很。（《歧路灯》）

（16）绍闻害羞，王中也觉的害羞，彼此都无可言。（《歧路灯》）

（17）不认的。你是那家来的？（《歧路灯》）

（18）未及回答，忽的一个客进门，潜斋认得，孝移却不认得。（《歧路灯》）

联系以上事实，我们推测清代上述用法的完成体标记"的"、介词"的"，其实是"得"在书面文献中的不同写法。并以此推测，持续体标记"的"实质上也是"得"。关于介词"的"可能是"得"的推测，江蓝生（1994）也曾经提到，还上溯到元明时期的文献中找出相关用例。例如：

（19）他家如法做得好炊饼，我要问他买四五十个拿的家去。（《金瓶梅词话》）

（20）头里进门，到是我叫他抱的房里去，恐怕晚了。（《金瓶梅词话》）

（21）请将范太医来看，太医来这里，请的屋里来。（《朴通事谚解》）

（22）跳东瓜，跳西瓜，跳的河里仰不搭。（《朴通事谚解》）

（23）住（往）常时汉儿皇帝手里有两个将军来，杀底这达达剩下

七个，走底山洞里去了。(《元典章·刑部》)

但江蓝生（1994）又根据介词"的"的语法功能是表示"到"或是兼表"到""在"为标准，认为在句中表示"到"，不表示"在"的，是"得"的同词异形。如例（19）~（23）；兼表"到"和"在"的，是"著"的音变形式。例如：

（24）只见赵宣子齐整穿了朝服要出朝去，看天色尚早，端坐的堂上，十分恭敬。(《皇明诏令》)

我们觉得，这个标准不能成立。因为不止"著"，"得"本身也能兼表"到"和"在"。丹江方言是这样，用作"在"很是普遍，例如：坐得床上在/卧得地上/趴得床上看电视。黟县方言介词"得"，也表示动作行为的处所，相当于"在"。例如：蹲得门口吃烟（伍巍，2000）。古代文献也有这样的用例，例如：

（25）朕得舞筵之内，忽占面色忧文。(《敦煌变文·欢喜国王缘》)

（26）常得钓滩滩上住，不能作佛已成仙。(《船子和尚拨棹歌》)

（27）但存得自家在，怎到得被虏劫。(《董西厢》)

（28）陈代巡道："不妨，这一定得我衙门中盗去印甚文书，追得急反将来毁了，再待一两日，他自有。"(《型世言》)

（29）你必欲不叫他出来，俺别的这里守着，俺着一个去禀了大爷来要他。(《醒世姻缘传》)

既然承认例（19）~（23）中"的（底）"是"得"的同词异形，那么为什么不承认例（7）中同样用法、同样形式的"的"是"得"的同词异形呢？

江蓝生（1994）曾提到山西各个方言点持续态助词的不同读音，认为与介词用法音同，"从系统上看，同样来源于动词'著'"的持续态助词，"在共时平面上的语音差异，正好可以说明'着'读作'的'的历时演变过程。"山西方言各点持续体助词的具体用法我们不是很清楚，但我们怀疑这些不同读音的持续态助词是否是同一个词，是否都来源于"著"。毕竟山西方言内部并不一致。江蓝生（1994）对这个怀疑没有作出说明，看得出其得出结论的基础就是认为所有的方言点不同读音的持续态助词是同一个东西。

我们可以肯定的是，丹江方言的持续体标记"的"不是来源于

"著",而是"得"。这是因为:从句法功能上看,丹江方言持续体"的"与近代汉语"得"的相关用法具有功能相似性,与"着"差别较大。表现在:

(一)丹江方言持续体标记"的"的一个句法功能 B"V+的($+O_2$)+在+O_1",决定了"的"不可能来源于"著"。众所周知,持续体标记"著"最早来源于动词"著"的"V+著+处所"结构(蒋绍愚,2001),"著"有介词"在"的意思。唐代以后,"V+著"后面除了跟处所名词外,还可以跟受事宾语。由此,"著"从动词补语变成了持续体标记。但不管是带处所还是受事,"V+著"后都无法再跟上一个表处所的介宾结构"在+处所"。普通话中持续体标记"着"就不能说:*坐着在屋里/*挂着在墙上。(《现代汉语八百词》第646页)而"得"的持续体用法来源于表示"获得"义的动词"得",在"V+得(+O)"格式里,先由"获得"变为动作的完成实现或有了结果,然后大约在唐代进一步虚化为完成体和持续体的标记(蒋绍愚,2001,曹广顺,1995),具体过程见第5.3节。"V+得(+O)"后面还可以加上动作或状态持续的处所,用介词引进。这与"的"的句法功能 B 相一致。例如:

(30)夜间生底,则聚得在那里,不曾耗散,所以养得那良心。(《朱子语类·卷五十九》)

(31)蕴,如"衣敝蕴袍"之"蕴",是包得在里面。(《朱子语类·卷九十四》)

(32)他原只把黄金五两出注的,奴家偶然不带得东西在身畔,以后输了。(《二刻拍案惊奇》)

(33)此是他肉,怎粘得在吾面上?(《二刻拍案惊奇》)

(34)夜正忘在那贼人的床头栏干子上,我一时气起来,只顾走了,不曾систем得在腰里。(《水浒传》)

(35)梁中书的夫人躲得在后花园中,逃得性命,便叫丈夫写表申奏朝廷。(《水浒传》)

(二)丹江方言持续体标记"的"和介词"的"的句法功能 A "V+的(+O)"中,当动词带有宾语时,只能放在"的"标记后,不能放在"的"前,出现"V+O+的"形式。这和持续体"得"的用法一致，与"著"不同。持续体标记"著"由于在"V+著+处所"结构中语法化，动词与"著"之间可以出现动词的宾语（蒋绍愚，2001）。例如：

（36）辄含饭著两颊边。（《世说新语·德行》）

（37）庾文康亡，何杨州临葬云："埋玉树著土中。"（《世说新语·伤逝》）

晋语平遥方言的"的[tiʌʔi]"可能就来源于"著"，持续体保留了"V+O+的"形式。例如：

看风的使船，看人的下材地。

院儿住雀儿的咧。

个人就不掂量块轻重的。（侯精一，1999）

（三）丹江方言持续体标记"的"句法功能 C"V+的（+O）+在"，在文献中也有与此用法相同的"得"的用例。例如：

（38）海水无边，那边只是气蓄得在。（《朱子语类·卷二》）

（39）只是常常省察照管得在，便得，不可用心去把持擒捉他。（《朱子语类·卷二十五》）

（40）林择之云："唐有墓祭，通典载得在。"（《朱子语类·卷九十》）

（41）妙通道："果然是一个，亏你还留得在。"（《二刻拍案惊奇》）

从语义特征上来看，丹江方言持续体"的"主要用在状态动词后，表示状态持续。"得"的持续体用法，也是在动结式中的核心动词是状态动词时产生发展出来的。一个状态动作，一旦其达成实现，就会呈现出一种相对静止的持续状态。所以，最初出现的持续体"得"，都是用在状态动词后，表示静止状态下的状态持续，而不是表明动作行为在进行之中。例如：

（42）江上晚来堪画处，渔人披得一簑归。（郑谷《雪中偶题》）

（43）阿妹抱得弟头，哽咽声嘶，不敢大哭。（《敦煌变文·伍子胥》）

而"着"据蒋绍愚（2001）看来，除了跟在"坐、放"等静态动词后，还可以跟在"占、记、看"等可以表动态的动词后，只要动词是表可持续动作。所以普通话"着"既可以表状态持续，又可以表动作持续进行。

从语音上看，丹江方言持续体"的"读轻声[ti⁰]，与补语标记

"得"、完成体标记"得"等完全一致,与只是保留在"着火、点着、睡着"等几个词中的"着[tsuo⁵³]"不同。当然"着"也有可能轻化为舌头音。据此分析,我们认为,丹江方言持续体标记"的",与元明清文献中相同用法却不同写法的"的、底"等,都来源于唐代产生的持续体标记"得"。

邢向东(2002)指出,陕西神木方言在保留近代汉语体标记"着[tʂəʔ⁴]"的同时,还保留体标记"得[təʔ⁴]"及介词"得"的用法。"得"的表完成体、持续体用法和丹江方言体标记"的"的相关用法几乎完全一致。另外,"得"作介词,表示动作方向、位置,意义相当于"到、在"的用法,与丹江方言介词"的"完全相同。也进一步表明,江蓝生(1994)根据介词"的"的语法功能是表示"到"或是兼表"到""在"为标准,来判断"的"是"得"或是"著"的音变形式并不十分合适。这些加上"得"与"着"共存的现实,有力地证明了丹江方言的"的"与神木方言的"得"一样,都是源于唐代发展于后世的"得",与"着"无关。

5.2.3.2 持续体标记"在"

附加在句子后面,句法格式为 VP + Y,因此,其实现语法化的句法来源应该是句子的补语或连动成分。除了丹江方言外,湖北武汉、英山(汪国胜,1999)、蒲圻(今赤壁)、安徽合肥、巢县、湖南辰溪方言,以及闽南话(黄伯荣,1996)中都有分布。

关于句尾体标记"在"的来源,学界有两种不同的看法。一种认为是直接由位于句尾的动词"在"虚化而来,以俞光中(1986)为代表;一种认为是由表处所的介宾结构"在里"虚化缩略而来,以吕叔湘(1984)为代表,分歧的关键就在于对"在里"结构以及它与"在"的关系的认识。俞光中(1986)指出,表持续的"在、在里"分别是由与它们"始终同时并进"的"实类"虚化而来,二者之间存在替代式的发展关系。这种说法可称为"增益"说。吕叔湘(1941)认为,"在裏一词由处所副词变而为纯语助词","此一语助词,当以在裏为最完具之形式,唐人多单言在,以在概裏;宋人多单言裏,以裏概在。"表持续的"在里"先由表处所的介宾结构虚化而来,后简略为"在",二者是一前一后演变式的发展关系。这种说法可称为"缩略"说。

汪国胜（1999）考察湖北方言的"在、在里"用法时，联系其他方言表现，指出把体标记"在"看成是由虚化的"在（这/那）里"脱变而来，似乎更容易理解一些。丹江方言"在"及相关用法，为这个问题的认识也提供了更多一种材料和途径。

表示体意义的"在"在丹江方言中有两个，一个位于动词前，一个位于句尾。虽然位置不同，两个"在"却都表示持续，那么，它们的语法化来源和过程是相同的吗？我们先来看看发生语法化时间较晚，尚处于语法化进程中的动词前"在"。

丹江方言动词前的"在"有轻读、不轻读两种。读为原调的"在 [tsɛ³¹²]"，语义较实，表示发生某事的当时时间；读为轻声的"在 [tsɛ⁰]"，语义较虚，表示某时正在发生某事。前者是时间副词，后者应该是已经语法化的准持续体标记。例如：

我在 [tsɛ³¹²] 写作业，没在 [tsɛ³¹²] 玩。

我在 [tsɛ⁰] 吃饭，他在 [tsɛ⁰] 玩。

时间副词"在 [tsɛ³¹²]"表示时间，在时间轴上体现为事件发生时间与参照时间存在重合。参照时间可以是时点，也可以是时段。整个小句的语义重点落在"在"上。准持续体标记"在 [tsɛ⁰]"表示动作的阶段或状态，在时间轴上体现为，在参照时间动作一直持续进行。语义重点落在"在"后的核心动词上。很明显，准持续体标记"在"从语音、语义和句法结构上讲，来源于副词"在"，是副词"在"的进一步虚化；但由于它还没有完全摆脱副词的性质，还具有一些时间意义，且与核心动词的关系没有固化，中间可以加上其他成分，例如，可以加"一个人"等，因此，还没有完全语法化为纯标记。

然而，表示时间义的副词"在"是怎样产生的呢？丹江方言中存在的一个具有相同句法语义功能的虚化形式"在那儿"，为这个问题的解决提供了线索。"在那儿"在丹江方言中具有一实一虚两种不同用法。实义用法的"在那儿"是一个表处所的介宾结构，"那儿"指代某个处所，语音上读为原调 [tsɛ³¹² lər³¹³]（连读时"在"读为 [tsɛ³¹]）；虚化用法的"在那儿"是一个读为轻声 [tsɛ⁰ lər⁰] 的凝固格式，用在动词前面，表示动作正在进行。例如：他还在那儿玩。此句书面上存在歧义，在具体情境中却表意明确。若"在那儿"读原调，表明他还在某个双方共知的地方玩；读轻声，则表明某个参照时间他还正在玩。可以看出，轻声的"在那儿"是用在动词前表示动作发生处所的介宾结构语法化的结果。在某地进行某个动作，就意味着处于某地和进行动作时间上具有同时性。当动作的具体处所为交际双方所共知或语境已经指明，代词"那儿"表意变得不再重要时，介宾结构"在那儿"就不再表示正在进行动作的处所，而转指动作进行的时间，表示进行动作与某个时间具有同时性。这种从空间概念到时间概念的转化，普遍存在于人类语言之中。既然已经表示时间概念，指代处所的"那儿"无疑是多余的，随着使用频率的增加，动词前"在那儿"就逐渐缩略为"在"，副词"在"由此产生。整个过程不仅发生在丹江方言中，湖北英山方言也是如此。英山方言中既用"在+V（+O）"结构表示动作进行，例如：他在割油菜；也用"在这（那）里+V（+O）"结构表示动作进行，例如：他在那里洗手。两种结构之间可以互换。其中，"在这（那）里"也经历了一个由实到虚的演化过程，存在实指和虚指共存并用的局面。动词前虚化的介宾结构表示体意义，在湖北省境内属于西南官话和江淮官话的某些方言，以及吴语的好些方言也有分布（见汪国胜，1999）。

另外，我们还能在近现代汉语文献中找到证据。明初的《水浒传》在一个共时层面较完整地保存了这一历时过程。在《水浒传》中，既有用作实义的表处所介宾结构"在这（那）里"的用法。例如：

（44）小人祖居在这里，都只靠赌博讨钱为生。（第六回）

（45）苦也！这里是甚么去处，你们却在这里歇凉！起来快走！（第十五回）

（46）武松那日早饭罢，行出寨里来闲走，只见一般的囚徒都在那里，担水的，劈柴的，做杂工的，却在晴日头里晒着。（第二十七回）

（47）柴进道："是山东济州管下一个水乡，地名梁山泊，方圆八百余里，中间是宛子城，蓼儿洼。如今有三个好汉在那里扎寨。"（第十回）

也有用作表示动作正在进行的虚化结构"在这（那）里"的用法。例如：

（48）转湾来到庄前，那条阔板桥上坐着四五个庄客，都在那里乘

凉。(第八回)

(49) 正在这里走头没路的,只见押司打从这里过,以此老身与这阎婆赶来。(第十九回)

(50) 宋江道:"小可寻思有三个安身之处:……那三处在这里踌躇未定,不知投何处去好。"(第二十一回)

(51) 正乘凉哩,只见一个人探头探脑在那里张望。(第一回)

(52) 听得那响处却是打铁的在那里打铁。(第三回)

(53) 八个头领不见宋江,柴进,戴宗,正在那里心慌。(第七十二回)

例(48)正处于语法化的中间状态,上下文还可以找到明确的处所"阔板桥上",但动作时间义已经很明确;其他各例就看不出指代的处所是什么了。也有用作表示动作正在进行的时间副词"在"的用法。例如:

(54) 宋江正在观看山景,忽见李逵上前用手指道:"哥哥,此山光景,与前日梦中无异。"(第九十四回)

(55) 宋江正在整点兵马,商议进征,见戴宗回来,忙问奏闻消息。(第九十七回)

(56) 大王与段娘娘正在打得热闹哩!(第一百零七回)

除了《水浒传》外,其他文献中也有相关用法。例如:

(57) 恰值栾宝儿送客,在门首见了吕达,道:"我在这里想你,你来了么?"(《型世言》)

(58) 正在那里大战,只见山两边一声炮响,又杀出两队人马。(《型世言》)

(59) 到王世名家,只见母子正在痛哭,见了王道一干,正待告诉。(《型世言》)

(60) 记便记得是这等言语,只是一半儿不得分明,正在这里狐疑,怎知今日你又来说这话,又将宝贝拿出。(《西游记》)

(61) 师父道:"悟空,你来了,悟能怎不见回?"行者笑道:"他在那里编谎哩,就待来也。"(《西游记》)

(62) 山中有一个黑风洞,洞中有一个妖精,正在睡醒翻身。(《西游记》)

（63）正在那里七张八嘴，东扯西拽，惊动了房内的高知县，开私宅出来，问甚缘由。（明话本《苏知县罗衫再合》）

（64）三巧见丈夫一夜不回，心里正在疑虑，闻说爹娘有病，却认真了，如何不慌。（明话本《蒋兴哥重会珍珠衫》）

这表明明代动词前虚化的"在这（那）里"用法相当成熟，且已经进一步发展出副词"在"。根据俞光中（1986）考察，此时句末表状态持续的虚化的"在这（那）里"正是用法普遍，语法化来源也是表实义的处所介宾结构"在这（那）里"。这说明动词前和句末虚化的"在这（那）里"虽然位置不同，走的却是相同的语法化道路。但是，我们在元代的文献中却没有发现动词前虚化的"在这（那）里"用法，在明代的某些作品中也很难见到。这并不是说虚化的"在这（那）里"在明代凭空产生，俞光中（1986）对几部元明作品中句尾"在这（那）里"统计后发现，句末表状态持续的"在这（那）里"并不是元明时期所有白话书面语共有的，而是反映了某一区域的方言事实。这个结论应该是正确的，也适用于动词前虚化的"在这（那）里"。

动词结构前后虚化的"在这（那）里"，都是相应位置的介宾结构语法化的结果，可它们的语义看起来却并不相同。动词结构前虚化的"在这（那）里"表示动作正在进行，动词短语后虚化的"在这（那）里"表示状态的持续。其实二者语义的差别，只是因为所处位置影响，与不同动词的关系不同所致。根据俞光中（1986）的观点，后跟虚化的"在这（那）里"的动词是"居、住、立、竖、留"等，这类动词一旦发生后就会形成一种持续的状态。当它们带上具有实指意义的介宾结构"在这（那）里"时，表示某种状态通过动作持续于某一处所中；当"这（那）里"不再指具体的处所时，"VP + 在这（那）里"就转为强调动作后状态的持续。我们依此分析前加虚化的"在这（那）里"的情况发现，前加虚化的"在这（那）里"的动词都是"打、想、战、说、吃、踌躇、张望"等，这类动词有较强的动作性。当它们前面加上具有实指意义的介宾结构"在这（那）里"时，表示某一动作在某一处所中持续进行；当"这（那）里"不再指具体的处所时，"在这（那）里 + VP"就转为强调动作正在持续进行。

表示动作持续进行的前加的虚化"在这（那）里"，缩略为表示相同意义的副词"在",一直保留到现代汉语中。那么表示状态持续的后加的虚化"在这(那)里",是不是演变出现代汉语方言中句尾的"在"呢?对比一下丹江方言句尾"在"的用法,发现情况并不如此,丹江方言句尾"在"是表示动作正在持续进行。这样看来,丹江方言句尾"在"与副词"在"不同,它另有其源,并不是元明以来动词短语前后处所介宾结构"在这(那)里"语法化的结果。

句尾"在"与副词"在"表示的语义相同,都是表示动作正在持续进行。这样似乎有两种假设,一种是句尾"在"是副词"在"的后移,一种是句尾"在"和副词"在"走的是相同的语法化道路。前一种假设显然不对,因为从历史上看,句尾"在"比副词"在"产生的历史要早。那么如果后一种假设是对的,我们就可以根据副词"在"的演变发展过程,找出句尾"在"的语法化来源。

根据上文分析,虚化的"在这(那)里"由于位置不同,可以表示动作持续进行和状态持续等意义,但这些意义并不是它自身具有的,而是隐含在动词加处所构成的结构式(construction)中。表处所的"在这(那)里",只有与动词结合,构成语法结构式"在这(那)里+VP"或"VP+在这(那)里",它才有可能在特定的句法语义关系中重新分析为表时间的虚化结构。也就是说,不同动作与相关处所之间的关系本身蕴含了这种动作的时体意义。例如,"在家里吃饭","在家里"指明动态动作进行的处所,位于"家里"与"吃饭"在时间上具有同时性,表示在某个时间在家里正在进行"吃饭"这一动作行为;"坐在家里""在家里"指明静态动作滞留的处所,位于"家里"与"坐"在时间上具有同时性,表示在某个时间在家里正在持续"坐"这一状态。动作正在进行或状态正在持续意义一直隐含在动作与处所之间的关系之中,只不过不是结构表达的主要语义。一旦某种条件改变,像用"这(那)里"指代语境中已经出现的处所,使处所在结构中的语义变得不再重要时,这种隐含在内层的意义就凸显出来。Bernd Heine (1991)指出,一些认知结构("原始命题句" source propositions)可以隐喻来表示抽象的语法概念。例如,地点命题句就常在许多语言里语法化成表动词貌或语态。在荷兰语里"X is at/in/on Y"就已经被重新分析为表持续貌(转引自孙朝奋,1994)。

Ik ben aan het gaan　1st be at the going

"我正在去"

俞光中（1986）就曾经提到"VP+在这（那）里"结构隐含着持续义，并进一步指出不仅"VP+在这（那）里"结构有这种隐含的持续义，动词结构加"在此、在彼、在里头、在里面、在上面、在内"等都能表示这种持续义。也就是说不管具体处所是什么，动词加处所结构框架隐含了持续义。其实，"在这（那）里+VP"结构也是如此，我们也可以在文献中找到"在此、在彼、在里头、在里面、在上面、在内"加动词结构表示动作持续进行的例子。例如：

(65) 小二道："金公，鲁提辖在此寻你。"（《水浒传》第二回）

(66) 把这妇人和老子引到水陆堂上，已自先安排下香花灯烛之类，有十数个僧人在彼看经。（《水浒传》第四十四回）

(67) 到那厅里，只见那老军在里面向火。（《水浒传》第九回）

(68) 秦明纵马上来看时，见山顶上点着十余个火把，照见花荣陪着宋江在上面饮酒。（《水浒传》第三十三回）

丹江方言里也有证据。与"在那儿"用法相同，动词前虚化结构"搁那儿"也表动作持续进行，动词后虚化结构"到那儿"也表状态持续，"搁那儿、到那儿"都是由相应位置的介宾结构虚化而来。这进一步证明，不管是介词"在"也好，还是介词"搁、到"，由它们构成的介词结构与相关动词组合，框架中都隐含有时体意义，并有可能在适当条件下与"在那儿"走相同的语法化道路，进一步语法化为体标记，例如，体标记"到"。

明确了虚化的"在这（那）里"所表示的持续体意义来源于动词和处所成分组合构成的结构框架义，我们可以根据承继了动词前虚化的"在这（那）里"句法语义功能的副词"在"的产生，来判断动词结构后的体标记"在"的来源，极有可能是吕叔湘（1984）提出的介宾结构"在里"的缩略，而不是俞光中（1986）提出的表存在的动词"在"的虚化。尽管吕说因为文献中缺乏大量的早于"在"的"在里"例而遭到怀疑，但是我们认为"在"具有的持续体意义来源于介宾结构"在里"与动词结构的关系，比来源于表存在的动词本身更有理论依据，而且有事实证明。俞光中（1986）提出句尾"在"来源于表存在的动词,是因为他认为"在"是表示状态的持续;其实事实并不是如此,"在"不仅表示状态的持续,而且还可以表示动作的持续进行。例如:

(69) 村公:"如许多时,又觅在。"(《祖堂集》)

(70) 须知杀中有活擒纵人天,活中有杀权衡佛祖,直饶说得杀活偶觉分明,山僧问尔:觅剑在?(《圆悟佛果禅师语录》)

(71) 云门云:"且道:是牛外纳?牛内纳?直饶说得纳处分明,我更问尔:觅牛在?"(《密庵和尚语录》)(以上两例引自曹广顺1995)

(72) 祖曰:"大德正闹在,且去,别时来。"(《五灯会元》)

虽然用例很少,但是却与现代汉语方言中的用法保持一致,而且比较符合当时的历史现状。根据张赪(2002)的观点,由"在"构成的处所介宾结构在魏晋南北朝时期的佛经类文献和非佛经类文献中用例都相当多,并根据语义开始从动词结构后面向前面发生语序变化。引进动作发生的场所、动作的起点的介宾结构一般位于动词结构前,引进动作的归结点的只能位于中心成分后,引进滞留的场所的位于前后均可。唐五代是前移继续进行并大致结束的时期,处所介宾结构位于动词结构前已占优势。这就是说,至少在唐五代,动词结构后面的"在+处所"结构还有可能是表示动作发生的场所、动作的归结点或滞留的场所。也就是说,当中心动词是动作性较强的动态动词时,后面可以跟上动作发生的处所,构成"VP+在+处所"结构。例如:(引自张赪,2002)

(73) 帝观战在楼。(《洛阳伽蓝记》)

(74) 当见一鼠作窟在社树之下。(《敦煌变文集》)

(75) 受业在什么处?(《祖堂集》)

当中心动词是静态动词或完成后可转化为静态状态的动态动词时,后面可以跟上动作的归结点或滞留的场所,构成"VP+在+处所"结构。例如:

(76) 作六牙象负释迦在虚空中。(《洛阳伽蓝记》)

(77) 汝今未得清雪,所以留在黄沙。(《敦煌变文集》)

(78) 招庆落在什么处?(《祖堂集》)

上面我们已经证明了,动词与处所构成的结构关系隐含有持续义。根据VP性质的不同,以及与"在+处所"的语义关系不同,"VP+

"在＋处所"结构式在表示动作在某一处所进行时，隐含有"动作持续"意义；在表示某种状态通过动作持续于某一处所中时，隐含有"状态持续"意义。当处所是"里"，这种结构意义自然也会隐含在"VP＋在里"中。若"里"表示的处所已被语境指明时，处所意义在结构中变得不再重要，"VP＋在里"隐含的持续义就显现出来，附加在虚化的"在里"上。这种持续义随着虚化的"在里"缩略为"在"或"里"，转移到"在"或"里"身上，使动词结构后的语法化形式"在"或"里"成为句尾持续体标记。因此，文献中的句尾"在"既可以表示状态持续，又可以表示动作持续进行，并一直保留到现代汉语方言中。例如：表示状态持续的句尾体标记"在"，保留在闽南话中，如"我企在""你坐在"（黄伯荣，1996）；表示动作持续进行的句尾体标记"在"，保留在湖北丹江、武汉、英山（汪国胜，1999）、安徽合肥、霍邱、江西丰城（罗自群，1999）等方言中。句尾体标记"里"（后写作"哩""呢"）也是如此。文献中既有表示状态持续的用例，例如：

（79）颖云："此项待别有咨闻，这里别有照证里。"（《乙卯入国奏请（并别录）》）

（80）若说道我只是定，更无所为，然物之好恶，亦自在里。（《河南程氏遗书》）

（81）（等长老问了。）（正末云：）待插简哩。（《新校元刊杂剧三十种》）

又有表示动作持续进行的用例，例如：

（82）他儿婿还说道里。（《维摩诘经变文》）

（83）再说鲁智深正吃酒哩。（《水浒传》）

（84）真君把大圣围绕中间，纷纷赌斗呢。（《西游记》）

太田辰夫（1958）称为"叙实的功能"。"里"的变体"呢"至今保存在现代汉语普通话中，用在叙述句的末尾，表示持续的状态（《现代汉语八百词》）。英山方言既保留"在"，同时也有"里"的变体"咧"。例如：我洗碗咧，你等下儿着（汪国胜，1999）。其他如山西新绛、朔城、陕西商县、湖南湘乡（黄伯荣，1996）、河南南阳（王晓红，2003）、郑州、洛阳、湖北宜昌、甘肃兰州（罗自群，1999）等都有"哩"分布。

由于位于句尾，虚化的"在里"以及其缩略形式"在""里"带上句子语气，并最终语法化为语气词，主要用法是表示肯定，是"申言之词，以祛疑树信"（吕叔湘，1984）。丹江方言也有这种句尾语气词"在"。例如：埋慌在！

虽然，在文献中没有找到动词结构后"在里"从介宾结构虚化为体标记的用例，但我们认为这可能是语体原因。从句尾体标记"在"在唐五代用法已经相当成熟的事实，我们可以推测它的产生要更早一些；而且，从出现的文献看，多是口语为基础的作品。吕叔湘1983指出，尽管从汉魏到隋唐都有夹杂一些口语成分的文字，但是用当时的口语做基础，而或多或少地掺杂些文言成分的作品直到晚唐五代才开始出现（刘坚，1995：禅宗语录和敦煌俗文学作品序）。因此，唐五代前没有发现动词结构后"在里"从介宾结构虚化为体标记的用例，可能是因为这种变化发生在口语中，并没有被当时的非口语文献所记录下来。

5.2.4 语法化程度与历史层次

体标记"的（得）""在"的产生，反映了汉语持续体标记两种不同的语法化途径。一种以"的（得）"为代表，语法化来源是中心动词的动词性补语，持续体意义产生于中心动词与其补语构成的"V＋Y＋(O)"结构关系。除"的（得）"之外，持续体标记"着、住、起"等的产生也是如此。其语法化路径可以概括为：

实义动词→动词补语→持续体标记

一种以"在"为代表，语法化来源是中心动词的处所状语或补语，持续体意义产生于中心动词与其处所状语或补语构成的"X＋VP"或"VP＋Y"结构关系。除"在"之外，丹江方言持续体标记"到"也是如此。其语法化路径可以概括为：

实义动词→介词→持续体标记

这两种路径中的不同表现形式的语法化程度高低不同，可以排列成一个语法化等级：

词汇形式（＞副词）＞介词＞词缀/形尾＞零形式（沈家煊，1994）

对照丹江方言持续体的不同用法，根据语法化路径和等级，我们可以分析出各种表达形式的语法化程度和历史层次。

体标记"的（得）、在、到"，语法化程度最高，准标记"在、住"、虚化的"那儿、那下儿"次之，副词"在"次之，虚化的"在那儿、搁那儿、到那儿"语法化程度最低。

体标记"在"产生时间最早，积淀在历史层次的最深处，可以与后起的其他各种表达形式组合构成复合表达式。例如："坐（到）的在""在玩在""在那儿玩在""坐到那儿在"。体标记"的（得）"产生时间比"在"稍晚，属于第二层次。也可以和后起的相同用法构成复合表达式。例如："坐到的""张住的"。体标记"到"、准标记"在、住"产生较晚，尚处于发展变化过程之中，还没有完全完成语法化；方言中还同时存在着体标记"到"语法化进程中的虚化形式"到那儿、那儿（下）"；准标记"在"还处于虚化形式"在那儿"→副词"在"→标记"在"的语法化进程中；准标记"住"还保留有趋向补语的语义和功能。它们分别处于持续体历史发展的较表面层次。

5.3 丹江方言轻声 [ti⁰] 的时体意义

先看下面例子：

(1) 我在这儿看 [ti⁰]。

这是丹江方言中一句很常见的话，句中带有一个轻声音节"[ti⁰]"。但是这句话在具体的语境中却含有不同意义，分别表示：

a) 我是在这儿看的，不是在别处；

b) 我在这儿看过了；

c) 我将在这儿看；

d) 我正在这儿看着。

从这个具有歧义的例子可以看出，丹江方言中，轻声音节"[ti⁰]"可以用在动词或句子后面，表达多种时体意义，用法颇为复杂。下面从语形、语义、语用等方面讨论具有时体意义的轻声"[ti⁰]"，并说明其语法化来源。

为了行文方便，用在句中句尾的轻声"[ti⁰]"不同用法分别用的$_1$、的$_2$、的$_3$、的$_4$来表示。

5.3.1 的₁

轻声"[ti⁰]"的₁用在小句末尾，表示已然，肯定事件已经发生，有成句的作用。例如：

(2) 他啥时候去的₁？

(3) 我将（刚）吃饭的₁。

(4) 我在这儿看电影的₁。

5.3.1.1 现代汉语普通话中的₁的用法

对于的₁的性质，《现代汉语八百词》认为用在句子末尾的"的"既有加强肯定语气的用法，也有表示已然的用法。宋玉柱（1981b）认为它是表过去时的"时间助词"。邢福义（2002）认为是"准时态助词"，表示行为在过去发生，已经成为事实。太田辰夫（1958，2003年译版）却认为句末只有一种"的"，是出现于句末的接续助词，来源于"的"字结构构成的判断句"是……的"的省略形式，完全否认的₁具有的已然体意义。

其实，《现代汉语八百词》举例所用的插入测试法，很好地证明了的₁具有的已然体意义。丹江方言也是如此。

我骑车去。（未去）/我骑车去的₁。（已去过）

他什么时候走？（未走）/他什么时候走的₁？（已走）

我们由二环路进城。（未进城）/我们由二环路进城的₁。（已进城）

他啥时候去？（未去）/他啥时候去的₁？（已去）

我将（刚）吃饭。（正吃、未吃歧义）/我将（刚）吃饭的₁。（已吃）

我在这儿看电影。（未看、习惯）/我在这儿看电影的₁。（已看）

另外，丹江方言中的₁表已然的用法，还可以用提问法测试：

——你吃唠饭没？——我刚吃的₁。

——你昨晚上都在这儿搞啥子唠？——我在这儿看电影的₁。

——他啥时候去的₁？——昨儿的（昨天）。或者：——他还没去。

——你将（刚）吃饭的₁？——嗯，将（刚）吃过。或者：——哪儿呀，还没吃。

——你在这儿看电影的₁？——是的，看唠。或者：——没看呀。

否定测试：

他昨儿的去的₁。/他昨儿的没去。

我将（刚）吃饭的₁。/我还没有吃饭。

我在这儿看电影的₁。/我在这儿没看过电影。

用插入测试可以看出，的₁的有无完全影响了事件的发生与否；提问测试中，对有的₁的疑问，肯定回答出现"过""唠（了）"等表示已然完成的时体标记；否定回答和下面的否定测试都是用"没"或"没有"加以否定，而"没"或"没有"属于已然否定词，否定的就是事件或动作的已经发生（《现代汉语八百词》第383页）。

与普通话相同，丹江方言中句子末尾的"的"除了表已然的句末体助词用法之外，也有加强肯定语气的语气词用法。例如：

（5）他一定会来的。

（6）天还怪早的。

（7）我也怪注意锻炼身体的。

这种句末的"的"，用与不用对句子的语义影响不大。加在句尾后，作用在于加强肯定的语气，因此，多用于肯定陈述句。而出现在相同位置的同形式的₁，因为具有已然体意义，所以绝对不是可有可无的附加成分，没有它，整个句子的时体意义会发生变化（例见插入测试）；而且的₁还具有成句的作用。有些句子，一旦删除的₁就不成立。例如："他昨儿的进城的₁"不能去掉的₁为"他昨儿的进城"。另外，的₁可用于各种语气类型的句子，不仅限于肯定陈述句。例如可以用于疑问句：他昨儿的进城的₁？后面同时可以带上句末疑问语气词"吧"等：他昨儿的进城的₁吧？

5.3.1.2 的₁的句法特点

句法上，的₁一般配置在动词性小句句尾，但有时也可以出现在形容词性小句后。此时，小句谓语通常都是"冷、亮、软、红"等单音节形容词，以及极个别双音形容词如"暖和"等。例如：

（8）天今天才冷的₁。

（9）我等苹果明儿的红的₁后，再来吃。

这些形容词其实已经具有了动词性，表示一种发展变化义，语义上都可以在前面加上"变"。

另外，的₁对小句中出现的其他成分在配置上有限制。既然的₁表示已然，因此排斥小句中配置在状位的表示正在进行的"在、正在、正"和表示将然的"要、快要、将要、斗要、马上、准备"等情态成分，可以与"才、将（刚）、将将儿（刚才）"等情态词语共现。也就是说，表达句子情态意义的词汇手段，总是要与的₁表达相关意义的语法手段相适应、相协调。同时，小句中其他表示时体意义的语法手段，也必须与的₁相适应、相协调。的₁排斥表示持续的句尾体助词"在"、动词后体助词"到"等，可以与动词后表示完成的"唠"以及表示经历的"过"共现。例如：

＊我将（刚）吃饭的₁在。

＊我将（刚）吃到饭的₁。

我将（刚）吃唠饭的₁。

他在这儿看过电影的₁。

丹江方言中，的₁还可以跟在句尾体助词"唠"的后面，构成"唠的₁"连用形式。例如：

（10）我吃饭唠的₁。

（11）我在这儿看电影唠的₁。

（12）他昨儿的进城唠的₁。

这种"唠的"连用，语义重点落在后一个体助词上，肯定在说话人认定的时间，事件已经发生并且完成。例（10）若没有的₁，"我吃饭唠"，表示我现在正处于吃饭这一新情况的起始阶段；加的₁后，表示吃饭这一事件早已经发生了。例（12）没有的₁，表示昨天出现了新情况"他进城"，但不考虑这个情况是否已经结束；加的₁后，强调在昨天"他进城"并且已经回来了。

由于的₁表示已然，因此无法和表示将要出现变化的句尾体助词"唠"连用。也就是说，表示将要出现变化的"唠"后，不能加的₁。例如："天要冷唠，你注意身体。"就不能说成"天要冷唠的₁，你注意身体。"

从的₁所处句式来看，可以是陈述句、疑问句、感叹句等。因此，的₁的后面还可以出现各种表情态的语气词"吧、吗、哪、呀"等。比如可以说："他啥时候去的₁哪？""你将（刚）吃饭的₁吧？"

5.3.1.3 的₁的语义特点

语义上，的₁表示的已然体意义，有两种不同情况。①表示事件的已经发生，肯定事态出现了变化。例（2）："他啥时候去的₁？"时间上指向过去，是以说话人认定的时间（无时间标记的情况下总是指说话的时间）为参照，表示"去"在认定时间之前的"啥时候"已经发生了，至于事件的完成与否则不考虑。例如：回答"他啥时候去的₁？"可以是"昨天，今天将（刚）回。"也可以是"将（刚）走，可能还没到。"；②表示事件的已经发生并完成。例（3）："我将（刚）吃饭的₁。"表明"吃饭"在过去已经发生并在说话人认定的时间之前已经完成。参照时间都没有限制，可以是过去、现在、将来的任一时间。

可以看出，的₁与用于句末的体助词"了₂"用法上有区别。丹江方言中，也有相当于普通话"了₂"的"唠"，肯定事态出现了变化，或将出现变化。例如：

（13）我吃罢饭唠。

（14）天明天要冷唠，你注意身体。

"唠"表已然，侧重于现在，表示在说话人认定的时间事态已经出现了变化，或将要出现变化。的₁和"唠"之间最大的不同，在于事件在时间轴上的指向不同。的₁指向过去，强调在某个时间点之前事件已经发生；"唠"指向现在，肯定在某个时间点事态出现了新变化，或将出现变化。因此，发生在某一时段里的事件，不能用"唠"，却可以用的₁表示已然。例如："我三个月之前看这个电影的₁。"有了时段"三个月之前"，句尾就不可能再出现"唠"。

5.3.2 的₂

轻声"[ti⁰]"的₂用在句子末尾，表示将然，肯定事件将要开始发生，有成句的作用。例如：

（15）他看电影的₂。

（16）我吃饭的₂。

（17）天马上斗要冷的₂。

轻声"[ti⁰]"这种表将然的意义，现代汉语普通话里没有，丹江方言中却极普遍。我们可以用插入法进行测试：

他看电影。(习惯)/他看电影的$_2$。(将然)

我吃饭。(习惯)/我吃饭的$_2$。(将然)

*天马上斗要冷。(不成句)/天马上斗要冷的$_2$。(将然)

天冷（描写）。/天冷的$_2$。(将然)

我们还可以通过插入变项的方法进行测试，带的$_2$的句子都能在谓语前加上"要、快要、将要、斗要"等表将然的时间副词、"马上、准备"等情态词语。例如：

他（要、快要、将要、斗要、马上、准备）看电影的$_2$。

我（要、快要、将要、斗要、马上、准备）吃饭的$_2$。

天（要、快要、将要、斗要、马上、准备）冷的$_2$。

另外，丹江方言中的$_2$表将然的用法，还可以用提问法测试：

——他看不看电影？——他看电影。

——他（要、快要、将要、斗要、马上、准备）搞啥子？——他看电影的$_2$。

——你还在搞啥子？——（要、快要、将要、斗要、马上、准备）走的$_2$。

否定测试：

他看电影的$_2$。/他不看电影。

我吃饭的$_2$。/我不吃饭。

天马上斗要冷的$_2$。/天马上不会冷。

通过测试可知，的$_2$并不是可有可无的句子附加成分，加不加的$_2$直接影响句子时体的表达。的$_2$多与表将然的时间情态词语共现。对的$_2$的否定与的$_1$不同，用的是用于未然体的否定词"不"。丹江方言也有只用词汇手段表将然，在谓语前加表将然意义词语的用法，但除了特殊情况外，后面总是跟有后续小句，本身并不能单独出现。句尾加的$_2$后，句子自由，可跟或不跟后续小句。例如：

*他斗要走。

他斗要走，你赶快撵上。

他斗要走的$_2$（，你赶快撵上）。

*天马上斗要冷。

天马上斗要冷，你可要注意身体。

天马上斗要冷的₂。(，你可要注意身体)。

5.3.2.1 的₂的句法特点

在句法上，的₂一般配置在动词性小句句尾，有时也可以出现在形容词性小句后。根据谓语的性质不同，的₂表示将然，有两种不同的语义内容：①表示动作行为即将发生，如例（15）、例（16），谓语通常都是表示动作行为或发展变化的动词性词语或结构；②表示事物即将开始进入或达到某种状态，如例（17），谓语通常都是"冷、亮、软、红"等单音节形容词，只有极个别双音形容词如"暖和"，其他多音节及各种形式的形容词结构都无法在后面出现的₂。例如：

天冷的₂。

*天冰冷的₂。

*天冷嗖嗖的₂。

其中，"天冷嗖嗖的"丹江方言可以说，但句中的"的"是"形容词性语法单位的后附成分"（朱德熙，2001），整个形容词性结构是对主语的描述。有时形容词性结构前还可以加"要、快要、将要、斗要、马上"等修饰，此时整个形容词性结构实际具有发展变化义，后面可以跟体助词"唠"。例如："天马上斗要冷嗖嗖的（唠）。"

的₂对小句中出现的其他成分在配置关系上，排斥在状位的表示正在进行的"在、正在、正"和表示已然的"才、将（刚）、将将儿（刚才）"等情态成分，可以与表示将然的"要、快要、将要、斗要、马上、准备"等时间情态词语共现。排斥表示持续的句尾体助词"在"、动词后体助词"到"、表示完成的动词后体助词"唠"、表示经历的动词后体助词"过"等。例如：

*我吃饭的₂在。

*我吃到饭的₂。

*我吃唠饭的₂。

*我吃过饭的₂。

丹江方言中，的₂可以与句尾体助词"唠"共现。放在句尾体助词"唠"的前面，构成"的₂唠"连用形式。例如：

（18）我吃饭的₂唠。

（19）天马上斗要冷的₂唠。

"的₂唠"连用,语义重点自然落在后一个体助词上,肯定在说话人认定的时间,事件将要发生这个新情况就要开始出现。语义结合层次是"吃饭的₂"+"唠"。例(18)若没有"唠","我吃饭的₂",表示我现在正处于将要吃饭的将然状态;加"唠"后,表示将要吃饭这一新情况就要开始出现。

与的₁一样,的₂所处的句式,可以是陈述句、疑问句、感叹句等。的₂的后面还可以出现各种表情态的语气词"吧、吗、奈、呀"等。比如可以说:"他啥时候去的₂奈?""你们吃饭的₂吧?"

5.3.2.2 的₂的语义特点

语义上,的₂表示的将然意义,时间上指向将来,是以说话人认定的时间(无时间标记的情况下总是指说话的时间)为参照,表示事件在认定时间之后即将开始发生。参照时间没有限制,可以是过去、现在、将来的任一时间。例如:"他吃完饭看电影的₂。"没有的₂,陈述他"看电影"的时间发生在"吃完饭"之后;加了的₂,表示他在"吃完饭"之后,将要开始发生"看电影"这一事件,事件的将然以将来时间"吃完饭"为参照。"他昨晚上七点钟看电影的₂,我来找他。"没有的₂,句子不成立;加的₂后,表示他在过去时间"昨晚上七点钟"之后,将要开始发生"看电影"这一事件,事件的将然以过去时间为参照。例(15)"他看电影的₂。"是以现在时间为参照。

的₂与用于句尾的体助词"了₂"用法上有区别。我们知道,句尾体助词"了₂"的一个用法是表示事态将有变化,新情况将要发生,丹江方言用"唠"表示。例如:

(20)他要走唠。

(21)天明儿的(明天)斗暖和唠。

的₂和"唠"之间最大的不同,在于事件在时间轴上的指向不同。的₂指向将来,强调在某个时间点之后事件将要开始发生;"唠"指向现在,肯定在某个时间点事态将出现新变化。例(21)指明在将来的某个时间点"明儿的","天暖和"这一事态将出现;若把"唠"改为的₂,则指明从将来的某个时间点"明儿的"以后,"天暖和"这一事件将开始发生。因此,像上例"他吃完饭看电影的₂"就不能用"唠"替换,这是因为"吃完饭"指的是参照点"吃饭"后的一个时间段。

在这个时段内，将要发生"看电影"这一事件，只能用指向某个时间点之后的助词的$_2$，而不能用指向某个时间点的助词"唠"。

5.3.3 的$_3$

轻声"[ti⁰]"的$_3$用在连动式的前一个动词后，表示动作行为的完成。例如：

（22）给鸡杀的$_3$吃唠。
（23）菜切的$_3$搁盘子的。
（24）看的$_3$书埋（别）乱丢。

这些连动式中的前后两个动作行为，先后相继发生，前一个动作行为完成后，后一个动作行为开始发生。带的$_3$的前一个动词都是单音节动态动词，可以带宾语；后一个动作行为却不能是光杆动词，必须带上助词、宾语、补语等成分。两个动作行为可以指向同一个受事，或出现在宾语位置，或放在句首，或用介词引进在动词前。

语义上，的$_3$都能用表完成的动态助词"唠"替换，但内部结构关系与"唠"存在差别。带"唠"的连动式分别可以和主语构成相对独立的主谓关系，中间可以有停顿，带上"接着、然后"等标记后就变成具有顺承关系的连贯复句；由的$_3$构成的连动式却不能。例（23）可以变成"菜切唠/菜搁盘子的""菜切唠，然后搁盘子的"，却不能变成"菜切的$_3$/菜搁盘子的""菜切的$_3$，然后搁盘子的"。这说明，的$_3$在用法上还没有"唠"那么独立自由。

5.3.4 的$_4$

轻声"[ti⁰]"的$_4$用在动词后，表示持续。

5.3.4.1 的$_4$用在状态动词后

表示静态持续，即动作行为造成的某种状态的持续。例如：

（25）他闭的$_4$眼，不知道睡着没。
（26）你戴的$_4$眼镜还看不清呀。
（27）饭还在煮的$_4$在。
（28）我在床上想的$_4$在。
（29）门上贴的$_4$门神。

带的₄的状态动词是"摆、放、煮、烤、泡、穿、戴、盖、埋、开、关、装、晒、晾、坐、站、躺、卧、跪、蹲、仰、趴"等，以及心理动词"想、考虑、爱、恨、相信、喜欢、关心"等，出现在静态句中，可以带宾语或不带。动词前可以出现时间副词"在、正、还、正在、还在"等，句尾可以单独加上或同时出现表正在进行的语助词"在"。

出现的₄的静态句，根据内部的语义结构的不同，可以分为以下四种格式：

a) 施事 + V 的₄

b) 受事 + V 的₄

c) 施事 + V 的₄ + 受事

d) 处所 + V 的₄

状态动词中的及物动词，如果不带宾语就构成格式 a，带宾语就构成格式 c；格式 c 可以把受事提前变换为格式 b。例如：他闭的₄眼→眼闭的₄；你戴的₄眼镜还看不清呀→眼镜戴的₄还看不清呀。有时宾语可以放在动词后面的₄前，但必须在句尾加上表正在进行的语助词"在"构成格式：施事 + V + 受事 + 的₄ + 在。例如：他看电影的₄在/他上课的₄在。丹江方言里没有的₄直接放在动词宾语后的用法，但是其他方言比如晋语平遥方言"的"既能在宾语前，也能在宾语后。例如：

看风的使船，看人的下材地。

个人就不掂量块轻重的。

"看风的""看人的"是说看着风，看着人。"掂量块轻重的"是说掂量着点轻重（侯精一，1999）。

状态动词中的不及物动词，如"坐、站、躺、卧、跪、蹲、仰、趴"等，构成格式 a，动词结构前后都可以出现表处所的介词结构"在 + X"。例如：我在床上躺的₄；我躺的₄在床上。还可以用其他形式的持续表达方式替换。例如：我在床上躺的₄→我在床上躺到/我在床上躺到那儿/我在床上躺那儿/我在床上躺那下儿。及物动词和不及物动词都能用在存现句中与的₄构成格式 d。其中，及物动词可以带宾语也可以不带，带宾语就构成格式：处所 + V 的₄ + 受事。如例（29）。不及物动词用在格式 d 中，后面可以出现施事，构成格式：处所 + V 的₄ + 施事。例如：门口站的₄一个人。丹江方言存现句里没有的₄出现在施事或受事后的用法，但是其他方言比如晋语平遥方言的"的"有。例如："院儿住雀儿的咧。""住雀儿的"是说住着麻雀（侯精一，1999）。

其中有些动词同时具有动作和状态两种性质，可以用在动态句和静态句中，这样，由这种动词构成的句子就会产生歧义，有两种不同的语义内容。例如："我还在穿的在"句，可以把"穿"看作动态动词，整个句子表示我正在进行"穿"这个动作行为；也可以把"穿"当作状态动词，表示我还处于"穿"后的状态之中。具体的语义所在，看语境表达。

的$_4$还能用在某些动化的形容词后，表示状态的持续。例如：

（30）房间的（里）还亮的$_4$灯。

（31）他红的$_4$脸一句话不说。

（32）天还在阴的$_4$。

能带的$_4$的形容词，都是具有发展变化义的"冷、亮、软、红、黑、晴、圆、暖和"等，表示事物处在一种持续状态之中。形容词可以带上宾语，这些宾语正是形容词的语义指向。如例（30）"亮"指向"灯"，例（31）"红"指向"脸"。形容词前可以加上副词"在、正在、还在、还"等，句尾可以同时或单独加上尾助词"在"，强调现时的状态持续。例如："房间的在（正在、还在、还）亮的$_4$灯在"。

5.3.4.2 的$_4$有条件地用在动态动词后

表示动态持续，即动作行为正在进行。例如：

（33）我正在吃的$_4$。

（34）外面下的$_4$雨在。

（35）他开的$_4$车，你别烦他。

带的$_4$的动态动词是"吃、喝、玩、唱、打、跑、说、骂、看、找、洗、写、飞、扫"等，可以带宾语或不带。的$_4$不能单独用在动态动词后表示动作的持续。如不能说：我吃的$_4$/外面下的$_4$雨。必须在动词前加上时间副词"在、正、正在、还在"等，在句尾单独或同时加上表正在进行的体助词"在"。例如："我正在吃的$_4$在。"或者，在带有宾语时，后面跟上一个后续小句。如例（35）。

虽然都是表正在进行的动态句，但是出现的$_4$的句子的内部语义结构并不完全一致。可以分为两种：一种主语是动作的施事，格式为：施

事 + V 的₄，如例（33）、例（35）；一种主语是表示事件进行的处所，格式为：处所 + V 的₄，如例（34）。丹江方言中的这两种格式与普通话"着"的用法存在对应关系，的₄都可以用"着"替换。例如：

我正在吃的₄。→我正在吃着。

外面下的₄雨在。→外面下着雨。

他开的₄车，你别烦他。→他开着车，你别烦他。

5.3.4.3　的₄用在连动式的前一个动词后

表示动作行为的持续。例如：

（36）他拿的₄钱走唠。

（37）我开的₄车来接你。

（38）说的₄说的₄自己先笑唠起来。

（39）坐的₄坐的₄斗睡着唠。

的₄跟在持续性动词后面，表示在一个动作行为的持续状态或动作行为造成的持续状态下，进行着另一个动作行为，相当于普通话的持续体助词"着"。

的₄能用在两种不同格式的连动式中。连动格式不同，连动项之间的关系也不一致。

a）V₁的₄ + V₂

b）V₁的₄ V₁的₄ + V₂

格式 b 中"V₁的₄ V₁的₄"是"V₁的₄"的重叠形式。格式 a 连动项之间是方式——目的关系，如例（36）、例（37），表示 V₁P 是 V₂P 的方式；格式 b 连动项之间是伴随关系，如例（38）、例（39），表示 V₁P 正在持续中出现 V₂P。

5.3.4.4　的₄用在"动词性宾语"句的谓语动词后

表示动作行为的持续。例如：

（40）看的₄他走，我眼泪都流下来唠。

（41）知道吗，她还在等的₄你回来。

（42）学生都盼的₄放暑假。

"动词性宾语"句包含两个动作行为，的₄跟在核心动词后面，表示在这个动作行为的持续过程中，另一个动作行为正在进行或将要发生。核心动词是可持续的表示感觉的动词"看、望、听"，表示心理活动的动词"想、猜、盼、等、慌",表示言语行为的动词"说、叫、吵、喊",表示准备义动词"准备、安排、计划",以及其他动词"试、闹、求、催、商量"等。

5.3.5 历史来源

除了轻声"[ti⁰]"的这些用法外,丹江方言中的时体标记和准时体标记,相比普通话来说要丰富复杂得多。那么,轻声"[ti⁰]"的时体用法与其他时体标记有什么关系,其历史来源是什么,演变发展的过程又是怎样呢?

5.3.5.1 的₃、的₄的来源

分析丹江方言中轻声的₃、的₄的用法,不管是结构形式、语义内容还是语法功能,我们发现与近代汉语中"得"的用法有许多相似之处。另外,语音形式也与"得"作为补语标记时的轻声[ti⁰]完全一致。因此,我们推测,轻声的₃、的₄的时体用法源自近代汉语的"得"。

"得",本义为动词"获得、得到"。在汉以前,动词"得"只作句中的主要动词。从西汉起,"得"已经可以放在另一个动词的后面,表示前一个动词动作的结果(祝敏彻,1996)。例如:

赵使人微捕得李牧,斩之。(《史记·范雎蔡泽列传》)

今臣为王却齐之兵,而攻得十城,宜以益亲。(《史记·苏秦列传》)

民采得日重五铢之金。(《论衡·讲瑞》)

根据岳俊发(1984)、蒋绍愚(2001)的观点,表示"获得、得到"义的"得",于东汉末在"V+得(+O)"格式中开始变化,由"获得、得到"变为动作的完成实现或有了结果。例如:

假使尧时天地相近,尧射得之,犹不能伤日。(《论衡·感虚》)

先嫁得府吏,后嫁得郎君。(《焦仲卿妻》)

祥尝在别床眠,母自往暗斫之,值祥私起,空斫得被。(《世说新语·德行》)

我令之罘归,失得柏与马。(韩愈《招杨之罘》)

证得道迹,诸漏已尽。(《佛本行集经·三五》)

师云:"老僧在青州作得一领布衫。"(《景德传灯录》)

曹广顺（1995）进一步提出，"得"在唐代就在"V+得（+O）"格式里，开始由表示动作完成实现的状态进一步虚化为完成体和持续体的标记，已经从补语变成了助词。例如：

到得南岸，应是舟舡，溺在水中。（《敦煌变文·伍子胥》）
草中抬得身，扪摸觅途路。（《敦煌变文·双恩记》）
盖得肚皮脊背露，脚根有袜指头串。（《敦煌变文·解座文二首》）
师得十岁儿子，养得八年。（《祖堂集》）
过得两年，院主见他孝顺，教伊念《心经》。（《祖堂集》）
阿妹抱得弟头，哽咽声嘶，不敢大哭。（《敦煌变文·伍子胥》）
师云："年高腊长，占得上座头，并无气息。"（《祖堂集》）
一生参学事无成，殷勤抱得栴檀树。（《祖堂集》）

与此同时，唐代还出现另一种格式"V_1+得+V_2"式，表示前一个动作行为完成后，后一个动作行为开始发生；或者在一个动作行为的持续状态或动作行为造成的持续状态下，进行着另一个动作行为。例如：

摘得菊花携得酒，绕村骑马思悠悠。（白居易《九日寄行简》）
紫冠采采褐羽斑，衔得蜻蜓飞过屋。（王建《戴胜词》）
庆拈得拄杖行三两步，回头云："不妨是粗些子。"（《祖堂集》）
江上晚来堪画处，渔人披得一蓑归。（郑谷《雪中偶题》）

这种完成体和持续体标记"得"，自产生以后一直出现在历代文献中。例如：

近日读得原道等书，犹未成诵。《象山语录》
人心须令著得一善，又著一善。（《朱子语类·卷八》）
传得南宗心地后，此身应便老双峰。（《东阳夜怪录》，《太平广记》卷四九）
郑成将引雷九俚用木担一条，担得饼面等物，称是郑定五将此茶饼定你为妻。（《元典章·刑四》）
起身除了首饰，脱了衣服，上得床，将一条绵被裹得紧紧地，自睡了。（《清平山堂话本·快嘴李翠莲记》）
乱条犹未变初黄，依得东风势便狂。（曾巩《咏柳》）
好是渔人，披得一蓑归去，江上晚来堪画。（柳永《望远行》）

马带甲,只露得四蹄悬地;人挂甲,只露着一对眼睛。(《水浒传》)

由于语义虚化,语音弱化,中古入声字"得[tək]"的轻声形式元明时又写作"的"等。例如:

过的义州,汉儿地面来,都是汉儿言语。(《老乞大》)
妇人接的袖了,一直走到他前面。(《金瓶梅》)
这言语听呵,别个城子里将的卖去有。(《元典章·刑一九》)
府尹听的大惊道:"多是生辰纲的事"。(《水浒传》)
众和尚道:"不如饶了罢。"一齐笑的去了。(《金瓶梅词话》)

太田辰夫(1958)指出,"得"表完了或持续的用法是从表实现转来的,它的来源是很早的。确实,表示动作的完成实现或有了结果的语义特征和及物动词后宾语前的语法位置,为"得"由动词补语重新分析为完成体和持续体标记的语法化进程,提供了必要的语义基础和句法条件。由动词"获得"义到表示动作的完成实现或有了结果,再到完成体和持续体标记,是一个实词义[得到]逐渐虚化直至完全消失,语法义[完成]或[持续]逐渐产生的过程。这个过程是在同一个结构"V+得(+O)"中完成的,各种用法的"得"具有相同的句法结构,"得"前的核心动词以及之间的句法关系却不相同。当连动式"V+得+O"所带的宾语,语义上不再是"得"的宾语,只是前面动词的宾语的时候,"得"就开始出现不及物化的倾向,意义和功能都发生了变化。原连动式前一个动词成为核心动词,后面的宾语只与它发生关系。"得"不再表示"获得"义,而是表示前面动作的结果,变成前面核心动词的补语。动词"得"做补语,由于语义限制,前面的核心动词必须含有[取得]义。如上例的"捕得""攻得""采得"等,整个动补结构表示动作有了结果。当"得"的使用范围扩大,前面的核心动词不限于[取得]义动词,出现了[失去]义动词时,与之相配的"得"实词义[得到]就更加虚化。如上例的"砍得""失得"。[取得]也好,[失去]也好,后面跟的"得"都是动词的结果。正像梅祖麟(1981)所说,动结式中的结果补语有完成貌的语法意义,在北方话里促成完成貌词尾的产生。如果获得了什么,"V得"有了结果,其中的"V"就算完成了。动补结构中的"得"本身就具有[完成］义。当"得"的使用范围进一步扩大，前面的核心动词为任意动词时，如上例的"证得""作得"，实词义［获得］就完全消失，语法义［完成］进一步增强。此时的"得"紧紧依附在动词的后面，之间不可能再添加其他成分。至此，动词补语"得"开始转变为完成体标记。当动结式中的动词是状态动词时，"得"有变成持续体标记的潜能。一个状态动作，一旦其达成实现，就会呈现出一种相对静止的持续状态。所以，最初出现的持续体"得"，都是在状态动词后，表示静止状态下的状态持续，而不是表明动作行为在进行之中。如上例的"披得""抱得"。

丹江方言中的的$_3$、的$_4$，正是近代汉语体标记"得"的继承与遗留。"得"从动词"获得"到表示动作的完成实现或有了结果，再到完成体和持续体标记的语法化过程的每一步，都共时地保留在丹江方言中。只是，的$_3$只保留了"得"的连动式用法；"V+的$_3$（+O）"的格式不再能单独使用，要么出现在连动式前项，要么后面跟后续小句。例如：

（43）我买的$_3$肉，晚上给你做好吃的。

（44）卖的$_3$十个鸡蛋，换唠十斤面。

看来，近代汉语"得"的完成体用法发展到现代丹江方言中，在"唠（了）"的挤压下已经有所萎缩，而这极有可能是受到了共同语的影响所造成。

的$_4$保留了近代汉语持续体"得"的几乎所有用法，而且有所发展，新产生连动式中的重叠用法、动化的形容词后以及"动词性宾语"句中的用法等，呈现出方言特色。与的$_3$不同的是，的$_4$与历史中"得"的用法相比，不仅没有萎缩，反而还有发展的趋势。这是因为丹江方言中持续体的标记和准标记非常丰富，还没有哪一个在用法上占绝对优势，因此各种形式相对独立发展，相互之间限制挤压的影响不突出。

5.3.5.2 的$_1$、的$_2$的来源

Li, Thompson & Thompson（1982）在谈到句末体貌标记时，提出"现时相关状态"（Currently Relevant State，CRS）概念。认为句末体标记"了"的基本交际功能就是表达一种现时相关状态，即表明一个事态跟某个特定的"参照时间"在当前具有特定的联系，这个事态对于

言说者和听话者所处的言语环境来说具有"相关性"。这种现时相关状态，太田辰夫（1958）称为"叙实"，即叙述某一时候实际存在的事情。不仅"了"，我们发现，句末的$_1$、的$_2$同样具有这种现时相关状态。就像前文分析的，句末的$_1$表明了一个事态在说话人认定的参照时间（无时间标记的情况下总是指说话的时间）之前已经发生；的$_2$表明了一个事态在说话人认定的参照时间（无时间标记的情况下总是指说话的时间）之后将要发生。在事件、特定的"参照时间"、言说者和听话者所处的言语环境之间的关系方面，与"了$_2$"的已然体、将然体用法非常相似。另外，句末的$_1$、的$_2$的这种现时相关状态，一旦当的$_1$、的$_2$在小句中被删除，就变得荡然无存。因此，比照公认的句尾体标记"了$_2$"，我们认为句末的$_1$、的$_2$同样具有时体意义。

陈前瑞（2003）运用这种"现时相关状态"来分析汉语体标记"来"，认为"来"位于小句核心动词之后，倾向于表达事件客观的结果意义；"来"位于小句之后，倾向于表达说话人的主观态度。从而得出一个结论：作用于小句核心动词的体标记倾向于表达事件本身的客观的时体意义，作用于全句的体标记倾向于表达说话人的主观态度。确实，探究句末的$_1$、的$_2$的来源，我们发现，从动词后到小句后，从客观的意义到主观的态度，句尾的$_1$、的$_2$具有的现时相关性由弱增强，其变化的机制是句法位置的变化和句法环境的影响，动因则是主观化（subjectivisation）。

句尾具有时体意义的的$_1$、的$_2$来源于名词性标记助词"的"，语法化的句法基础是近代汉语"的"字结构判断句式"是……的"。根据王力（1989）、向熹（1993）的观点，汉语判断句自西汉末年就开始出现判断系词"是"。但这时由"是"构成的判断句还不多且结构单纯，主语和宾语大都是名词或名词性词组，往往同时出现语气词"也"煞尾。中古晋宋以后，情况发生了很大变化。在比较口语化的作品里，"是"字句大大发展起来。《世说新语》中"是"字句占全部判断句的1/2，《百喻经》中占到了90%以上，唐五代变文、宋人语录里应用更加普遍。不仅大都不和句尾语气词"也"连用，而且主、宾语不再限于名词性成分，谓词性成分的形式开始逐渐增多。特别是随着晚唐五代结构助词"底（的）"的产生发展，出现了宾语是"的"字结构的判断句形式"是……底(的)"。例如：

遮个是老僧底，大德底在什么处？僧云："亦是和尚底，亦是某甲底。"(《景德传灯录》)

气质是实底，魂魄是半实半虚底。(《朱子语类》卷3)

儿云："你便是我家供养的，面目衣裳一般，只是身体长大不同耳。"(《夷坚志·补》卷12)

从语义关系上来讲，判断对象和判断内容是体词性成分，二者之间是同一、类属、存在等关系。当判断项内容是动词或形容词性成分时，就会在后面加上"的"使之转化为体词性成分。结构助词"的"的主要语法功能就是赋予组合成分体词性。但汉语自上古起就存在判断项非体词性的判断句，表达的也不是同一、类属、存在等判断关系，而是具有解释说明意义，对事物或情况发生出现的原因进行解释说明。例如：

嫂溺援之以手者，权也。(《孟子·离娄上》)

良庖岁更刀，割也；族庖月更刀，折也。(《庄子·养生主》)

轻辞天子，非高也，势薄也；重争士橐，非下也，权重也。(《韩非子·五蠹》)

中古出现判断系词"是"后，这种关系得以用"是"字判断句表达。例如：

庾曰："君复何所忧惨而忽瘦？"伯仁曰："吾无所忧，直是清虚日来，滓秽日去耳。"(《世说新语·言语》)

自是君身有仙骨，世人那得知其故。(杜甫《送孔巢父诗》)

汝今得贵，不是汝学问勤劳，是我孝顺新妇功课。(《敦煌变文·秋胡变文》)

《大学》一字不胡乱下，亦是古人见得这道理熟。(《朱子语类》卷14)

Bybee, Perkins & Pagliuca(1994)发现，表达"是、有"之类功能的系动词，表示完结和方向移动义动词，表示动作方向的副词"a-way, up, into"等，是表结果或完结的成分的主要词汇来源，而表结果或完结的成分又进一步发展成为完成体。判断词"是"与结果或完结义相联系，不是它的词义本身产生发展的结果，而是特定语用中判断句式赋予的。这是因为许多判断句据以判断的基础，是已经存在或完结的事实与结果。例如：他是语文老师。他成为语文老师是判断之前早已存在的事实，是早已完结的结果。我们是一见钟情。我们一见钟情是做出此判断时已经完结了的事实与结果。特别是解释说明关系的判断句，本身就是对已经或将要发生出现的事物或情况产生原因进行解释说明，整个判断句式具有浓厚的背景意味，显示背景时体等相关信息，帮助说明前景事件。根据 Givón（1979）的观点，语言中的时体、指称、否定等很多语法范畴都是由话语语用功能发展而来的。他认为语法化实际包含了句法化和形态化两个组成部分，具有下面这个语法化单向循环链：

话语 > 句法 > 形态音位 > 形态音系 > 零形式

句法化主要是指内在关系松散、语法功能较弱的话语/篇章模式被重新分析为内在关系紧密、语法功能较强的句法模式，属于篇章层次的话语功能被重新分析为句法层次的语义功能。也就是说，语法成分的语义功能是话语—篇章成分的话语功能句法化的结果。Hopper（1979）也认为，句法中的时态标记是篇章成分句法化的结果。比如完成体标记，它包含的完成概念是在叙述过程中为表示事件前连后续的需要而产生的，最初是个章法概念（转引自沈家煊，1994）。按照 Givón 的理论，我们认为句尾的$的_1$、$的_2$具有的时体意义，是对已经或将要发生出现的事物或情况的产生原因进行解释说明在话语中句法化的结果。具体过程如下。

当"的"字结构产生后，它就有可能出现在判断句的句尾，对已经或将要出现的事物或发生情况的产生原因进行解释说明。例如：

学者须是有如此规模，却是自家本来合如此，不如此便是欠了他底。（《朱子语类》）

盖易之为书，是悬空做出来底。（《朱子语类》）

那同年偶翻桌上的书帖，看见了这封家书写得好笑，故意朗诵起来。魏生措手不及，通红了脸，说道："这是没理的事。因是小弟戏谑了他，他便取笑写来的。"（《错斩崔宁》）

银钗子，也有花头的，也有连二连三的，也有素的，都是沿路上觅得的。（《宋四公大闹禁魂张》）

这条带是昨日申牌时分，一个内官拿来，解了三百贯钱去的。（《宋四公大闹禁魂张》）

等那客人去了的后头。事发了。谁知道那人是鞑子人家逃走出来的。因此就连累他犯官司。(《老乞大新释》)

我这药是替你治克化的。你吃了就可以立时见效的。(《老乞大新释》)

我买去不是自家穿的。要拿去发卖的。(《老乞大新释》)

从语义关系上，因为判断句是对已经或将要发生的情况或出现的事物所产生的原因进行解释说明，话语语境使判断句带上了相对时间义，表明先时或后时于情况的发生或事物的出现。一件事情的发生，原因可能有两种：一种是另一件事情导致的，那么这件事情发生的事因，肯定先时于事情的发生；一种是为了另一件事情，那么这件事情发生的事因，肯定后时于事情的发生。这是客观事理使然。映射在话语中，对已经或将要发生的情况或出现的事物所产生原因的解释，也会在时间信息上相对早于或晚于这个情况或事物。从认知的角度来看，这一意义的产生是重新分析的结果，是一种转喻：相继事件发生的原因转指为时间上先后发生的事件。上文提到，许多判断句据以判断的基础，是已经存在或完结的事实与结果，本身就具有了一种"现时相关状态"。这种判断句如果出现在对已经存在或完结的事实与结果进行解释说明的话语环境，本身具有的"现时相关状态"就由弱增强，带上明显的主观"视角"，表现出较高程度的主观性。上例"因是小弟戏谑了他，他便取笑写来的"是对上文一封写得好笑的家书的产生原因进行解释，"取笑写来"相对于"现时"的言语情境，是过去已经结束或完结的事实与结果，肯定先时于"参照时间"家书的产生和言谈时间。说话人从"现时（会话时间）"出发来看这封家书的产生，主观上认为它与"现时"有关系，同时假设听话者也能够从语境中推断出这种关系。"不是自家穿的。要拿去发卖的"是对"我买去"这件事的产生原因所做的解释，是"我买去"的目的。相对于"我买去"这一参照时间，"自家穿"和"要拿去发卖"是将要发生的情况，因此，肯定后时于参照时间"我买去"。同时，对已经或将要发生出现的事物或情况产生原因进行解释说明的判断句，表达的都是背景信息。这种判断句具有一定的依存性，不是句子的核心表述内容，只是对叙述事件主要进程或反映说话人主要目标的前景信息的补充和说明。删除它们并不会影响事件主要进程的叙述或说话人主要目标的表达，但会损失某些附加信息，如叙述者或说话人表明"自我"的认识、态度或情感等主观"视角"信息。

从句法关系上，因为"的"字结构判断句出现在句尾，这种句法位置使"的"有可能从某个词或短语的后附成分转化为句子的后附成分。就汉语而言，句子末尾通常是语气词所在的位置，而语气词的使用关涉交际双方的关系和说话人对所涉及事物的主观态度（刘勋宁，1990）。因此，"的"在这种句法环境下，就有可能被重新分析，不仅具有了判断句应有的肯定和确认语气，而且同时保留了解释说明关系所加强的"现时相关状态"，带上了说话人在话语中留下的主观印记，具有了某种时体意义。另外，由于这种解释说明关系的判断句本身不是典型判断句，判断系词"是"可以把它去掉，并不影响表达，但却进一步使整个判断句具有的"现时相关状态"全部转移到"的"身上。例如：

因问："哥哥何处来？今要往何方去？"那后生叉手不离方寸："小人是村里人。因往城中卖了丝帐，讨得些钱，要往褚家堂那边去的。"（《错斩崔宁》）

他汉儿言语说不得的。因此上。不敢说语。（《老乞大谚解》）

这参称了。只有一百斤。你说一百一十斤。却短了十斤了。我家里称来的。一百一十斤。（《老乞大新释》）

你这几个火伴。从那里同来的。这是我沿路上。做火伴一同往北京去的。（《老乞大新释》）

主人家你种些火。我明日五更天起来。就要早走的。（《老乞大新释》）

然后，这种语法创新类推开去，扩大它的语用范围，不再只是使用于对已经或将要发生出现的事物或情况产生原因进行解释说明这一语用和形态—句法环境中，还被扩展到别的语境中，由背景信息"前景化（foregrounding）"，成为句子事件的主体表述成分。例如：

你这布里头。长短不等。有勾五十尺的。也有四十尺的。也有四十八尺的。长短不等。这布都是地头织来的。（《老乞大新释》）

你那绫绢凉花。在本地多少价钱买来的。到王京多少价钱卖出去的。（《老乞大新释》）

你多站从王京来的。我从七月初头起身离家的。(《老乞大新释》)

这马好的歹的。都一样商量要买的。(《老乞大新释》)

咱人今日死的明日死的。不理会得。(《老乞大新释》)

即叫蒯三问道:"这缘你从何处得来的?"蒯三道:"在城外一个尼姑庵里拾的。"(《醒世恒言·第十五卷》)

第一例"这布都是地头织来的",是对前面话语主体事件"你这布里头。长短不等"原因的解释,帮助说明主体事件的相关信息,属于背景事件;后面几例则都是话语表述的主体事件或说话人表达的主要目标,属于前景事件。一个创新的语法演变总是发生在某个颇受限制的语用和形态—句法环境里,而只有当这个演变通过扩展被用于另外的语境以及通过扩散而被规约化以后,我们才可以认为这个语法演变在语言中已经形成了(吴福祥,2005)。自此,位于判断句句尾的"的"字结构中的"的"最终语法化为带有肯定、确认语气的句尾体标记,表示情况的已然发生或将然发生。

正因为句尾体标记"的"来源于解释说明关系判断句中"的"字结构,解释说明的内容是话语要表达的新信息,这些新信息在句尾体标记"的"产生后仍保留在话语中,因此,带有句尾体标记"的"的句子,滞留有一种解释说明的意味。

这个语法化的过程随着晚唐五代结构助词"底(的)"的产生而开始,发展于宋元时期,最终完成于元代。上文举例,多来自元代口语化文献《老乞大谚解》和《老乞大新释》,可见迟至元末"的"的带语气的句尾体标记用法已是相当成熟和普遍。这两部文献中可以见到上述语法化过程的每一步,反映了从话语>句法>形态的变异斜坡(cline)。要注意的是,句尾纯粹表语气的语气助词"的",比兼表语气的句尾体助词"的"的产生可能要稍早一些。语气词"的"也来源于判断句尾的"的"字结构,但它是判断系词"是"语法化的附属产物。根据石毓智(2005b)的观点,汉语判断词"是"经过了语法化发展链:

指示代词→判断词→焦点标记→强调标记→对比标记

本来"的"字结构判断句中"的"处于句尾,这种句法位置就使"的"带上了整个判断句所有的肯定、确认语气;一旦判断词"是"不再表判断,"是……的"结构所有的肯定、确认语气就全部归于句尾的

"的"，使之向语气词转化。这个转化可能有一个中间阶段，"的"还是结构助词，但兼有表达语气的作用。例如："所谓君子，这三句都是不可少底。"（《朱子语类》）"天下人总是参得底禅，某是悟得底。"（《五灯会元》）"不可少底""悟得底"既可以看作是"的"字结构，充当判断词"是"的宾语；也可以认为"底"就是后附于全句的语气助词。这一转变的最终完成可能在宋元。例如：

专甲即不嫌，这个是为大家底。（《祖堂集》）

情只是所发之路陌，才是会怎地去做底。（《朱子语类》）

那同年呵呵大笑，道："这节事却是取笑不得的。"（《错斩崔宁》）

是个老人家，与我往日无仇；如今又谋了他老婆，他死也是不肯甘心的。（《错斩崔宁》）

元代，句尾的纯语气词还突破"是……的"形式，扩展到一般陈述句中，起加强肯定、确认的语气。例如：

今日皇帝初登宝位，孔夫子的名号，教众学士商量与着呵，宜的。（元代白话碑《1308年曲阜加封孔子圣旨致祭碑》）

孔夫子加封名号，翰林集贤官人他每的言语是的。（元代白话碑《1308年曲阜加封孔子圣旨致祭碑》）（例见曹广顺，1995）

哎！老丑生无端忒下的！（元刊本《魔合罗》第四折）

曹广顺（1995）认为，这种用法只见于元白话体文献，从其出现的时间、文体上推测，可能与蒙古语语气词的影响有关。但从我们的分析可以看到，句尾纯语气词"的"在宋代就开始出现，来源也不是语言接触的产物，而是自身演变发展而来。

太田辰夫（2003）在讨论汉语句末助词时，认为就现代汉语而言，句末助词分为甲乙两类：

甲类：吗，呢，吧，啵，罢了，啊，呀，哇，哪，了（啦）

乙类：呢，了（啦），来着

甲类位于句子的最后，是给整个句子加上疑问、推测及其他各种非叙实的语气的语气词。乙类有两种用法：一种和甲类一样，处于句子的最后，表示各种非叙实语气；一种是表示叙实语气，不限于处于句子的最后面，不是给全句，而是给述语添加存在、已然、曾然等叙实的语气，后面还可以出现非叙实的句末语气词。

根据的₁、的₂的用法，乙类还应该添一个"的"。因为它与"呢、了、来着"一样，不仅用在句子最后表示非叙实语气（肯定、确认语气），而且常位于句末，却是附在谓语后面，表达一种带有情态语气的时间范畴义。但从"的"的来源看，应该有两种"的"，一种是纯语气词"的"，一种是兼有语气的体助词"的"，它们的来源不同。纯语气词"的"是附加在句子上的情态成分，体助词"的"是附加在谓语之上的时体成分，其核心意义是表达时间范畴义。可以不出现在句尾，不具有语气，还可以与其他句尾体助词如"了"连用。例如："咱人今日死的明日死的。不理会得。"（《老乞大新释》）"的"就出现在句中，表示将然。虽然在发展过程中体助词"的"可能受到各种因素的影响，在普通话中的用法变得很隐微，但是在丹江方言中却完整地保存下来，并且还有所发展。原因可能与"得"相同，是因为丹江方言各种时体用法异常丰富复杂，各自平行发展，相互之间的影响较小的缘故吧。

除此之外，汉语方言中还有其他的乙类句末助词。比如上文（本章第一、二节）讨论过的"在"。根据黄伯荣（1996）、李荣（2002）、邢向东（2002）的观点，山西、陕西、内蒙古晋语和西北方言中，表示语气的句尾语气词"呀"（或记作"也"）有表将来时的用法。如山西太原话（黄伯荣，1996）：

她明天回娘家呀。（她明天将回娘家。）
你去哪儿呀？（你将要去哪儿？）
天冷呀。（天要变冷了。）
天快黑呀。（天将要黑了。）

根据曹志耘（1996）的观点，浙江金华汤溪方言中，用语气词"啵 [pə⁰]"表示事态将有变化，即将然。例如：

快放假啵。
渠要去啵。
我三十岁啵。

第6章 丹江方言的代词

6.1 人称代词

6.1.1 人称代词的形式

丹江方言人称代词的形式如下表：

人称	单数	复数
第一人称	我	我们
第二人称	你	你们
第三人称	他	他们
敬称	你囊、良、你囊家	你囊们、良们
其他	自个、自己 旁人、别人、别个 人家、□[ȵia⁵³]、人□[zən⁵³ȵia⁰] 大家	

6.1.2 人称代词的功能和用法

6.1.2.1 我 [o⁵⁵]、你 [li⁵⁵]、他 [tʻa³⁵]

"我、你、他"分别是丹江方言的第一人称、第二人称、第三人称单数。用法与普通话基本相同，都可以作主语、宾语和定语。常读为轻声，只是在分别或强调时，才读本调。例如：

我不喜欢你。

你叫水给我端过来。

他是谁个？他是你一个哥哥呀。

我用的是他的，不是你的。

"我、你、他"作定语有两点值得注意。其一，"我、你、他"一般情况下直接修饰表示亲属称谓或有亲密关系的人的名词，以及处所方位词语，如"我爸爸""你姐姐""他兄弟""我家""你班上""他屋的"等，此时读为轻声；在分别或强调时，也可以加上结构助词"的〔ti⁰〕"，此时多读本调。例如：

我的爸爸厉害些。

她是你的姐姐？

这是他的兄弟，不是我的。

我的家在城关镇，他的家在汤家庄。

这个学生安排到你的班上。

我的钱搁在他的屋的唠。

其二，"我、你、他"直接修饰一般名词与带助词"的"修饰几乎同样自由，直接修饰时读轻声，加"的"后读本调。例如：

我（的）车子叫人骑走唠。

小王拿唠你（的）二十张信纸。

谁给他（的）五十块钱偷走唠。

6.1.2.2 我们〔o⁵⁵ mən⁰〕、你们〔li⁵⁵ mən⁰〕、他们〔t'a³⁵ mən⁰〕

"们"是表示复数的后缀，总是读为轻声。跟在"我、你、他"后，分别表示第一人称、第二人称、第三人称复数，"我们"用法与普通话基本相同，都可以作主语、宾语和定语。常读为轻声，只是在分别或强调时，才读本调。例如：

我们吃饭，你们喝酒。

我不管你们的事。

那是他们的责任，和我们无关！

我开除你们！

"我们、你们、他们"作定语时，通常直接前加于亲属或有亲密关系的人、团体、处所的名称，如"我们爸爸""你们姐姐""他们兄弟""我们家""你们班上""他们屋的"等，此时读为轻声；在分别或强调时，也可以加上结构助词"的〔ti⁰〕"，此时"我、你、他"多读本调。

"我们、你们、他们"修饰一般名词时，一般必须加上结构助词"的[ti⁰]"；在分别或强调时，也可以直接前加于一般名词，但"我、你、他"必须读本调。例如：

我们老师姓王。

隔壁斗是他们学校。

借用一下你们的钳子。

你们钱领没？我们的钱到现在还没发。

"我们、你们、他们"有时可以用来指称单数。例如：

我们屋的穷得很，他们屋的是做生意的。

你要是再不听话，给你们老师说。

6.1.2.3　你囔 [li⁵⁵laŋ⁰]、良 [liaŋ⁰]、你囔家 [li⁵⁵laŋ⁰tɕia⁰]

丹江方言的第二人称有敬称，在第二人称代词"你"后面加上一个轻声音节"囔 [laŋ⁰]"构成，多用来表示对年长者的尊敬。例如：

妈，你囔想吃点啥？

你囔慢走！

也可以在"你囔"后面再加一个轻声音节"家 [tɕia⁰]"，构成"你囔家 [li⁵⁵laŋ⁰tɕia⁰]"形式。例如：

你囔家最近还好吧？

从构成、音理、功能等方面可以判断，轻声音节"囔 [laŋ⁰]"极有可能是"老人 [lao⁵⁵zən⁵³]"的合音。"老人家"是"囔家"的来源和完整形式，"囔家"是"老人家"的简省轻化，"囔"是"囔家"的进一步简省。吕叔湘（1985）也认为汉语"您"为"你老"的合音，来自于"你老人家"的缩省。

"你囔"在丹江方言中还可以快读简省为一个轻声音节"良 [liaŋ⁰]"，这是最为经济的第二人称敬称形式。例如：

良八十多唠，身体还阵好啊！

6.1.2.4　自个 [tsʅ³¹²kər⁰]、自己 [tsʅ³¹²tɕi⁰]

丹江方言的自身代词有两个，"自个"和"自己"。这两个自身代词在意义和用法上基本相同，都可以作主语、宾语和定语。作定语时可以加"的"，也可以不加。例如：

自个说唠算。

捏到鼻子哄眼睛，自己欺骗自己。

你们先给自个工作做好再说。

各人应该清楚自己的问题。

"自个"和"自己"常常跟在人称代词或表人的名词后面，组成复指结构，充当主语、宾语和定语。例如：

我自个都不晓得。

你们只能靠你们自个。

他是我自己娘屋的兄弟。

6.1.2.5 旁人 [p'aŋ⁵³zən⁰]

"旁人"，指称说话人自身以外的其他的人，在句中作主语和宾语。例如：

也斗是我，旁人才懒得裸（理）你。

你看下身边有没得旁人？

"旁人"也可以说成"二家旁人"，在句中作主语、宾语，而且还能作定语。例如：

二家旁人才不会像我这样。

又不是二家旁人，客气啥子！

我说的不听，二家旁人的话你倒听得进去。

6.1.2.6 别人 [pie⁵³zən⁰]、别个 [pie⁵³kɤ⁰]

"别人""别个"，意义与普通话大致相当，表示说话人自身以外其他的人。既可以包括听话人，也可以除去听话人。在句中作主语、宾语和定语。作定语时一般要加"的"，但后面如果是亲属或有亲密关系的人、团体、处所的名称，可以不加"的"。例如：

我才不管别人咋说。

你咋阵自私，从来不想一下别个。

别人的东西，我从来不乱碰。

你别跟人家比，别个屋的有钱得狠。

与普通话不同的是，丹江方言的"别人""别个"有时可以指说话人自己。这是说话人站在听话人或其他人的角度说自己。例如：

别人的事，你管得倒宽。（我的事）

别个要出去玩，你挡道干啥子！（我要出去玩）

"别人""别个"有时还能指动物,这是把动物拟人化,当作人来看了。例如:

别人又没咬你,你怕啥子?

别个正在吃东西,莫揪它尾巴。

"别人"和"别个"之间有一点区别:"别个"可以后跟名词性同位语,"别人"却不能。例如:

别个老师都没走,你敢走啊?

你给钱还给别个小王没?

"别人"和"旁人"都指称另外的、其他的人,相比而言,"旁人"的意义和用法要狭窄一些。它不包括听话人,也不可能指称说话人自己,且很少作定语。

6.1.2.7 人家 [zən⁵³tɕia⁰]、□ [ȵia⁵³]、人□ [zən⁵³ȵia⁰]

"人家 [zən⁵³tɕia⁰]",一般用来指称说话人自身以外的其他人。用法与"别个"差不多,在句中可以互换,也可以在上下文中变换使用。例如:

人家请你去上班唠?你可要好好感谢人家。

人家的东西是人家的。

别个对你不错,什么时间请人家吃个饭。

甚至可以连用构成同位语结构。例如:

人家别个都没得意见,你说个啥?

"人家"有时也可以指说话人自己。例如:

你埋乱用人家的东西哟!人家的也不多唠。(我的东西)

等一下,人家还没搞好。(我没搞好)

在少数情况下也可以变通来指听话人。例如:

我敢说你?人家是谁呀!(你是谁呀)

人家现在当班长唠,看到我都不理唠哇!(你当班长)

"人家"有时也能指动物,把动物拟人化,当作人来看。例如:

你埋惹它,人家正在下鸡蛋。

人家又不会飞走,不用拴到它。

"□ [ȵia⁵³]"是"人家 [zən⁵³tɕia⁰]"的快读合音形式。它产生后,又受"人家"结构类化,构成一个混合形式"人□ [zən⁵³ȵia⁰]",

用法不变。

相比较而言，"人家""□[ȵia⁵³]""人□[zən⁵³ȵia⁰]"比"别个"的使用更加普遍一些。

6.1.2.8　大家[ta³¹² tɕia⁰]

"大家"意义与普通话大致相当，表示一定范围内所有的人，既可以包括说话人、听话人和其他人在内，也可以是排除说话人或说话人、听话人以外的所有人。在句中作主语、宾语和定语。前面可以加上人称代词复数"我们、你们、他们"。例如：

大家一起去。

我说唠不算，大家说唠才算。

我们大家是一班的。

我请你们大家吃饭。

他们大家可能都还不知道奈。

也可以在后面加上一个语缀"伙的[xuo⁵⁵ti⁰]"，表示多数。例如：

大家伙的都是好兄弟。

你们大家伙的一起去吧。

6.2　指示代词

6.2.1　指示代词的形式

按照指示范围的不同，丹江方言指示代词的形式如下表：

	近指	远指
指人、事、物	这、这个 这些、这洪子	那、那个 那些、那洪子
指方式、程度、性状	阵、阵闷 阵样、这样	恁、恁闷 恁样、那样
指时间	这会儿、这阵儿 这时候、这个时候	那会儿、那阵儿 那时候、那个时候

续表

	近指	远指
指方所	这儿、这下儿 这闷儿、这个点儿	那儿、那下儿 那闷儿、那个点儿
其他	那个子 这□ [pɤ35]、那□ [pɤ35]	

6.2.2 指示代词的功能和用法

6.2.2.1 这 [tsʏ³¹²]、那 [la³¹²]

"这""那"主要是分别指代较近、较远的人或事物，包括指别、称代两种用法。表指别的"这""那"，常用在名词、数量结构或数量名结构前。当数量结构或数量名结构的数词是"一"时，可省略"一"。例如：

这歌真好听。

那几天我没在屋的。

可不能慢待唠这三位领导。

这本书是我的，那本是他的。

有时可以跟在别的词语后面，复指相关的人或事物。例如：

我这人你可能还不太了解。

足球那玩意儿没啥意思。

"这""那"可以带上数词"一"修饰动词、形容词，指示某一动作行为或性状变化。相比之下，"这"比"那"更常用一些。例如：

这一说也有好几年唠。

天气这一冷斗再也热不起来唠。

你那一闹，事情斗麻烦唠。

表称代的"这""那"，在句中作主语和宾语。例如：

这叫荷花，那叫莲花。

你吃这，我吃那。

指称人时，一般只能作判断句的主语。例如：

这是我们语文老师。

那是小时候的我。

"这""那"常常跟在别的词语、小句后面,复指上文的人或事物。例如:

吃饭、睡觉、玩游戏,这斗是你每天过的日子?

王老师那可是个好人。

直到写完作业,这才让他走。

非要交唠钱唠,那才行。

"这"还可以指代动作行为或性状变化的时间。例如:

这斗让他走。

这斗好唠。

"那"不能指代时间,它可以连接或引进表后果的小句,相当于"那么"。这是"这"所不具备的。例如:

你说唠,那斗让他去。

"那"在指示方位时,可以两叠、三叠甚至多叠。相比基式,重叠式重叠次数越多,表示所指离说话人距离越远。详见第3章第3.1节。这也是"这"所没有的。

6.2.2.2 这个 [tsɤ^{312}kɤ^0]、那个 [la^{312}kɤ^0]、这些 [tsɤ^{312}ɕie^0]、那些 [la^{312}ɕie^0]

"这个""那个"是表单数的指示代词,"这些""那些"是表复数的指示代词,分别指代较近、较远的人或事物,都有指别、称代两种用法。

指别的"这个""那个"和"这些""那些"修饰名词,一起在句中作主语和宾语。例如:

这个人是谁个?

他在那个教室的。

都是你惯的他这些毛病。

那些问题一直得不到解决。

"这个""那个"可以分别修饰"这""那",构成"这个这""那个那"结构,指称某个说话人一时想不起来或认为听话人知道的人或事物。例如:

这个这不能放到这儿。

埋给我的那个那拿走唠。

称代的"这个""那个"和"这些""那些"单独作句子的主语和宾语。例如：

这个是我的，你的是那个。

你用这个，那个有点问题。

这些我从来都不知道。

你给那些拿进来。

"这个""那个"指称人时，不仅可以作判断句的主语，也可以做判断句的宾语，都可以带限制性定语。例如：

给你介绍一下，这个是小王。

穿红衣服的这个是我的女朋友。

张局长是正在说话的那个。

"这""那"和"这个""那个"有时对举使用，表示不确指。例如：

阵大唠还这不吃、那不吃。

你还嫌这个、嫌那个，别人谁看得上你！

6.2.2.3 这洪子 [tsɤ³¹² xuŋ⁰ tsʅ⁰]、那洪子 [la³¹² xuŋ⁰ tsʅ⁰]

"这洪子""那洪子"只有称代用法，分别称代较近、较远的人或事物。在句中作主语和宾语，可带限制性定语。例如：

这洪子是我叫他去的。

你吃过这洪子没？

你的那洪子奈？他怎么没跟你一路来？

给昨天买的那洪子拿过来。

有时可以分别受"这个""那个"修饰，确指某个说话人一时想不起来或认为听话人知道的人或事物。例如：

这个这洪子是谁的？咋乱丢奈？

那个那洪子是你小学同学吧？

6.2.2.4 那个子 [la³¹² kɤ⁵³ tsʅ⁰]

"那个子"只能称代人，在句中作主语和宾语，可以带限制性定语。例如：

那个子奈？跑到哪儿唠？

上次来的那个子是你啥人？

我现在斗去找那个子。

"那个子"称人，常用于随便的场合，稍微正式或对上的场合都不能说。

6.2.2.5 阵［tsən³¹²］、恁［lən³¹²］

"阵""恁"作指示代词，只有指别用法，没有称代用法。主要用来指示程度，可以用在形容词或形容词性结构前面，有"这么""那么"的意思。例如：

你咋阵讨人嫌奈？

他女朋友阵漂亮呀！

外头恁热闹，你不出去看一下？

恁大的人唠，还让父母操心。

受"阵""恁"修饰的形容词是"好、坏、大、小、高、低、大方、小气、聪明、糊涂"等性质形容词，"高级、低级、直接"等非谓形容词，形容词性结构如"好［xau⁵³］吃、难看、听话、笑人、讨厌人、不像话、讨人嫌、难为情、能说会道"等。

用在某些动词或动词性结构前面，有"这么""那么"的意思。例如：

你要是阵喜欢她，斗去追她。

像他阵有本事的人很少见。

化的妆像个鬼样，恁吓人。

平时恁会说的人现在哑巴唠？

受"阵""恁"修饰的动词主要是"爱、操心、愁、懂得、放心、伤心、怕、后悔、恨、讨厌、喜欢、满意、生气、舍得"等心理动词；动词性结构包括动宾结构，如"有能力、有心计、有地位、没得本事、像妈妈、像你"等；能动结构，如"能说、会做、敢去、肯干"等。

"阵""恁"指示程度，有以下两种情况：

（一）"阵""恁"是重音所在，强调中心语所表示的程度。此种情况较为普遍，否定形式是把否定词"不""没得"放在"阵""恁"与谓词中心语之间，而不能放在"阵""恁"前。例如：

你咋阵不好奈？

你要是阵不喜欢她，斗别去追她。

恁没得本事的人倒当唠官。

（二）"阵""恁"是非重音，指示中心语所表示的程度。此种情况多含有比较的意味，其否定形式是用否定词"没得"，放在"阵""恁"加谓词中心语前面。例如：

她要有你阵乖斗好唠。

我没得阵大的时候斗上学唠。

我们那儿风景没得恁美。

他没得你恁会说话。

"阵""恁"还可以用在数量结构"半天"前面，强调时间之久。例如：

他已经进去阵半天唠。

你咋磨［muo³⁵］唠恁半天。

6.2.2.6　阵闷［tsən³¹² mən⁰］、恁闷［lən³¹² mən⁰］

"阵闷""恁闷"作指示代词，只有指别用法，没有称代用法，主要用来：

（一）指示方式。用在动词前面，大致相当于普通话的"这么、那么"或"这样、那样"。例如：

螃蟹不是阵闷吃的。

你要阵闷想我斗不说唠。

叫你阵闷搞，你非要恁闷搞。

恁闷吵他也跟没会着一样。

也可以在动词前加上数词"一"，构成"阵闷/恁闷 + 一 + V"格式，指示动作的方式。例如：阵闷一搞、阵闷一跑、阵闷一哭、恁闷一闹、恁闷一倒、恁闷一想，等等。例如：

听他阵闷一说，我才知道咋搞的。

刚还记得，叫你恁闷一吵，忘记唠。

（二）指示程度。用在形容词、某些动词或结构前面，有"这么""那么"的意思。与"阵""恁"指示程度基本相同，可以互换。例如：

阵闷烫的水呀！

你说话咋阵闷难听。

哪找我阵闷舍得的人。

像你阵闷肯干的人可不多。
你看她打扮得恁闷花哨。
恁闷不像话的事你也做得出来？
埋恁闷生气吵！
他长得恁闷像他的舅舅。

由于用在心理动词前面，"阵闷""恁闷"既可以指示方式，又可以指示程度，有可能会造成歧义。例如：

阵闷想他可不行。
没见过恁闷喜欢一个人的。

（三）指示数量。用在数量结构前面，强调数量之多或少，带有夸张的意味。例如：

吃个饭要阵闷半天？
才阵闷两个人斗想办大事呀？
忙唠恁闷一天啥都没做。
家的统共才恁闷几个人，不费事。

（四）指示性状。用在数量名结构前面，有"这样""那样"的意思。当数词为"一"时，可以省略。例如：

现在的人呐，斗阵闷回事。
记住阵闷几件事。
恁闷一件衣服还好意思穿出来。
他斗是恁闷个人，你埋理他。

6.2.2.7 阵样［tsən³¹² iaŋ⁰］、恁样［lən³¹² iaŋ⁰］

"阵样""恁样"有指别、称代两种用法。指别的"阵样""恁样"，主要用来：

（一）指示性状。用在名词和数量名结构前面，直接修饰名词需要加助词"的"，修饰数量名结构可加可不加"的"，但数词为"一"时，省略"一"。例如：

阵样的事我还是头一回听说。
你埋给我说阵样的话。
我们结婚的时候，恁样的两间房子斗没得。
他斗是恁样个人。

（二）指示方式。用在动词前面，有时可加数词"一"。例如：

我阵样说你斗不听？

像你阵样花钱可不行。

还是照老师说的恁样去做。

恁样一来，问题斗解决唠。

称代的"阵样""恁样"，在句子中作主语和宾语。例如：

阵样不好。

你应该阵样，看到没？

恁样咋行奈！

他现在还是恁样？

"阵样""恁样"，与普通话"这样、那样"大致相同。同时，丹江方言中也有功能相似的"这样 [tsɤ³¹²iaŋ⁰]""那样 [la³¹²iaŋ⁰]"的说法，可能是受到普通话的影响。例如：

我记得有这样一个人。

埋这样搞！

照我说的这样去做。

只有你才会做那样的事。

哪儿有像他那样说话的？

那样一点斗不行。

6.2.2.8　这会儿 [tsɤ³¹²xur⁰]、那会儿 [la³¹²xur⁰]

指代时间的指示代词，丹江方言常用的有近指"这会儿""这阵儿"，远指"那会儿""那阵儿"。此外还有短语性质的近指"这时候""这个时候"，远指"那时候""那个时候"。近指指代距离说话时间较近的某一时间，远指指代距离说话时间较远的某一时间。

"一会儿"是个时段时间词语，相当于"一段时间"。指代时间的指示代词"这会儿""那会儿"来源于指量短语"这一会儿""那一会儿"的简省，但"这会儿""那会儿"既可以指代时段，也可以指代时点。"这会儿""那会儿"在句中可以作主语、宾语（包括介词宾语）、定语和状语。作定语时必须带助词"的"，作状语时，可以用在主谓之间，也可以出现在句首。前面能带上限制性成分，可加或不加助词"的"。

指代时段，相当于"这/那段时间"。例如：

这会儿该是你们玩的时候唠。
你出去的那会儿，老师在找你。
那会儿的事，这会儿谁还记得。
昨儿的也是这会儿吃饭。

指代时点，相当于"这/那个时候"。例如：
他走的那会儿才三点钟。
上次铃响也是这会儿。
从那会儿起，我斗没再理过他。
失火的那会儿，我们还没起床。

6.2.2.9 这阵儿 [tsɤ³¹²tsər⁰]、那阵儿 [la³¹²tsər⁰]

"一阵儿"是个时段时间词语，相当于"一段时间"。指代时间的指示代词"这阵儿""那阵儿"来源于指量短语"这一阵儿""那一阵儿"的简省，但"这阵儿""那阵儿"既可以指代时段，也可以指代时点。"这阵儿""那阵儿"在句中可以作主语、宾语（包括介词宾语）、定语和状语。作定语时必须带助词"的"，作状语时，可以用在主谓之间，也可以出现在句首。前面能带上限制性成分，可加或不加助词"的"。

指代时段，相当于"这/那段时间"。例如：
这阵儿是我们休息时间，你过会儿再来。
贼娃子进来可能斗在人出去那阵儿。
这阵儿的水还太凉，不敢下去游。
让他那阵儿出去玩会儿。

指代时点，相当于"这/那个时候"。例如：
这阵儿几点钟唠？
从那阵儿起我啥都不晓得唠。
这阵儿的火车还没走。
一掉下水的那阵儿我斗慌唠。

6.2.2.10 这（个）时候 [tsɤ³¹²(kɤ³¹²)sʅ⁵³xou⁰]、那（个）时候 [la³¹²(kɤ³¹²)sʅ⁵³xou⁰]

短语"这（个）时候""那（个）时候"，只能用来指代时点。在句中作主语、宾语（包括介词宾语）、定语和状语。作定语时必须带助词"的"，作状语时，可以用在主谓之间，也可以用在句首。前面能带上限制性成分，可加或不加助词"的"。例如：

这（个）时候才早上五点。

这些照片都是我当兵那（个）时候照的。

这（个）时候的菜薹还没长熟，太苦唠。

他那（个）时候还没有到我们班上。

这（个）时候你才来呀？

6.2.2.11 这儿 [tsər³¹²]、那儿 [lər³¹²]

"这儿""那儿"分别指代相对较近、较远的处所，在句中作主语、宾语（包括介词宾语）和定语，作定语时必须带助词"的"。例如：

这儿环境不错。

那儿现在建唠一座桥。

你坐这儿，他坐那儿。

从这儿走几分钟斗到唠。

快搁到那儿！

这儿的菜还怪好吃的。

你认得那儿的人吗？

可以在"这儿""那儿"前面加上限制性成分，不跟助词"的"。例如：

我们这儿好玩吧？

给它放到电视机那儿。

靠窗子那儿的温度要低一点。

6.2.2.12 这下儿 [tsʏ³¹²xər⁰]、那下儿 [la³¹²xər⁰]

"这下儿""那下儿"分别指代相对较近、较远的处所。用法与"这儿""那儿"相当，在句中作主语、宾语（包括介词宾语）和定语，前面可以直接加上限制性成分，作定语时必须带助词"的"。例如：

这下儿可以放张床。

到现在那下儿还很穷。

相片挂这下儿。

你想办法给我的姑娘安排到你那下儿。

这下儿的空气不行，污染太大。

我不喜欢武汉那下儿的规矩。

丹江方言中的"那儿""那下儿",还可以用在单音状态动词后面,不具体指称与动作相关的处所,而是表示状态的持续。详见第 5 章。

6.2.2.13 这闷儿 [tsɤ³¹²mər⁰]、那闷儿 [la³¹²mər⁰]

"这闷儿""那闷儿"分别指代相对较近、较远的处所或不同的方位,大致与普通话"这边""那边"相当。在句中作主语、宾语(包括介词宾语)、定语和状语,前面可以直接加上限制性成分,作定语时可加或不加助词"的"。例如:

这闷儿是条河,那闷儿有片树林。

我从这闷儿一口气可以游到那闷儿。

山这闷儿的话跟山那闷儿的一点都不一样。

那闷儿人我都不认得。

这闷儿走。

丹江方言中,"那闷儿"有两种特殊的重叠。一是重叠"那",可以两叠、三叠甚至更多叠为"那那闷儿""那那那闷儿""那那那……闷儿"。一是重叠"闷儿",可以两叠、三叠甚至更多叠为"那闷儿闷儿""那闷儿闷儿闷儿""那闷儿……闷儿"。表示指代比基式更远的方所。重叠次数越多,所指离说话人越远。详见第 3 章。"这闷儿"却没有这种重叠形式。

6.2.2.14 这个点儿 [tsɤ³¹²kɤ³¹²tir⁰]、那个点儿 [la³¹²kɤ³¹²tir⁰]

"点儿"在丹江方言中是"地方、位置"的意思,却很少单用,前面往往要加上数量或修饰限制语。加指量短语"这个""那个"后,就构成常用的来指称处所的结构形式。在句中作主语、宾语(包括介词宾语)和定语,前面可以直接加上限制性成分,作定语时可加或不加助词"的"。例如:

这个点儿已经有人唠,你们去别的点儿吧。

我现在还在那个点儿。

从你站的那个点儿一直朝前走斗到唠。

这个点儿的菜一般话,那个点儿环境还可以。

6.2.2.15 这□ [tsɤ³¹²pər³⁵]、那□ [tsɤ³¹²pər³⁵]

"□[pər³⁵]"在丹江方言中不能单独出现,它必须和指代词"这、那"结合使用,主要用法有:

（一）单独构成小句，或后面加上语气词"唠"构成小句，作为应答句指称问话人提到的某个人或事物。例如：

——我的眼镜奈？——这□。

——谁个儿看到我的钥匙唠？——那□唠。

（二）后面跟名词性成分，指称这个名词性成分表示的人或事物。例如：

这□你的钱唠。

那□王老师，穿蓝衣服的那个。

"□［pər35］"可能是"不［pu312］"的儿化，"这□、那□"是"这不是、那不是"的简省半凝固形式。

6.3 疑问代词

6.3.1 疑问代词的形式

按照询问对象的不同，丹江方言疑问代词的形式如下表：

询问对象	代词形式
事物	啥、啥子、啥洪子 哪
人	谁个、谁
时间	啥会儿、啥时候、哪一阵 好大（一）会、好长时间
方所	哪儿、哪下儿、哪个点儿、哪闷儿
数量	几、多少、好多、好些
行为 性状 方式 原因	咋、咋样、哪样、啥样
其他	囊、囊闷（木）

6.3.2 疑问代词的功能和用法

6.3.2.1 啥［sa312］、啥子［sa312 tsɿ0］

"啥""啥子"都用于询问事物，相当于普通话的"什么"，但在功能上有所区别。"啥"多用作定语，极少用作主语和宾语，前面还可以出现量词或数量结构。"啥子"多用作主语和宾语，偶尔用作定语，前面只能出现量词而不能出现数量结构。例如：

明的啥天气？
你手的拿的是（一）个啥东西？
今晚上吃啥子？
啥子找不到唠？
你昨的上街买唠个啥子？

"啥子"还可以跟在指人的名词或代词后，询问人的身份、职务等，中间可加或不加助词"的"。"啥"却不具有此功能。例如：

你是老师的啥子？
他是你啥子？
他是你们单位的啥子？

"啥""啥子"还可以用于非疑问句，（一）加在名词性成分前，指示不肯定的人或事物。例如：

我一时半会也想不出个啥好办法。
我没得啥说的。
他又不是我啥亲戚奈。
外头好像出唠啥子事，阵闷吵。

（二）表示任指。例如：

啥都埋说唠，快去做。
啥东西都比不上这好吃。
你咋啥子都不会奈！

（三）表示反诘或否定。例如：

你说的啥话！
这有啥不好意思的？
啥你的我的，我们是啥子关系吵！

"啥子"可以用在复叠的动词之间，表示否定，整个格式附加有不耐烦、厌恶等感情色彩。"啥"却很少能进入这种格式。例如：

催啥子催，等会儿！
鬼叫鬼叫的，叫啥子叫！

一天忙到黑，休息啥子休息！

"啥子"常和"为［uei³¹²］""搞［kau⁵⁵］""做［tsou³¹²］"结合为"为啥子""搞啥子""做啥子"（"做啥子［tsou³¹² sa⁵³ tsʅ⁰］"有时合音为"抓子［tsua⁵³ tsʅ⁰］"），用在谓语前后，或小句的前后，询问原因或目的。其中，"为啥子"用于谓语或小句前，询问原因；"搞啥子""做啥子（抓子）"用于小句后，询问目的，二者不能互换。例如：

你为啥子不说实话？

为啥子他要给你钱奈？

你上恁高搞啥子？

买阵多菜抓子？

"搞啥子""做啥子（抓子）"还可以表示反诘或否定。例如：

你替他说话搞啥子？

你问我做啥子！

我上街抓子？

"搞啥子""做啥子（抓子）"的反诘或否定功能是其疑问功能的主观化表现，而疑问功能则来源于本身动宾结构的语法化，是动宾结构作连动式后项重新分析的结果。例如：

你出去搞（做）啥子？

既可以分析为连动式，询问"出去做什么事情"，也可以分析为小句+凝固疑问形式"搞啥子""做啥子（抓子）"，询问"你出去的目的是什么"。丹江方言中，"搞啥子""做啥子（抓子）"为动宾结构单独作谓语或作连动式后项，也比较普遍。例如：

你搞啥子在？

你拿根铁丝做啥子？

这个架子准备抓子？

6.3.2.2　啥洪子［sa³¹² xuŋ⁰ tsʅ⁰］

"啥洪子"用于询问事物，相当于普通话的"什么"，在句中作主语和宾语，前面可以出现量词或数量结构，后面可以跟事物名词。例如：

啥洪子没见唠？

你叫啥洪子打碎唠？

你看那是个啥洪子在飞来飞去的？

姐姐上街卖唠件啥洪子衣服？

"啥洪子"经常跟在指人的名词或代词后，询问人的身份、职务等，中间可加或不加助词"的"，后面有时带上"人""亲戚""朋友"等名词。例如：

那个人是你啥洪子？

他是局长的啥洪子人？

你有个啥洪子亲戚在市的？

"啥洪子"还可以用于非疑问句，指称不肯定的人或事物或表示任指。例如：

我总觉得有个啥洪子在那儿。

他好像有个啥洪子当老师。

你啥洪子也埋管。

屋的穷得啥洪子都没得。

6.3.2.3　哪［la^{55}］、哪洪子［la^{55}xuŋ^{0}tsʅ^0］

"哪"在句中可以单用作主语，更多的时候是作定语，和数量名结构结合使用。有时，数词和名词可以不出现。作主语时主要用于询问事物，单复数同形；作定语时既可以问物也可以问人。"哪"不管是问人问物，都用于选择问。上下文中或出现选择对象，或不出现。例如：

哪是你们家？

这几个地方哪是你没去过的？

现在哪一位领导还没来？

你哪门课不及格？

阵闷多人，哪个是你朋友哞？

最好吃的是哪种？

"哪"还可以用于非疑问句，（一）表示虚指，指称不确定的人或事物。例如：

等哪天我有时间唠再来。

哪个有空哪个去。

我好像在哪次会上见过他。

（二）表示任指。例如：

哪种颜色的布我们都有。

你随便拿哪个都行。

他们哪一个来我都不怕。

"哪洪子"在句中可以作主语和宾语,既可以问物也可以问人,用于选择问,上下文语境中要指明选择对象。例如:

他们几个,哪洪子你不认识?

这几样东西,你还有哪洪子没吃过?

你说说,哪洪子有问题?

6.3.2.4 谁个 [sei⁵³kər⁰]、谁 [sei⁵³]

"谁个""谁"用于问人,所指既可以是单数,也可以是复数。在句中可以作主语、宾语和定语,作定语必须加助词"的"。"谁个"更具有方言特色,用得更多,"谁"可能是共同语影响的结果。例如:

谁个没来?

谁会做这道题?

那个戴帽子的是谁个?

你们找谁?

你给谁个说唠?

谁个的白菜,咋卖的?

外边那一堆都是谁的东西?

有时也用"谁们"表示复数。例如:

谁们还没领钱?

看谁们还敢来偷?

谁们屋的有得这些东西?

"谁个""谁"还可以用于非疑问句,(一)表示虚指,指称不确定的人或事物。例如:

这个破柜子给谁个算唠。

刚好像谁来找你。

上课的时候不知道谁个的手机响唠。

(二)表示任指。例如:

谁个的东西谁个拿走。

你找谁都行,埋找我。

管他是谁个的亲戚,该怎么样斗怎么样。

6.3.2.5 啥会儿 [sa³¹² xur⁰]、啥时候 [sa³¹² sʅ⁵³ xou⁰]、哪一阵 [la⁵⁵ i³⁵ tsər⁰]、好大（一）会 [xau⁵⁵ ta³¹²(i³⁵) xur⁰]、好长时间 [xau⁵⁵ tsʻaŋ⁵³ sʅ⁵³ tɕian³⁵]

"啥会儿""啥时候""哪一阵"是用来询问时点的疑问形式，"啥会儿""啥时候"可以作状语、定语和宾语，"啥会儿"更常用一些。"哪一阵"只用作状语。例如：

你啥会儿来的？

最快要搞到啥会儿？

你说的是啥会儿的事？

他昨儿晚上啥时候回来的？

这个电影从啥时候开始放的？

这是啥时候的报纸？

你是哪一阵溜进来的？

"啥会儿""啥时候"还可以用于非疑问句，表示虚指和反问，可以用在动词前，也可以用在主语前。例如：

你啥会儿来唠再说。

啥会儿我叫东西给你。

啥时候我还要好好请你一顿。

这都啥时候的事唠！

你还要玩到啥会儿！

"好大（一）会""好长时间"是用来询问时量的疑问形式，"好大（一）会"偏向于询问较短的时量，"好长时间"却可以询问任意长度的时量。例如：

你还得好大一会？

馍馍要蒸好大会？

你下丹江好长时间唠？

好长时间饭才好？

6.3.2.6 哪儿 [lər⁵⁵]、哪儿下儿 [lər⁵⁵ xər⁰]、哪个点儿 [la⁵⁵ kɤ³¹² tir⁰]、哪闷儿 [la⁵⁵ mər⁰]

"哪儿""哪儿下儿""哪个点儿"询问处所，相当于普通话的"哪里、哪儿"，可以作主语、宾语、定语，"哪儿"作定语时必须带助词

"的","哪儿下儿""哪个点儿"作定语时可带可不带助词"的"。例如：

哪儿有卖吃的？
哪儿下儿在放音乐在？
哪个点儿出这种米？
你去哪儿？
东西放哪儿下儿？
他打你哪个点儿唠？
要从哪儿走？
你在哪儿下儿下车？
钱藏到哪个点儿好奈？
你想吃哪儿的菜？
你说的是哪儿下儿（的）话？
哪个点（的）人最有钱？

"哪闷儿"询问方位，相当于普通话的"哪边"，可以作主语、宾语、定语，作定语时可带可不带助词"的"。例如：

哪闷儿有云？
我坐哪闷儿？
你们从哪闷儿走？
哪闷儿的路好走一些？
哪闷儿树还没浇水？

还可以用于非疑问句，（一）表示虚指。例如：

我好像在哪儿看到过他。
哪儿下儿有位置斗给你。
肯定是哪个点儿出问题唠。
不想要，你随便丢到哪闷儿算唠。

（二）表示任指。例如：

哪儿都有这种东西。
别管我，我哪儿下儿都能去。
不管哪个点儿都找不到你这种人。
你放心，从哪闷儿走都能到。

"哪儿"还有一种较为特殊的用法，在对话中经常带上语气词

"啊""呀"等，对发话人提出的话语进行否定，后面也可以紧跟表明否定原因的小句。例如：

——昨的是你吧？——哪儿啊！
——我们老师比你们老师好看得多。——哪儿呀！
——你又没拔插头！——哪儿啊！我走的时候拔唠呀！
——老均县五九年开始搬迁……——哪儿呀！是五八年。

6.3.2.7 几［tçi⁵⁵］、好多［xau⁵⁵ tuo³⁵］、多少［tuo³⁵ sau⁵⁵］、好些［xau⁵⁵ çie³⁵］

"几""好多""多少""好些"都是用来询问数量，用法有些不同："几"不能直接用在名词前，必须带上相应的量词；"好多""多少"可以直接用在名词前，也能带上相应的量词；"好些"总是直接用在名词前，不需要带量词。例如：

你们几个人？要住几天？
你一个月好多工资？
数一下柜子的有好多件衣服？
一个月有多少个礼拜天？
好些人要来？我要准备多少菜？

"几"一般不能单独出现，"好多""多少""好些"可以单用，在句中作主语和宾语。例如：

好多才算事？
你吃好多？我来做饭。
多少是你买的？
钱他还需要多少？
好些没做完？
货发过来好些？

"几""好多""多少""好些"都与动量词结合，用在动词后询问动量，"好些"相对用得较少一些。例如：

你一天一般跑几趟？
我还要抄好多遍？
一分钟搅多少次才行？
请问我还要来好些回数？

"几""多少"可以用于非疑问句,表示不定数量,"几"既能表示数量少,也能表示数量大。"多少"大多表示数量多,此种用法的"多"读为[tuo^{53}]。例如:

你那几个钱怎么够用?(强调少)

我手的还有几个钱。(强调多)

多少人都想来,你还不愿意来。(强调多)

6.3.2.8 咋[tsa^{55}]、咋样[tsa^{55} iaŋ^0]

"咋""咋样"相当于普通话的"怎么""怎么样"。也有人说"怎么""怎么样",大多在较为正式的场合,是较文的说法。常用来询问方式、原因,在句中作状语修饰动词性中心语。例如:

A 询问方式:

这个菜你是咋做的?

咋让他晓得我喜欢他?

你是咋样来的?坐火车还是汽车?

咋样说你才明白奈?

B 询问原因:

你昨的咋怎样跟我说话?对我有意见?

你咋从这儿冒出来唠?

天气阵好,咋样不出去走下?

这天咋样还不变冷奈?

"咋""咋样"作动词性中心语的状语时,既可以问方式也可以问原因。同样是表示时态已经发生变化,句末带上助词"唠"(如 B 组第二例),询问原因;句末带上助词"的"(A 组第一、三例),询问方式。一般来说,如果谓语动词是否定形式(如 B 组后两例),就问原因。

"咋""咋样"也可以作形容词性中心语的状语,既可以问原因也可以问性状的表现形式。一般来说,当中心语是形容词光杆形式时,是询问形容词所表性状的具体表现是什么、程度如何等;当中心语是形容词性的复杂结构时,是询问为什么会出现形容词所表性状。例如:

你说下他咋好?(问性状的表现形式)

你说下他咋阵好?(问原因)

这个车子咋样稳?(问性状的表现形式)

这个车子咋样稳稳的？（问原因）

也用来询问状况，"咋"作谓语，"咋样"通常作谓语、补语，也可以作主语、宾语。例如：

他咋唠？阵不高兴。

上次跟你说的事咋样唠？

一晚上作业做得咋样？

咋样才能让你相信我奈？

你到底想咋样，你说？

还可以用于独词句，表示惊异、不满等。例如：

咋，他不来了？

一句话都不说，咋，你有意见？

咋样，他还敢不理你？

咋样？又跌唠多少？

询问性状，"咋"只用在"咋回事"这一结构中，"咋样"常用在"咋样＋（一）＋量＋名"结构中。例如：

那边一群人围到那儿，咋回事？

你跟我说说他是咋样个人？

今后几天的天气会有咋样一个变化？

"咋""咋样"还用于非疑问句，可以表示虚指。例如：

该咋搞就咋搞，你跟我说也没啥用。

我才不操心奈，他咋说我咋搞。

我没感觉到他咋对你不好。

你咋样来的斗咋样回，我不留你。

我现在管不了你，该咋样就咋样吧。

也可以表示任指。例如：

咋说你都不听，犟得狠！

算唠一晚上，咋算都算不对。

咋样做都行，随便你。

不管他咋样骂你，你都要听到。

6.3.2.9 哪样 [la⁵⁵ iaŋ⁰]、啥样 [sa³¹² iaŋ⁰]

"哪样""啥样"相当于普通话的"什么样"，大多作定语，可带可

不带助词"的";如果语境中明确了选择范围,也可作主语和宾语。例如:

哪样的米好吃?

哪样房子卖得最好?

这几种颜色,你选哪样?

你想找个啥样的男朋友?

我明天穿啥样衣服?

阵闷多款式,啥样最适合我奈?

"哪样""啥样"经常和"的"构成"的"字结构,在句中作主语、宾语和谓语。例如:

哪样的只开花不结果?

你要啥样的?

你们屋的电视机啥样的?

"哪样""啥样"还用于非疑问句,可以表示虚指。例如:

哪样好斗买哪样。

啥样的老子斗有啥样的娃子。

也可以表示任指。例如:

哪样的人我没见过!

啥样的花都没这个好看。

6.3.2.10 囊 [laŋ^{55}]、囊闷(木)[laŋ^{55}mən^0(mu^0)]

"囊"是"哪样 [la^{55}iaŋ^0]"的合音,但它不用于疑问句,只能用于反问句,与否定词"不、没、没有"等连用,表示肯定。例如:

——他对你还怪好。——囊不是!

我囊不关心你?

我囊没想你?太忙唠斗是。

你囊没得钱!

"囊闷(木)"用于反问句,"囊木"是"囊闷"的弱化形式。例如:

他囊闷不好!

囊闷你要回来,在那儿不是怪好?

我要是不理你,囊木回来?

你为啥能看,我囊木不能看?

第 7 章 丹江方言的副词

7.1 丹江方言的副词"白"

丹江方言中有三个读音完全相同的副词，都读为 [pɛ⁵³]。我们分别称之为白₁、白₂、白₃。

7.1.1 白₁

白₁用于动词结构前，表示"没有效果；徒然"或"无代价；无报偿"，不能单用。例如：

（1）衣服算是白₁洗唠。
（2）你去唠也是白₁去。
（3）今儿的白₁看唠一场电影，没要票。
（4）看来我白₁疼唠他一场。

例（1）表示衣服洗得没有效果；例（2）表示你去也是徒然，不起什么作用；例（3）表示没有买票，无代价地看了一场电影；例（4）表示疼他却没有得到回报。

白₁与普通话中的副词"白"用法基本相同，都有重叠形式"白白"，但丹江方言"白白"只能表示"没有效果；徒然"义，没有"无代价；无报偿"义，且不能出现在单音节动词前。

邵敬敏（1986）认为，"白V"可以表示两种对立却又相互依存的意义：付出代价却没有获得相应的利益；获得利益却没有付出相应的代价。副词"白"的语法意义相当于否定副词"不""没"，与"不""没"否定动词的表面义不同，"白"否定的是动词的潜在义。陈一

(1987)进一步概括"白V"的语义特性,可以表示"徒然V",也可以表示"无代价地V"。张谊生(1993)认为否定副词"白"的作用在于否定预设,或表示"付出而无所得"或表示"得到而不付出",是由充当状语的形容词虚化而来,晚唐至北宋已产生(2000a)。

7.1.2 白₂

白₂是否定副词,主要用于动词、形容词结构前,也可以用于某些代词、名词前,不能单用。例如:

(5) 你白₂动。
(6) 白₂废话!
(7) 小心点儿,白₂给水泼唠。
(8) 明天他白₂不来。
(9) 天可白₂下雨。

否定副词白₂语义有三:①表示劝阻或禁止。说话人主观上不愿意听话人准备或正在实施的动作行为发生,加以制止。因此主语都是第二人称。如例(5)、例(6)。②表示提醒告诫。说话人提醒告诫听话人不要实施自己主观上不期望发生的事。主语都是第二人称。如例(7)。③表示担心。说话人担心自己不愿意的事发生。主语可以是人或其他事物。如例(8)、例(9)。

除丹江方言外,邯郸、忻州、新乡、汲县、修武、黑河、齐齐哈尔、哈尔滨、通化、丹东、大连、济南、平度、商丘、开封、通许、沈丘、原阳、郑州、南阳、信阳、安庆、阜阳、芜湖等地方言也有白₂(陈章太、李行健,1996;许宝华、宫田一郎,1999),主要分布在东北官话、胶辽官话、北方官话、晋语、中原官话的郑曹片、信蚌片和江淮官话区。"白"应该不是白₂的本字,是同音替代字。江蓝生(1991)认为,它是"不要"的合音,相当于普通话的"别"。"不要"在合音时,或者是失落韵头 i-,如西安的 pɑu,西宁、洛阳的 pɔ;或者是失落了韵尾 -u,如北京、济南的 piɛ,苏州的 fiæ;或者是韵头韵尾两皆失落,如扬州的 pɛ。江先生的出生地安徽含山县,"不要"的合音也为[pɛ˧]。

丹江方言没有"别","别"义可以用"莫、莫要、埋、不要和白$_2$"表示。其中,"埋 [mɛ^{53}]"最常用,它应该是"莫要"的合音。"莫 [mo^{312}]"和"要 [iau^{312}]"连读,韵母有央化倾向;两个去声相连,前一个变调为31。"不要 [pu^{31}iau^{312}]"合音为白$_2$大抵也是如此。"莫""莫要"主要用于西南官话区,位于中原官话与西南官话交接地带的丹江方言,同时使用"莫(要)"和白$_2$。与丹江方言毗邻的南阳方言既有"白",还有"不要"的另一合音形式"覅 bào"。"覅"用于西安、户县、白河、西宁、洛阳等中原官话区关中片、秦陇片,南阳方言正好处于中原官话郑曹片、信蚌片和关中片、秦陇片之间。

7.1.3 白$_3$

7.1.3.1 白$_3$的句法语义功能

7.1.3.1.1 白$_3$的句法特点

(一)充当状语。

A. 主要用于动词、形容词谓语前。例如:

(10)你白$_3$(就)走去。

(11)他白$_3$(最好)找个好点的医生看看。

(12)你知道她白$_3$(到底)美吧?

(13)甲:你咋懒得抽筋奈呢。乙:你白$_3$(才)懒得抽筋!

B. 用于某些代词、名词前。例如:

(14)还说我,他白$_3$(才)这样!

(15)小三白$_3$(才)神经病。

C. 用于熟语性小句谓语前,常与"是"合用成"白$_3$是"。例如:

(16)你白$_3$(才)得唠便宜还卖乖。

(17)你白$_3$(才)是麻绳提豆腐!

D. 如果谓语前有其他副词,白$_3$一般用于其他副词前。例如:

(18)怕吃苦的话你白$_3$(就)赶紧走。

(19)弟弟白$_3$(才)最不懂事。

(二)白$_3$后可以承前省略谓语。例如:

(20)甲:你真是二球。乙:你白$_3$(才)!

(21)甲:你咋阵不懂事,跟弟弟打架。乙:弟弟白$_3$(才)。

(三)白$_3$用于"A 白$_3$ A"紧缩复句,表示"要(是)……

就……"。例如：

（22）走白₃走。

（23）他不理我白₃（就）不理我，谁稀奇。

（24）我不好白₃（就）不好，你管我！

（25）她说我癞蛤蟆白₃（就）癞蛤蟆。

（26）恁样白₃（就）恁样。

（27）你贵人多忘事白₃（就）贵人多忘事。

7.1.3.1.2 白₃的语法意义

语气副词白₃可以表示确定、委婉、猜测、深究等语气。

（一）表示确定语气。白₃用于陈述句、感叹句，表示强调和确认，相当于"就""才"等。例如：

（28）你白₃（就）埋管我。

（29）不想听，你白₃（就）出去。

（30）她还说我胖，她白₃（才）胖。

（31）他行，他白₃（就）不找我。

（二）表示委婉语气。白₃用于祈使句中，降低祈使强度，使祈使口气相对委婉、舒缓，相当于"最好""还是"等。例如：

（32）你白₃（最好）抓紧时间去。

（33）你白₃（最好）给帽子戴到的。

（34）甲：这是谁搞的？乙：你白₃（还是）去问下他。

（三）表示揣测语气。白₃用于陈述句、是非问句，对不确定的事物进行可能性推测，相当于"或许""大概""恐怕""可能"等。可以与"是""也……是"合用成"白₃是""也白₃是"形式。例如：

（35）他白₃（或许）还没起床。

（36）小王白₃（可能）来不了唠吧？

（37）天白₃（恐怕）是要下雨？

（38）也白₃（或许）是没睡好，也白₃或许是咋搞的，头痛得狠。

（39）阵冈长时间没看到他，白₃（也许）是出国唠，也白₃（也许）是不得闲。

（四）表示深究语气。白₃用于疑问句，对疑惑进行追问或探究，相当于"到底""究竟"等。常与"是""也"合用成"白₃是""也白₃"

"也白₃是"等形式。有以下几种情况：

A. 用于特指问句。例如：

（40）你白₃（究竟）吃啥子在？

（41）他白₃（到底）去找谁？

（42）你妈白₃（到底）是到哪儿去找他去唠？

（43）老王也白₃（究竟）啥时候能回来？

（44）那人也白₃（到底）是为啥子打你？

B. 用于是非问句。例如：

（45）天白₃（究竟）下雨吧？

（46）他也白₃（究竟）和你同过学吧？

（47）姐姐白₃（到底）是来吧？

（48）你妈也白₃（究竟）是喜欢我吧？

C. 用于选择问句。例如：

（49）你白₃（到底）吃米还是吃面？

（50）你白₃（到底）是跟我一起还是跟他一起？

（51）他也白₃（到底）喜欢小王还是小张？

（52）今儿的也白₃（究竟）是出太阳还是下雨？

D. 用于正反问句。例如：

（53）我说的白₃（到底）对不对？

（54）你白₃（到底）是愿意不愿意？

（55）现在也白₃（究竟）晚唠没？

（56）这生意也白₃（究竟）是赚得到钱赚不到钱？

7.1.3.2 白₃的语用功能

白₃的各种语气，是在言语交际中特定的语用背景下，通过说话人不同交际意图和目的的申言行为表现出来的。

7.1.3.2.1 白₃的语用背景

白₃的语用背景包括话语预设和言者主观性两个方面。

（一）话语预设

各种语气的"白₃"字句，话语中都含有一个预设信息。如表确定语气的例（28）预设"你管了我"；表委婉语气的例（32）预设"你没抓紧时间去"；表揣测语气的例（35）预设"他要起床"；表深究语气的例（40）预设"你在吃东西"等。

其中，表确定和委婉语气"白₃"的预设，基本都是"命题＋否定"，语义与命题相反。如例（28）、例（32）。用在形容词谓语前的"白₃"的预设，虽然不是直接的"命题＋否定"，但语义与命题的隐含义相反。如例（30）命题"她胖"实际隐含说话人"我不胖"的辩白，和预设"他说我胖"语义相反。

这个预设信息，限定了"白₃"字句的背景前提，制约着听话人的认知方向。例（28）如果没有白₃，"你埋管我"是个祈使句，或在"你还没有管我"，或在"你已经管了我"的前提下，说话人提出要求：以后不要再管我。加上白₃后，"你白₃（就）埋管我"是一个陈述句，表示在"你管了我"的前提下，说话人强调：当时应该不要管我。

（二）言者主观性

语境中这个预设信息，与言者主观性相结合，共同构成白₃的语用背景。表确定和委婉语气白₃的预设，在说话人看来与自己的意愿、态度或认识不相符合，说话人对该预设持否定态度。如例（28）"你管了我"的预设，与说话人不想要人管的意愿相违；例（32）"你没抓紧时间去"的预设，与说话人"你应该抓紧时间去"的态度不相符。

表揣测和深究语气白₃的预设，说话人主观认识上不能确定，存在疑问。如例（35）说话人对预设"他要起床"是否实现感到不能确定；例（40）说话人对预设"你在吃东西"中吃的对象存在疑问；例（45）说话人对预设"天下雨"的可能性存在疑问；例（49）说话人在预设"你吃饭"中饭的选择上存在疑问；例（53）说话人对预设"我说了话"的正确性存在疑问。

7.1.3.2.2　白₃的申言功能

Austin（1962）提出"做出说话行为的同时也在做施事行为"，根据话语的不同意图和目的将以言行事行为归纳为五类：评判类、施权类、承诺类、表态类、论理类。Searle（2001）修改为：断言类、指令类、承诺类、表达类、宣告类。其中，表达类行事行为是表达对某一现状的感情和态度。各种语气的"白₃"字句即是一种表达类行事行为，在预设与说话人主观意愿不合或说话人主观认识上对预设存在疑问的背景下，说话人会根据不同的交际意图和目的施行不同的申言行为，来提出符合自己意愿和认识的观点、意见和疑问等，同时表达主观情感与态度。

表确定语气白$_3$的使用语境中，存在一个与说话人意愿不合的预设，这个预设使说话人产生不满、厌烦、愤怒、怨恨、埋怨等情绪。带着这种情绪，说话人或斥责对方不按自己的意愿说话行事，或对对方言论进行反驳，或嘲讽对方言行不当等，所持的交际目的虽不同，却都是提醒对方注意话语的预设与说话人的意愿之间的逆差，提出一个符合自己意愿和认识的命题，要求对方遵从或认可。说话人在话语中使用白$_3$，对说话人提出的命题进行强调确认，同时表达不满、厌烦、愤怒、怨恨、埋怨等情绪，来施行斥责、辩驳、嘲讽等言语行为。如例（28）"你管了我"的行为让说话人很不满，说话人斥责对方，强调"不要管我"；例（30）说话人对"他说我胖"的言论感到愤怒，提出"他胖"来反驳对方，强调自己"不胖"；例（31）说话人对"他找了我"的行为表示埋怨，用"他不找我"来嘲讽他其实并不行。

表委婉语气的白$_3$，有一个预设与说话人意愿相违的背景，说话人对此可能产生忧虑、担心、不解等情绪。在这种情绪下，说话人或催促、或提醒、或建议对方做出符合自己的意愿的行为。说话人在话语中使用白$_3$，提出一个符合自己意愿的命题，委婉地催促、提醒或建议对方遵从或接受。如例（32）"你没抓紧时间去"的预设，与说话人"你应该抓紧时间去"的意愿不合，说话人对此感到忧虑，以委婉的语气催促对方"抓紧时间去"；例（33）"你没把帽子戴上"的预设，与说话人希望"你把帽子戴上"的想法不相符，说话人担心并提醒对方"把帽子戴上"；例（34）"你没有去问他"的预设与说话人的想法不合，说话人对此不解，建议对方"去问下他"。说话人带着忧虑、担心、不解等情绪，目的是希望而不是强求对方按自己的意愿行事，因此语气比较委婉。

同是预设与说话人意愿相违的背景，不同的交际目的有时会造成说话人不同的申言行为。如例（32）"你白$_3$抓紧时间去"，说话人如果对"你没抓紧时间去"的预设感到忧虑，就会以委婉的语气催促对方"抓紧时间去"；如果对"你没抓紧时间去"的预设感到不满，就会斥责对方，强调并要求对方"抓紧时间去"。

表揣测语气、深究语气白₃的语境中，说话人对预设主观认识上不能确定，存在疑问，说话人使用白₃，或带着猜测的语气，对不确定事物的可能性提出主观性推测；或以深究的语气，对不清楚、不理解、有疑问的事情提出疑问。如例（35）说话人对预设"他要起床"是否实现感到不能确定，主观推测"他或许还没起床"；例（40）说话人对预设"你在吃东西"中吃的对象存在疑问，对听话人进行询问；例（45）说话人对预设"天下雨"的可能性存在疑问，向听话人进行求证；例（49）说话人对预设"你吃饭"中饭的选择存在疑问，对听话人提出询问；例（53）说话人对预设"我说了话"的正确性存在疑问，向听话人请教，希望听话人告知答案。

7.1.3.3 白₃的来源

语气副词白₃应该是反问句中"不会"合音而成。这是因为：

（一）语气副词白₃与"不会"构成的反问句语义功能基本一致，除了疑问句外，白₃都能用"不会"构成的反问句进行替换，语义功能不变。

助动词"会"可以表示一种带有主观意愿的可能性，其否定形式"不会"，表示没有可能。如果带上反问语气，双重否定，可以表达一种强调语气的肯定，表明说话人的意愿，同时带有不满的情绪。例如："他不会自己来"表示说话人认为"他"没有可能自己来；"他不会自己来？"表示说话人主观上认为或希望"他"能自己来，但是事实上"他"没有来或不愿自己来，说话人对此感到非常不满，强调"他"应该自己来，责怪并强烈要求"他"按照说话人意愿行事。这与"他白₃自己来"中表确定语气的白₃一致。实际上，表确定语气的"白₃"句，都能变换为"不会"反问句。例如：

不想听，你白₃出去。＝不想听，你不会出去？
还说我胖，她白₃胖。＝还说我胖，她不会（是）胖？①
他白₃这样！＝他不会这样？
你白₃得唠便宜还卖乖。＝你不会（是）得唠便宜还卖乖？

---

① 形容词、熟语性小句前的"白"，要加"是"才能变换，是因为"不会"不能直接修饰形容词、熟语性小句谓语。这也是"白"常常和"是"合用的原因。

反问"是一种否定的方式"（吕叔湘，1982），同时具有一些语用功能。邵敬敏（1996）指出反诘语气在不同的交际场合，针对不同的对象，显示困惑、申辩、责怪、反驳、催促、提醒六种语用意义。刘娅琼、陶红印（2011）认为否定反问句表达说话人对听话人的不同程度上的负面事理立场：提醒、意外、反对、斥责。"不会"反问句除了表示斥责、辩驳、嘲讽，还可以表示催促、提醒、建议、揣测等语用意义，这也与委婉语气和揣测语气的白$_3$相对应。例如：

你不会抓紧时间去？ ＝你白$_3$抓紧时间去。（催促）

你不会给帽子戴到的？ ＝你白$_3$给帽子戴到的。（提醒）

他不会找个好点的医生看看？ ＝他白$_3$找个好点的医生看看。（建议）

他不会还没起床？ ＝他白$_3$还没起床。（揣测）

（二）白$_3$的信疑度等级与"不会"反问句疑问程度的变化一致。

白$_3$的各个语义，在可信度上呈现一个序列等级：

确定语气 ＞ 委婉语气 ＞ 揣测语气 ＞ 深究语气

确定语气的白$_3$，传达说话人自己的主观意愿，信息最为确实可信，疑问程度为零；委婉语气的白$_3$，希望对方按照自己的意愿行事，不是十分肯定对方能够完全照办，带有少量疑问；揣测语气的白$_3$，谨慎表达说话人的主观判断，带有一定的倾向性，但还不太确定，疑问程度较强；深究语气的白$_3$，说话人对事实不清楚、不理解，无确实信息，疑问程度最高。

反问句有不同强度的反问语气，即反问句的反诘程度不同，反诘程度越高，疑问程度越低。邵敬敏（1996）认为非疑问句构成的反问句，交际的目的性决定反诘程度的强弱。表达说话人的不满情绪和主观见解的反问句，用于斥责、辩驳、嘲讽等交际目的，常常是无疑而问，反诘程度最高；用于催促、提醒、建议等交际目的，不确定对方能否照做，反问句的反诘程度降低，疑问程度增加；表达揣测的反问句，反诘程度较低，有较高的疑问程度。疑问句的内部类型和交际的目的性决定其构成的反问句的反诘程度，不同的疑问句式显示不同程度的反诘语气。是非问句构成的反问句反诘语气最强，特指问句构成的反问句反诘语气一般，正反问句（或选择问句）构成的反问句反诘语气最弱。徐杰、张林林（1985）认为特指问句的疑问程度最高，"吗"字是非问句和反复问句疑问程度次高，选择问句疑问程度次低，"吧"字是非问句疑问程度最低。看来，疑问句中，"吧"字是非问句最易构成反问句。"不会"反问句的反诘程度变化等级为：表斥责、辩驳、嘲讽＞表催促、提醒、建议＞表揣测＞是非问句＞特指问句＞正反问句（或选择问句）。可以看出，白$_3$与"不会"在疑问程度的变化上保持一致。

（三）从音理上讲，"不［pu^{312}］"和"会［xuei^{312}］"连读为［pu^{31} xuei^{312}］，轻读时韵头韵尾两皆失落，合音为［pɛ^{53}］。

但白$_3$不是"不会"，它应该是"不会"与反问语气共同作用而成。不同强度的反问语气，作为一种构成要素附加在"不会"的合音上，使之表现出不同的语义特点。同时，反问语气的附加语用意义，包括说话人的主观情感与态度，也会与"不会"结合，构成白$_3$的语用意义。李宇明（1990）把反问句理解为"命题＋否定"。白$_3$应该等于"不会＋否定"。反问语气越强，疑问程度越低，否定意义越明显。正因为如此，白$_3$不用于反问句。而反诘程度强、疑问程度低的确定义和委婉义白$_3$，不仅带上较强的肯定意味，而且含有了一个"命题＋否定"预设。它们应该是反问句中"不会"合音为白$_3$的典型形式。低反诘程度的反问句，否定意义不明显，疑问程度却加强。表揣测的"不会"反问句，可以由陈述句构成，确信的成分相对较多，也可以由"吧"字是非问句构成，疑问的成分相对较多。这也是为什么白$_3$既用于陈述句也用于"吧"字是非问句的原因。至于疑问句中的白$_3$，因为疑问句反诘程度为零，不可能由"不会＋反问语气"构成，它应该是典型的白$_3$合音形成后扩散的结果，因此，不能用"不会"反问句替换。

7.2 丹江方言的副词"通"

丹江方言中，"通"是一个常见的程度副词，它的用法较有特点，与其他程度副词如"很""怪""好"等不太相同。

7.2.1 "通"的句法功能

"通"主要用于下面几种情况：

7.2.1.1 修饰动词性成分

作状语，构成"通 + VP"结构。可以前加"通"的动词性成分包括：

（一）动词结构

A. 动宾结构

一般是由心理感受动词（想、爱、恨、怕、烦、害怕、想念、喜欢、操心、担心、讨厌等）、有无、像似动词（有、没得、像）带上宾语构成。例如：

（1）我通想做这事。

（2）大家都通讨厌你。

（3）老板是一个通没得本事的人。

（4）这娃子通像他爸爸。

就像动词"有"的否定形式"没得"可以受"通"修饰，心理感受动词、像似动词的否定形式"不 + V"构成的动宾短语也可以受"通"修饰。例如：

（5）我通不喜欢你看电视。

（6）你这点儿通不像我。

动作行为动词构成的动宾结构不直接受"通"修饰，但它们的否定形式"没（没有）VO"可以前加"通"。例如：

（7）正这儿还通没到时候。

（8）食堂通还没有开饭。

B. 偏正结构

一般是由能愿动词（能、能够、会、可以、愿、愿意、肯、敢、要、应当、应该）作状语修饰动词构成。例如：

（9）你看他通能吃。

（10）他还通敢搞！

这种偏正结构的否定形式是直接在能愿动词前面加"不"，也可以受"通"修饰。例如：

（11）我通不愿意管你。

（12）现在的人通不应该破坏环境。

C. 动补结构

动补结构分三种情况：一是动词带表结果、可能"得"构成的动补结构"V得C"，以及表可能"得"构成的动补结构"V得C"的否定形式"V不C"。例如：

(13) 我比他通写得好。

(14) 他们俩通合得来。

(15) 再不做，你斗通做不完。

二是动词带约数数量补语构成的动补结构，包括表约指的时间词语"两天""一会儿""一段（时间）"，以及由"几"和时量词构成的时量补语，如几天、几年、几小时，由"几"和动量词构成的动量补语，如几下、几趟、几回等。例如：

(16) 我们在外面通玩唠一会儿。

(17) 这件衣服他通穿唠几天。

(18) 你通还要去几趟才行。

三是动词带结果、趋向补语构成的动补结构的否定形式"没（没有）VC"。例如：

(19) 他的作业通还没做完。

(20) 我还通没有吃饱。

(21) 天气通还没有热起来。

（二）动词

一般直接受"通"修饰的动词有心理感受动词想、爱、恨、怕、烦、想念、喜欢、高兴、害怕、操心、担心、讨厌、痛苦等，能愿动词能、能够、会、可以、愿、愿意、肯、敢、要、应当、应该等。例如：

(22) ——你知道他想去吧？——他通想。

(23) 我原来通害怕，正这儿还好。

(24) ——这些他都会搞？——他通会。

(25) 我通愿意。

可以看出，直接受"通"修饰的动词光杆形式，其实是由心理感受动词构成的动宾结构、能愿动词构成的偏正结构的省略。

动作行为动词不能直接受"通"修饰，但是它们的否定形式"没（没有）V"却能直接加上"通"。例如：

(26) 工作通没做。

（27）这个点儿他通还没有睡觉。

7.2.1.2 修饰形容词性成分

作状语，构成"通+A"结构。可以前加"通"的形容词性成分包括：

（一）性质形容词

单音节性质形容词好、坏、美、丑、黑、红、大、小、高、低、胖、瘦等不能直接受"通"修饰，但在"比"字比较句中，却可以出现。例如：

（28）我比他写得通好。

（29）你比我通胖。

双音节性质形容词聪明、干净、背时、客气、热闹、老实、小气等可以直接受"通"修饰。例如：

（30）小王通聪明。

（31）通老实的一个人。

（二）形容词性短语

由一些动词、形容词构成的形容词性短语，如好［xau^{53}］吃、难看、听话、有钱、过细、笑人、怄人、吝人、认生、不要脸、不舒服、不好受、不像话、不得闲、不中用、讨厌人、难为情、讨人嫌、能说会道等，可以直接受"通"修饰。例如：

（32）你比我通好吃。

（33）他们屋的通有钱。

（34）她还通不要脸些。

（三）非谓形容词

一些非谓形容词，如高级、低级、直接等，也可以直接受"通"修饰。例如：

（35）这个牌子的东西通高级。

（36）他做事通直接。

（四）正补结构

由形容词或短语带上"多""很"构成的正补结构，也可以受"通"修饰。例如：

（37）这件衣服通好得多。

(38) 他比你通讨人嫌得很。

7.2.2 "通"的语法意义

从"通"表现出的语法功能来看，它应该是一个修饰谓词性成分的副词。从表现出的语义来看，它主要是表达一种高强程度，相当于普通话的"很、非常"；在比较句中，表示程度更高，相当于普通话的"更、更加"。这种高强程度是说话人对某事件产生的主观意见，"通"实际上表达的是一种主观大量。

"通"既可以用来表达某种性质或属性的高强程度，如例（28）的"通好"，例（30）的"通聪明"，例（32）的"通好吃"，例（35）的"通高级"；也可以用于一些具有程度变化的事件中，强调高强程度，比如心理感受有程度强弱的不同，心理感受动词加"通"后强调程度高强，如例（1）、例（2）的"通想""通讨厌"；有无动词也有数量上一般的有或无还是特别的有或无的程度不同，加"通"后就强调了有或无是一种高强程度的有或无，如例（3）的"通没得"；像似动词有相似度的差别，加"通"后表达一种高强程度的相似，如例（4）的"通像"；事件可能性或说话人主观意愿也有程度的差别，能愿动词加"通"后，强调可能性高或强烈意愿，如例（9）~（12）的"通能""通敢""通愿意""通应该"。由能性助词"得"构成的动补结构"V得C"也是如此，如例（14）的"通合得来"，例（15）的"通做不完"；动作行为的结果有程度的不同，表结果的动补结构加"通"后，强调结果的高强程度，如例（13）的"通写得好"；时间或动作次数对于人们来说有时会产生不同的心理感受，主观认为时间长或短、次数多或少。动词带约数数量补语构成的动补结构加"通"后，强调动作行为的时间长、次数多，如例（16）的"通玩唠一会儿"，例（17）的"通穿唠几天"，例（18）的"通还要去几趟"。

7.2.3 "通"与其他程度副词比较

丹江方言还有其他的程度副词如"很""怪""好"等，"通"的用法与它们都不太相同，"通"不能作补语。

"很"可以直接修饰性质形容词，也可以直接作补语，但"很"不能用于比较句。例如不能说"我比他写得很好""你比我很胖"。"很"也可以修饰动词性成分，但不能像"通"那样修饰表结果、趋向的动补结构。例如，不能说"我比他很写得好""天气很还没有热起来"。另外，"很"不能直接修饰行为动词的否定形式。例如，不能说"工作很没做"。

"怪"可以直接修饰性质形容词，虽然与"通"功能有交叉，但表示的程度稍弱于"通"。"怪"除了可以修饰心理感受动词、有无、像似动词，以及能愿动词构成的动词性成分外，其他的动词性成分不能被"怪"修饰。"怪"不能用于比较句，也不能直接作补语。

"好"与"怪"用法差不多，只可以直接修饰性质形容词、能愿动词、心理感觉动词、有无、像似动词等，其他的动词性成分不能被"好"修饰，也不能用于比较句，不能直接作补语。但表达的程度要高于"怪"。

第 8 章 丹江方言的助词

8.1 丹江方言"得"的对称与不对称

丹江方言中"得"的用法与现代汉语普通话相比,显得更为复杂。具体表现为用法丰富繁多,具有较强的对称性,而于对称中又呈现出不对称。

8.1.1 能性"得"与非能性"得"的对称与不对称

从大的方面讲,丹江方言中"得"的用法最大的特点表现为表达"可能"及相关义与表达其他意义两大系统相对称。这种对称性以语义上的相关性为依据,以语音上的同音性为外在表现。

丹江方言"得"从语义上可以分为两大部分:①表示可能,以及以"可能"义为基础引申发展而来的相关意义,例如表示许可、必然、必须等助动词、可能补语标记等;②表示由"实现"义为基础引申发展而来的相关意义,如完成体、持续体、介词、趋向补语标记、状态补语标记、程度补语标记等。语音上,"可能"及相关义全部都读为 [tɛ],而其他意义都读为 [ti⁰]。

在句法结构形式上,二者却存在着不对称。读为 [tɛ] 的"可能"及相关义的"得"出现在动词前与动词后两个位置,而读为 [ti⁰] 的"得"却只出现在动词后。

这种对称不对称关系是由"得"长期的演变发展造成的。"得",《说文》:"行有所得也。"本义为动词"获得",对象是具体的事物。例如:"楚人遗弓,楚人得之,又何求乎?"(《公孙龙子·迹府》)后来涉及对象范围扩大到抽象事物,词义泛化为"得到"。例如:"故得万国之欢心,以事其先王。"(《孝经·孝治章》)再引申为"实现、达成"。例如:"虽欲耕,得乎?"(《孟子·滕文公上》)丹江方言中,"得"的实义动词用法除了"得到"义用于"得唠一等奖、得唠八十分"等特定语境外,已经不再能单用,只能以语素形式存在于"得到、得分、获得、取得、觉得"等一些双音节词中,读为[tɛ⁵³]。

能性"得"根据位置,有两个来源。一个位于动词前,产生较早。当"实现、达成"义"得"后带上动词性宾语时,"得V"结构为"得"的重新分析提供了句法语义基础。句法上,动词宾语的焦点位置使它自身地位得以加强,与此同时,"得"的核心动词地位受到削弱,慢慢向修饰动词的助动词转化。语义上,当"实现"义"得V"结构用于未然句(吴福祥,2002),包括否定句,例如:"无情者,不得尽其辞,大畏民志。"(《大学·章句》)疑问句,例如:"士蔿出语人曰:'太子不得立矣。改其制而不患其难,轻其任而不忧其危,君有异心,又焉得立?'"(《国语·晋语》)假设句,例如:"苟使意如得改事君,所谓生死而肉骨也。"(《左传·昭公二十五年》)整个句意表示"结果没有实现"。根据省力原则的"不过量准则","结果没有实现"对于听话人很容易根据常识(如果X不可能实现,那么X没有实现),推导出"结果不可能实现"的隐含义(沈家煊,2005)。也就是说,表示动作实现的"得V"结构,在未然语境中产生出动作可能实现的意义。"得"由"实现、达成"义转变为"可能"义,整个变化过程在先秦既已完成。

另一个位于动词后,产生较晚。根据太田辰夫(1958)、蒋绍愚(2001)的观点,"V得(O/C)"中表可能的"得",是由"获得→实现→可能"发展而来的。表"实现"的"V得(O/C)"出现在未然的语境中,就产生出"可能"义"得",重新分析的语义基础与动前"可能"义"得"完全相同。动词后"可能"义"得""从唐代起就用得很多"(太田辰夫,1958)。

这两种不同位置的"可能"义"得"都保留在丹江方言中,并且还有不同程度的发展,产生出一些方言特殊用法。由于这些用法都是表示"可能"及相关义,带有一定的实义,读音与实义动词"得"相同,读为［tɛ］。只是为了区别语义，具体用法的声调存在不同。

除去读为［tɛ］的"可能"及相关义"得"，其他用法的"得"全部出现在动词后，读为轻声［ti⁰］，它们都来源于动词后表"实现、达成"义的实义动词"得"。包括：

（一）完成体、持续体标记（具体见第 5 章第 5.3 节）。完成体标记用法是丹江方言"得"对古汉语用法的继承。太田辰夫（1958）指出，"得"表"完了"或"持续"的用法是从表"实现"转来的，它的来源是很早的。在"V 得（O）"的句法格式中，当"V"范围不断扩大，并列动词"得"的地位开始逐渐削弱，一旦所带宾语只与"V"发生关系时，"得"就弱化为动词的补语，语义由"获得"变为"实现"，表示动作的结果。动作的实现意味着动作的完成，动补结构中的"得"本身就具有"完成"义。紧跟在动词后的位置与隐含的"完成"义为"得"由动词补语向完成体标记的转变提供了句法语义条件。例如："草中抬得身，扪摸觅途路。"（《敦煌变文·双恩记》）同时，当动结式中的动词是状态动词时，动作的达成实现，就会呈现出一种相对静止的持续状态。"得"在这种句法环境下因此转化为持续体标记。例如："阿妹抱得弟头，哽咽声嘶，不敢大哭。"（《敦煌变文·伍子胥》）完成体、持续体标记"得"自唐代产生后，一直出现历代文献中。如今，普通话虽然不再使用，却还保留在某些方言中。

（二）介词"得"。介词用法也是古汉语用法在丹江方言中的沿用。"得"做介词，用于"V + 得 + 处所宾语"结构，表示引进动作行为的方向、位置等，相当于普通话的"到、在"等。例如：

东西我搁得柜子的唠。

你躺得床上去。

你咋跟得后头在？

我们房子盖得河边上。

表示"得到"义的"得"，于东汉末在"V + 得（+O）"格式中开始变化，由"得到"变为动作的完成实现或有了结果。变化的一部分原因是因为高频使用中的"V"范围扩大，不限于具有［取得］义的动词。在这种情况下，一旦与动作的方向、位置有关的动词带上处所宾语时，"得"就有由表示前一动作的完成实现的动词重新分析为引进动作的方向、位置的介词的句法语义条件。例如：

志在帖上，少间有时只射得那垛上；志在垛上，少间都射在别处去了。(《朱子语类》)

但存得自家在，怎到得被虏劫。(《董西厢》)

可能正是因为仅保留了"V+得（+O）"的来源格式，丹江方言介词"得"表现出句法形式上的不对称，只能出现在动词后，不能出现在动词前。

（三）趋向补语标记。"得"用在动词和趋向动词之间，起连接作用，整个结构表示动作的趋向。例如：

他在屋的跑得过来跑得过去，一会都不消停。

我给你送得饭来唠。

你拿得钱来才行。

丹江方言趋向补语标记"得"直接来源于近代汉语。表示"实现、达成"义的"V得（+O）"，如果后面加上表趋向的动词，就构成"V+得（+O）+趋向动词"格式，表示动作趋向的实现与达成。例如：

师曰："还将得游山杖来不？"对曰："不将得来。"师曰："若不将来，空来何益？"(《祖堂集》)

（四）状态补语标记。丹江方言"得"做状态补语标记，用法与普通话相同，用在动词后，带上动词、形容词性和主谓结构补语。例如：

小娃子高兴得跳来跳去。

我吃得怪好。

气得他说不出来话。

状态补语标记"得"，也来源于"V+得（+O）"格式中的"实现、达成"义"得"。根据岳俊发（1984）的观点，南北朝时，在表完成的"得"后面补上一种描写性质的成分，构成"动—得—动/形/主谓"的格式，就产生了状态补语句。蒋绍愚（2001）也认为，状态补语结构"V得C"中的"得"，就是这种表示动作实现或有了结果的"得"。

（五）程度补语标记。丹江方言"得"作程度补语标记，用法与普通话基本相同，用在形容词或表示心理活动的动词后，带上表示程度的词或短语，如很、狠、慌、死、厉害、不得了、要命、要死、够戗、吓死人等。例如：

  天热得狠。

  我烦得不得了。

  唉呀！累得够戗！

  几天不见，你胖得吓死人。

  程度补语标记来源于状态补语标记"得"。普通话最常用的程度补语"很"，本义是"乖张、违逆"，《广韵》："很，很戾也。"后产生出"凶暴、猛烈"义。与"狠"通。狠，《说文解字》："吠斗声。"段注："今俗用狠为很。"元明时，有用于动词的状态补语的。例如：

  相公恼的狠哩。（《元曲选·金线池》）

  黄天化急待闪时，已打在脸上，比哪吒分外打得狠。（《封神演义》）

  庙巫越把话来说得狠了。（《初刻拍案惊奇》）

  可能是和蒙古人接触较多的北方人之间使用的俗语（太田辰夫，1958），元代"很"在某些文献中用作副词，写作"哏"。例如：

  事物哏多。（《元典章·朝纲》）

  煎盐的灶户哏生受用。（《元典章·户部》）

  抑或受到动词、形容词前副词用法的影响，当表状态的动补结构中的动词是心理活动动词时，"很"可以分析为表程度的副词，并把这种修饰关系类推到形容词作核心谓词时。至此，程度补语结构产生。例如：

  这家子远得很哩！相去有五七千里之路。（《西游记》）

  这里来，这样热闹得狠。（《金瓶梅词话》）

  根据太田辰夫（1958），程度补语"慌"，原先也是状态补语，表"由于……而惊慌"之意。例如：

  也则是打的慌，我胡攀乱指。（《元曲选·勘头巾》）

  好冷手，冰的人慌。（《金瓶梅词话》）

  元明时转变为程度补语。例如：

  爹爹，我饿的慌噤。（《元曲选·黄粱梦》）

  我恰才口渴的慌。（《元曲选·盆儿鬼》）

由于以上五种用法都是动词后表"实现、达成"义的动词"得"语法化而来，语义变得越来越虚的同时，语音也弱化为轻声的［ti⁰］。这种语音弱化与相应用法的确定是一致的，不管体标记、介词还是补语标记，在元明文献中都有写作"的、底"的。一方面表明此时入声在消失，另一方面也说明"得"本身的语音发生弱化。

8.1.2 动词前与动词后能性"得"的对称与不对称

表示可能，以及以"可能"义为基础产生出的相关意义的能性"得"，根据不同来源，可以出现在动词前与动词后两个位置上。这种句法形式上的对称性中，实际上却包含着句法、语音、语义、语用等方面的不对称。

8.1.2.1 句法上

能性"得"能单独出现在动词前动词后，构成"得V、V得"对称格式。例如：得去、去得；动词还能分别带上宾语或补语或同时带上宾语补语，构成"得VO/C、V得O/C"和"得VCO、V得CO"对称格式。例如：得吃饭、吃得饭、得做好、做得好、得做好饭、做得好饭等；能性"得"的否定式，不管动词前动词后都是在"得"前加否定词"不"，构成"不得V（O）、V不得（O）"对称格式。例如：不得去、去不得，不得吃饭、吃不得饭；动词前动词后都有相同的反复问句形式："得V不得V（O）、V得V不得（O）"或"得不得V（O）、V不V得（O）"。例如：得去不得去、去得去不得，得不得吃饭、吃不吃得饭。

不对称的情况有：

（一）虽然"得"出现在动词前动词后，动词都带上补语或同时带上宾语补语，但"得"出现在动词前时，动词不能带动词补语"成、了、到、得"等；"得"出现在动词后时，动词可以带上动词补语"成、了、到、得"等。例如：*得做成（了、到、得）、做得成（了、到、得）。

（二）动词带上补语后，动词前动词后的"得"的否定式不对称。动词前"得"的否定是在前面加否定词"不"，构成"不得VC（O）"格式。例如：不得做好、不得做好饭；动词后"得"的否定是去掉

"得"并在补语前加否定词"不",构成"V 不 C(O)"格式。例如:做不好、做不好饭。

(三)动词带上补语后,反复问句形式不对称。动词前"得"的反复问句形式是"得不得 VC(O)"。例如:得不得做好、得不得吃饱饭。动词后"得"的反复问句形式是"V 不 V 得 C(O)"或"V 得 C(O) V 不 C(O)"。例如:做不做得好、吃不吃得饱饭。做得好做不好、吃得饱(饭)吃不饱饭。

(四)动词后能性"得"还可以加上羡余成分。"V 得(C)"结构能在前面加上能性助动词"能、可以"等。例如:能吃得、可以做得好;"V 得"结构能在中间加上能性补语标记"得",构成"V 得得"格式。例如:吃得得、做得得。动词前能性"得"则没有这种羡余形式。

动词后能性"得"的羡余用法,可能是语用过程中的类推在起作用。"能 V 得(C)"是受到表结果的"能 VC"结构的影响;"V 得得"则是受到表状态的"V 得 C"结构的影响。其中,由"V 得 C"的出现而类推出的"V 得得"结构,根据汪国胜(1998),在江淮官话和西南官话的一些方言中都有分布,与更早出现的"V 得"结构共存在方言中。正是因为它们是羡余用法,"能(可以)V 得"和"V 得得"结构中的"得",语音也有弱化现象。"能(可以)V 得"结构中的"得"声调弱化,读为轻声[tɛ⁰];"V 得得"结构中的第一个"得",声母弱化为[l]的同时声调弱化,读为轻声[lɛ⁰]。特别是"V 得得"结构中"得"读[lɛ⁰],这样就和后一个"得"[tɛ⁵³]在语音上区别开,保证了丹江方言"V 得得"结构的留存,而不是像普通话或某些方言被简省为"V 得"。

8.1.2.2 语音上

虽然能性"得"都读为[tɛ],但位于动词前或动词后的具体读音却存在不同。动词前"得"读为[tɛ⁵⁵],动词后"得"读为[tɛ⁵³]。这种位置上的语音对称性并不完美,有一些不对称的现象出现。具体情况见第 8.1.2.3 节。

8.1.2.3 语义上

能性"得"从理论上讲,不管动词前、动词后都应该存在对称,分别具有三种层面的语义：客观层面、主观层面和认识层面。但实际上，动词前、动词后的"得"与它们的否定形式，在语义上也呈现出复杂的不对称性。

8.1.2.3.1 动词前"得[tɛ⁵⁵]"

动词前"得"具有三种层面的语义，分别如下：

（一）表示客观条件、情理下的可能、许可等。例如：

你得去，他不得去。

表现好的同学才得回家。

我作业做完唠，我得吃饭。

这种语义的"得"还可以引申发展出相关义，表示客观条件要求必须、应该做某事。例如：

你得去，不然咋办？

他得好好反省反省。

这事还得跑一趟。

为了与源义相区别，"必须、应该"义"得"有时读为[tɛ⁵³]。例如："你得[tɛ⁵⁵]去，他不得去。"表示能够去，"你得[tɛ⁵³]去，不然咋办？"表示必须去；"我得[tɛ⁵⁵]吃饭"表示可以吃饭，"我得[tɛ⁵³]吃饭"表示应该吃饭。没有歧义时，"必须、应该"义"得"读为[tɛ⁵⁵]、[tɛ⁵³]两可。

（二）表示主观能力、意愿下的能够、可以等，相当于普通话的"能、会"等。例如：

我相信他得去。

你的目标你一定得实现。

坚持一下，我们得成功的。

（三）表示主观认识上的可能、或许等，表示一种估计或推测。例如：

得让你去的。

小王还没来，得是生病唠。

你去唠得好一些。

动词前"得"的否定形式，是在"得"前加否定标记"不"表示。"不得"也有相应的三种层面的语义，例如：

他不得去。

表示：A. 客观条件下没有可能做某事，客观情况不允许、不许可，相当于"不能去"。例如：他考试没及格，他不得去。

B. 主观能力、意志上不可能、不会做某事，相当于"不会去"。例如：他不喜欢这些活动，他不得去。

C. 主观认识上可能不会、不一定做某事，相当于丹江方言的"未枪去、不枪去"，普通话的"未必、不一定去"。例如：家里没有人，他不得去唠吧？

其中，第一层面的客观条件不允许义还可以进一步引申出禁止或劝阻义，例如：不得进入、不得说话、不得停车等。为了与源义相区别，禁止或劝阻义"得"读为 $[tɛ^{53}]$。

8.1.2.3.2　动词后"得 $[tɛ^{53}]$"

与动词前"得"不对称的是，动词后"得"的语义并不具有相同的三个层面，意义相对比较单纯。

动词后"得"根据句法性质可以分为两种，一种动词性较强，后面不带动词的补语的"得"，读为原调 $[tɛ^{53}]$；一种动词性较弱，后面带上动词的补语的"得"，读为轻声 $[tɛ^{0}]$。它们的否定形式不同，具体表示的语义也不相同。

不带补语的肯定形式"得"，只有客观一个层面的语义，并没有主观和认识层面上的意义。表示客观条件、情理下的可能、许可等。例如：他去得，你去不得。

不带补语的"得"的否定形式，是在"得"前加否定标记"不"，构成"不得"格式。"V 不得"有客观、主观两个层面的语义，也没有认识层面上的意义。分别表示客观条件下没有可能做某事。例如：你看不得这种书。表示主观能力、意志上不可能、不会去做某事。例如：我看不得这种事。

与之对称的肯定形式"得"却没有主观层面上的意义，但是它很有可能原来是有而现在消失了。因为有一个表示主观能力强意义的动词后"得"，极有可能是它的主观层面意义的引申。这种动词后"得"，表示很有能力去做某事。例如，"他吃得"是指他很能吃，"做得事"是指具有很强的做事能力。另外，它表示客观条件、情理下的可能、许可等还引申产生出另一个意义，表示到动作的时间了，该做某事了。可以带有宾语，句尾总是出现句末语助词"唠"。没有相应的否定形式。例如：

　　去得唠。

　　吃得饭唠。

　　抓紧时间，上得学唠。

带补语的肯定形式"得"，有客观和主观两个层面的语义。例如："他有钱，去得成"，"得"表示客观条件决定能够做某事；"这次考试我考得好"，"得"表示主观有能力做某事。带补语的动词后"得"，没有自己的否定形式，表示否定的能性意义借用表示结果的否定形式"V 不 C"，有客观和主观两个层面的语义。例如："他没得钱，去不成"；"这次考试我考不好"。

可以看出，动词前后的能性"得"在语义上最大的不对称，在于认识层面意义的有无。很明显，认识层面意义是"得"主客观层面意义虚化的结果，虚化的动因是隐喻和类推，演变机制是主观化。主客观层面意义的"得"，表示某人做某事不受阻碍，意义较实；认识层面意义的"得"，表示说话人做出某个论断不受阻碍，意义较虚。根据沈家煊（2003）的"认知三域"，主客观层面的"得"属于具体的行域，认识层面的"得"属于抽象的知域，从具体的行域投射到相似的抽象的知域，概念上的隐喻就导致虚化意义的产生。这个虚化的过程，不仅包括"主观化"和"去语义化"，具体的、表达客观指称的意义变为抽象的、表达说话人主观态度的意义，而且在句法上"去范畴化"，丧失了典型的助动词所具有的某些形态句法特征。如认识层面的"得"，不再只出现在动词前，还能用在句首主语前。例如：得明天我们再去的。更进一步，与表示估计和猜测的副词"许"构成"许得"形式。例如：他许得去。同时，语音形式上出现弱化，有些表估计或推测的"得"可以读为轻声 $[tɛ^5]$。

丹江方言中，动词前的能性"得"发展得较为彻底，具有了认识层面意义；而动词后的"得"却没有这种意义。也正可能因为此，动词后的"得"整体语义较实，读音与动词用法相同，读为 $[tɛ^{53}]$；而动词前的"得"具有较虚语义，读音变化为 $[tɛ^{55}]$。

8.1.2.4 语用上

能性"得"与它的否定形式在使用频率上不对称。动词前后否定的"不得"和动词后带上补语的否定式"V 不 C",在丹江方言中的使用频率大大高于相应的肯定形式"得"和"V 得 C"。

其实不仅丹江方言,自能性"得"产生后,历代汉语包括现代汉语普通话中都是如此。根据蒋绍愚(1995)、吴福祥(2002)考察,"V 不 C"与"V 得 C"使用频率上的不对称在唐诗和宋代汉语里就是这样。刘月华(1980)对曹禺、老舍等人的 110 多万字的作品进行了统计,"V 得 C"出现 24 次,"V 不 C"出现达 1211 次。石毓智(2001a)利用《现代汉语频率词典》考察了一些结合得比较稳固的"得"字短语,例如,"舍得/不得、对得/不起"等,得出结论:"V 不 C"的合计词次是"V 得 C"的 7 倍。

沈家煊(2005)利用省力原则的"不过量准则",对这种不对称作出了较为合理的解释。根据"不过量准则",人们很容易按照一般的语用逻辑,从结果"没有实现"推导出结果"不可能实现"的隐含义来。也就是说,正是因为表实现义的"得"在否定的未然语境中才产生出它的能性意义,否定式的"得"本身就表示结果"不可能实现",而肯定式的"得"必须在否定的未然语境中才表示结果"不可能实现",因此,能性"得"多以否定形式出现就是理所当然的了。

丹江方言中,还有一个读为轻声的"得"[tɛ⁰],没有实在的意义,紧跟在动词的前后,一起出现在"否定词+能愿动词"后面。例如:

你不消得去。

他斗不该想得。

不听话斗埋想去得。

不对称的是,用在动词前的"得+V"只能出现在"不消('需要'的合音)"后面,用在动词后的"V+得"用法却相对较自由。这个轻声"得"极有可能是能性"得"进一步虚化的结果。

8.1.3 "V+得+趋向补语"表可能和表趋向的对称与不对称

与现代汉语普通话不同,"V+得+趋向补语"结构在丹江方言中用法也存在对称,同时可以表示可能和趋向。例如:拿得来。"得"读

[tɛ⁰] 时，表示能够拿来；"得"读 [ti⁰] 时，表示拿来。

不对称的是，当动词带上宾语时，宾语在"V+得+趋向补语"结构中出现的位置不同。表"可能"义，宾语放在后面构成"V+得+趋向补语+宾语"结构。例如：拿得来钱；表"趋向"义，宾语放在"得"后构成"V+得+宾语+趋向补语"结构。例如：拿得钱来。表"可能"义的结构否定形式是"V+不+趋向动词"。例如：拿不来、拿不来钱；表"趋向"义却没有相应的否定形式。在具体使用中，表趋向的"V+得+趋向补语"结构"得"可以省掉，并不影响语义。例如：拿得来 = 拿来、拿得钱来 = 拿钱来；表可能的"V+得+趋向补语"结构却不能随意去掉"得"。

正是因为表趋向的"V+得+趋向补语"结构与表趋向的"V+趋向动词"结构，表达的意思非常接近，因此，"V+得+趋向补语"结构逐渐成为一种多余的格式，在现代汉语普通话中消失了。丹江方言保留了较古的用法。此外，根据邢向东（2002）的观点，山西的一些地方如神木、临汾、洪洞、浮山、闻喜、曲沃、霍县、临县、清徐、文水等，也有这种结构的遗留形式。与丹江方言不同的是，山西方言的宾语还可以出现在趋向补语后面，构成"V+得+趋向补语+宾语"格式。例如：拿得去五百块钱、送得去八十车炭。这种方言间宾语位置不同，与丹江方言不同用法的宾语位置不同，都是历史用法在方言中有差别的遗留造成的。近代汉语中，"V得C"结构如果动词带有宾语，可以有"V得CO、VC得O、V得OC、VO得C"四种位置。其中，"V得OC"是见于文献最早、使用比例最大的形式，自唐代产生后一直到元明都占优势，清代以后变得少见。现在丹江方言表趋向保留了这种形式；"V得CO"产生于宋代，元明逐渐增加，至今使用在现代汉语普通话中。丹江方言表可能、山西方言表趋向保留了这种形式。

8.1.4 "V得C"表可能和表状态的对称与不对称

与普通话一致，丹江方言中"V得C"结构存在表可能和表状态的用法对称。当"得"读 [tɛ⁰] 时，是可能动补结构；"得"读 [ti⁰] 时，是状态动补结构。

但是这种对称也是不完全对称，有一些不对称的情况。表现在：当

"C"是单个动词时,"V 得 C"结构只能表可能,不表示结果。例如:打得跑,"得"读[tɛ⁰],表示能够打跑。唯一例外是"哭",它可以单独作补语,既表示可能,也表示动作结果。例如:打得哭、气得哭、累得哭。当"C"是动词、形容词构成的复杂结构时,"V 得 C"结构只能是状态补语结构。例如:打得跑唠、打得他直跑、打得很快,"得"都读[ti⁰]。

只有"C"是单个形容词时,"V 得 C"结构才存在歧义,既表示可能,也表示状态。但也有不对称的情况。表现在:当"C"是性质形容词时,"V 得 C"结构表可能、状态两可。例如:做得好;当"C"是状态形容词时,"V 得 C"结构只能表状态。例如:长得漂亮。当"C"是性质形容词时,"V 得 C"结构表可能,动词可以带宾语,放在补语后面。例如:做得好事情。"V 得 C"结构表状态,动词不能带宾语。动词的受事若出现,必须放在句首。例如:事情做得好。但这种结构也表示可能。另外,它们的否定形式也不相同。表可能的否定式是"V 不 C",表状态的否定式是"V 得不 C"。例如:"做不好"表示不能做好,"做得不好"表示没有做好。

造成"V 得 C"结构("C"包括趋向动词)对称、不对称的原因,蒋绍愚(1995)、吴福祥(2002)给出了很好的解释。可能补语和状态补语结构都来源于表"实现、达成"义"V+得+C"结构,它们的早期形式完全一致,区别在于所处的语境:在已然语境中,"V 得 C"结构表示状态;在未然语境中,"V 得 C"结构表示可能。例如:

烧得药成须寄我,曾为主簿与君同。(姚合《送张齐物主簿赴内乡》)

虽然从上下文我们可以知道本句的确切语义是表结果实现的,但是如果把它用在未然的语境中,就得到可能的意义。也就是说,"V 得 C"结构不管"C"是什么,用法本来是对称的,既能表可能,又能表结果或状态。但是,由于"C"是单个动词时,表结果实现的"V 得 C"结构与表结果的粘合式述补结构"VC"语义基本等同,前者因此成为一种冗余的语法形式,逐渐消失掉,这种结构就只保留了表示可能的用法。至于否定形式不对称,是因为两种用法的否定式不是同一来源。"V 不 C"先秦本来是"VC"的否定式,表示结果没有实现(如呼之不来，挥之不去），比"V 得 C"结构产生的时间要早，唐代才重新分析为表示结果不可能实现的述补结构，对此沈家煊（2005）用"不过量准则"进行了解释。而表示结果没有实现的"VC"结构的否定式与表示结果不可能实现的可能述补结构的否定式，在语义上差别很小，靠语境也难以区分，因此，宋代时"V 不 C"就专门用来表示可能，不再表示结果。表状态的否定式"V 得不 C"出现得较晚，大约是在宋代由表状态的"V 得 C"结构类化而来。

由于"C"是形容词时，"V 得 C"结构表示状态，并没有与之语义对应的粘合式状态补语结构"VC"，因此得以同时保留可能义和状态义。

8.1.5 "有得""没得"的对称与不对称

"有得"是丹江方言中相当于普通话动词"有"的一个凝固结构，它的否定形式是"没得"。

"有得、没得"与普通话的"有、没有"相比，用法有同也有别。相同之处在于：语义上，"有得、没得"也能表示领有、具有。例如：他有得钱、我没得字典；也表示存在。例如：地上有得水、屋里没得人；也表示性质、数量达到某种程度。例如：这娃子有得我高唠、他没得一米八。句法上，也可以受"很、怪、最"等程度副词修饰，表示评价。例如：他很有得一些钱、这个人最没得用处唠。不同之处在于：句法上，不能像"有、没有"带体标记"着、了、过"那样带"的（到）、唠、过"等，但位于句末时可以带句尾体标记"唠"。例如：钱有得唠、饭没得唠、"没得"不能像"没有"那样后面带动词性成分。例如：没有吃饭。却可以在带上名词性成分后，再带动词性成分。例如：没得饭吃。没得时间出去玩。此外，"没得"能用在某些动词后面，表示没有、完、消失。例如：饭吃没得唠、钱用没得唠。

"有得、没得"可以单独回答问题。构成的正反反复问句有两种形式：有没得/有得没得？如果带有宾语，可以有五种形式：有得钱没？有得钱没得？有没得钱？有钱没得？有得没得钱？

"有得、没得"肯定、否定用法基本对称。唯一不对称的是，"有得"不能像"没得"那样出现在某些动词后面。它们最大的不对称在于语音上,"有得"的"得"读[tɛ⁰],"没得"的"得"读[tɛ⁵⁵]。

这种不对称与它们的词汇化来源有关。从结构内部看,"有得"是由动词"有"加动词后"得"构成,它的词汇化源头可能是表示动作可能的"V得"结构。表可能的"V得"在唐代就已经较普遍使用,动词"有"可以出现在格式中。例如:

诸供奉曰:"从上国师,未有得似和尚如是机辩。"(《祖堂集》)

衣囊中有奇宝,愿有得一见。(《宣室志》)

表可能的"有得",后面往往跟的是一个谓词性成分,比如上例中的"似和尚如是机辩""一见"等。当后面所跟的成分扩大到名词性成分时,"可能有某事物"意味着"有某事物","有得"出现重新分析的可能。例如:

人生有得许多愁。惟有黄花如旧。(辛弃疾《西江月·三山作》)

有得恁多烦恼,直是没些如意。(沈端节《喜迁莺》)

如果上例还可以分析为"能有",那么下例只能分析为"有"。也就是说,至迟在宋代,"有得"已经词汇化了。更多的用例有:

大凡人有得些小物事,便觉累其心。今富有天下,一似不曾有相似,岂不是高!(《朱子语类》)

如有得九分义理,杂了一分私意,九分好善、恶恶,一分不好、不恶,便是自欺。(《朱子语类》)

张屠道:"却不作怪!莫坡寺殿里能有得多少大?佛肚里到行了许多路!"(《三遂平妖传》)

这杨温却离庄有得半里田地,寻个草中躲了。(《清平山堂话本》)

"有得"的否定形式是在前面加否定词"没、未"等,并不是"没得"。这也证明"有得""没得"的来源并不相同。例如:

陈公子下待下笔,倒是钱公布道:"这事断没有得,不消写,不写了。"(《型世言》)

本朝累有征蛮之役,未有得全胜者。(《今言》)

"没得"的内部结构是否定词"没"加"得",它的词汇化源头可能是"没"修饰表可能结构"得V"构成的"没得V"结构的重新分析。"没能做某事"意味着"没有做某事","得"义开始消失,"没得"凝固在一起表"没有"。例如:

每日做十枝，只是没得卖。(《三遂平妖传》)

歇歇进门没得说，赏她个漏风的巴掌当邀请。(《清平山堂话本》)

如果说上例"得"还保留些许意义的话，那么，当"没得"后面不只是动词性成分，还能带上名词性成分时，"得"的语法作用就完全消失，"没得"词汇化完成。例如：

从早至黑，水也没得口，三官饿的眼黄。(《清平山堂话本》)

那时重整家风，徽儿也没得话讲。(《清平山堂话本》)

这都是我佛如来坐在那极乐之境，没得事干，弄了那三藏之经！(《西游记》)

兜肚断了带子——没得绊了。(《金瓶梅》)

词汇化完成后的"没得"，后面若再带上动词性成分，也不会再出现两解的歧义状态，要么表能性义，要么表"没有"。例如：

学生读书人，各独坐一木榻，不许设长凳，恐其睡也，名曰"没得睡"。(《菽园杂记》)

行者暗笑道："这呆子裤子也没得穿，却藏在何处？"(《西游记》)

我家中没得与你吃？(《水浒传》)

正是因为来源不同，"有得"的"得"来源于动词后"得"，且语义消失，它在丹江方言中的读音和动词后语义虚化的"得"的读音相同，都读为轻声 $[tɛ^0]$；而"没得"的"得"来源于动词前"得"，它的读音和其他动词前"得"的读音相同，读为 $[tɛ^{55}]$。可能是受到"有得"的语音类化，"没得"的"得"有向轻声转化的趋势。在反复问句中，"没得"的"得"已经读为轻声 $[tɛ^0]$；一些年纪较轻的人，甚至全部用法都读为轻声。

8.2 丹江方言"VP"前"给它""给"

8.2.1 给它

在丹江方言中，常常可以听到下面这样一些句子，例如：

(1) 灯给它关上。

(2) 我叫狗给它赶走唠。

(3) 张三叫李四给它打跑唠。

这些句子形式上都包含一个出现在动词前的"给它"结构。其实，现代汉语口语中有时也可以见到这种用法。例如：

（4）在工地上把这些关系都给它弄清楚了，确实形成了保证体系、监督体系，谁在哪个环节出了问题，找谁责任就清楚了。（《建设部总工程师金德钧同志在全国建筑安全生产工作会议上的总结讲话》2004年7月16日）

（5）后来就有了反托拉斯法才把这个坏资本主义变成好资本主义，就是把用金钱操纵社会、操纵政治这些门路都给它堵死。（《专访杨小凯：学"好资本主义"》新唐人电视台记者肖静澳大利亚采访报道）

（6）葡萄打条，也用不着什么技巧，一个人就能干，拿起树剪，劈劈啪啪，把新抽出来的一截都给它铰了就得了。（汪曾祺《葡萄月令》）

轻声"它"只是一个音节标记，有时也写作"他"。例如：

（7）所以我把这句话给他改成："全靠车头带，火车跑不快"。（《创新思维和领导艺术》国家行政管理学院教授刘锋对潍坊国税系统讲座）

对于这种"给它"结构的性质和用法，人们似乎关注得不多，只有《现代汉语常用虚词词典》（1992）在谈到"给"的用法时提出："给我（它）加动词或动词短语，表示说话人的意志和感情，起加强语气的作用。"并认为："如果删去，并不影响句子的基本意思。"但也只是简单地提到"给它"的作用，至于这种"加强语气的作用"是"给它"本身具有的，还是"给它"加动词或动词短语共同产生的？是加强整个句子的语气，还是只是针对句中的某个部分？并没有详细地加以解释。"给它"的性质也不明确，似乎被认为是修饰动词或动词短语的介宾结构。

仔细分析含"给它"结构的句子，好像并不那么简单。首先，包含这种"给它"结构的句子都带有支配或处置的意味，有些还是祈使句，"给它"固然在某些句子中起到加强语气、增添感情色彩的作用，但也有许多句子的感情、语气的强弱并不靠加不加"给它"来决定。比如在例（1）中，如果没有"给它"，语调和重音照样能起到加强语气的作用；而且，加了"给它"，倘若不配合语调和重音，祈使语气并不一定比不加"给它"要强。其次，如果删去，对句子的意思倒没什么影响，但是句子的表达功能却大不相同。其实，这里的"给它"和"给我"的用法并不完全相同，具有自己的特点。

8.1.1.1 "给它"的性质特点

"给它"是凝固格式，性质上不同于修饰动词性成分的介宾结构。这是因为结构上，这种"给它"句中的"给它"都是整体入句，不能随意用其他介词如"叫""将""让""从"等或介词宾语如"我""你""小王"等替换；语义上，"给它"也并不是一个介词加一个介词宾语构成的修饰动词的处所、原因、时间、工具、方式、对象等义，而是意义较虚，去掉与否对整个句子的意思影响不大。比较下列两例句可知：

（8）灯给它关上唠。

（9）我给它关上唠。

例（9）中，很明显这里的"给它"是一个介宾结构，虽然脱离语境不知道"它"明确指什么，但肯定是某一种能"关"的事物，可以用名词如"灯"替换。"给"引进处置的对象，也可以用相同功能的"叫"字替换；相比之下，例（8）中的"给它"就不能用相应词替换。且例（9）中"给它"表动作行为"关上唠"的对象，一旦删去句意就不完整、不明白；而例（8）中"给它"可以删除，句意并无什么影响。

"给它"实际上性质和一个相同功能的助词相当。可以看出，这种"给它"是由表处置对象的介宾结构语法化而来。"给"本是一个引进动作行为的受事者的介词，"它"是指代处置对象的代词。如例（1）可以说成"给灯关上"或"给它关上"。例（2）可以说成"我给狗赶走唠"或"我给它赶走唠"。在许多情况下，"给它"很像介宾结构，引进动作行为的受事。但出现"给它"的这些句子中，动词已经明确有了处置的对象。这却正说明了此处的"给它"是由介宾结构语法化而来，表意不再是它的主要任务，而是添加在语法结构中帮助表示一种语法意义。

"给它"在句中都会发生音变，读音弱化并读成轻声。这是意义虚化在语音形式上的一种表现和结果。同时，"给它"的读音弱化也成为口语中与同形式的介宾结构区别的主要标志。"狗给 tā 赶走唠"如果按正常读音说出来,因为介词"给"的用法不同,句子存在歧义。意思是把狗替某人或某种动物赶走了,或者是狗被某人或某种动物赶走了;一旦读成轻声,这些歧义就消除了,句子表意单一,只是在实际表达上增加了某种东西。

8.1.1.2 "给它"句法特点

"给它"在小句中的位置是直接用在动词性成分前,而且,"给它"和动词之间一般很难再加别的成分。如果还需添加副词或别的介宾结构修饰语,就必须放在"给它"前。例如:可以说"灯赶快给它关上""灯都给它关上",却很少说"灯给它赶快关上""灯给它都关上";可以说"灯帮我给它关上",却不怎么说"灯给它帮我关上"。这是因为"给它"语法化前是引进处置对象的介宾结构,而这种介宾结构是引进"动作的直接参与者,与动词的关系是一种及物性关系",相比一些副词和表工具、时地、条件等其他介宾结构,"与动词语义关系最为密切"[①]。(张谊生,2000b)语法化后的"给它"保留了这种与动词的密切关系,紧紧依附于动词前。这种依附性也是"给它"助词性质的一种形式表现。

"给它"都用在处置关系句(动词必须带有支配或处置性质)中,包括"把"字句(丹江方言"叫"字句)、被动句和其他受事主语句等。正是因为处置关系句常常出现引进处置对象的介宾结构,由此语法化而成的"给它"也就理所当然地只出现在这种句子中。

一类是用在"把"字句(丹江方言"叫"字句)中,施事可以不出现,但是受事必须出现。例如:

她叫钱包给它弄丢唠/我们叫房间都给它收拾好唠/叫虫子都给它打死唠/三下两下,叫那伙流氓全给它收拾唠/你叫衣服给它洗洗/叫水瓶给它打满水

一类是用在被动句中,受事和施事都必须出现。例如:

蚊子全叫我给它打死唠/书皮叫弟弟给它撕烂唠/孩子让你妈给它惯

---

① 表总括范围的副词"都""全部"等可以放在引进处置对象的介宾结构后,是因为从语义关系上说,先在这些介宾结构引进对象的范围后,才能用表总括范围的副词来修饰动词。但是"给它"已经虚化了意义,因此不受此影响。

坏唠/杯子叫我给它打碎唠一个/商店叫一伙人给它团团围住/歌本儿叫人给它借走唠

一类是用在其他的受事主语句中，施事可以出现也可以不出现。例如：

衣服我给它洗干净唠/杯子我给它打碎唠一个/刀子给它夺下来/地给它扫扫，窗子给它擦擦/我说的事你可要给它放在心里/缺点必须给它克服掉

从"给它"的句法配置可以看出，"给它"和"给我"的区别在于：首先，使用的范围并不相同。"'给我'加动词，用于命令句，加强命令语气，表示说话的人的意志。"（吕叔湘，1999，第226页）"'给我……'用在命令句里，有时候重点不在于介绍出服务的对象，主要是表示命令或敦促的语气。"（《现代汉语虚词例释》，1996，第207页）例如：你给我走开！/你给我小心点！/拿走！你给我滚，给我滚蛋！/拉出去！给我往死里打！"给我"只用于命令祈使句，"给它"不仅可以用于祈使句，还能用于一般陈述句和疑问句。例如：叫狗给它赶走！/我叫狗给它赶走唠。/你叫狗给它赶走唠吗？"给它"只用于处置关系句，"给我"可以用于动词是支配或处置动词的句子，也可以用于动词不是支配或处置动词甚至是不及物动词的句子。例如：看你一身泥，快给我叫衣服换唠！（动词是支配或处置动词）/你给我走开！（动词不是支配或处置动词）/你给我小心点！（动词是不及物动词）其次，"给它"句中必须出现支配或处置对象，而"给我"即使用于处置关系句，支配或处置对象也可以不出现。例如：你快给我拿走！最后，"给它"在句中的位置是直接用在动词前，它和动词之间一般很难再加别的成分；"给我"与动词的关系就不那么密切，中间可以加上其他成分。例如：拉出去！给我往死里打！/看你一身泥，快给我叫衣服换唠！/你给我乖乖地在这里，那儿也不准去！

8.1.1.3 "给它"的功能和作用

"给它"在句中不再表达实在意义，而是起一种突出强调的作用。

根据汉语组织信息原则，已知信息在前未知信息在后，语义焦点落在信息强度高的新信息上。"把"字句、"被"字句、受事主语句以及大主语为受事的主谓谓语句，或者用介词"把/将"等把受事成分提到

动词的前面，或者直接把受事用作句子的主语，而把句末位置让给支配或处置受事的动作行为及其产生的结果状态。由于这些受事成分往往都是有定的，交际双方共知或已知的信息，句末的动作行为及其产生的结果状态自然成为信息强度高的语义焦点。变换"汉语最重要最常见的一种句法结构"（石毓智，2001b）"施事（A）＋V＋受事（P）"的普通语义结构的语序，把处于为焦点而预设的句末位置的成分提前，这样就可以使本不在焦点位置的成分占据信息焦点预设位置，此焦点化的目的就在于强调突出，强调突出对受事的支配处置及其产生的结果状态。此外，在实际口语表达中，可能除了句末传达新信息的绝对信息焦点外，还会根据语境、发话人的心理以及特别需要等，另外再增加一个相对信息焦点。这个相对信息焦点所承载的信息本是交际双方所共知的旧信息，但是发话人若心理上认为它在实际语境中是实现交际目的必需成分，那么他就会有意地加以突出强调，使它承载更大的信息量。上述几种句式中，受事成分正是这种相对信息焦点（有人称之为"第二话题"）。它虽然为双方所共知，但却是支配处置的对象和结果状态的主体，地位很重要；另外，说前置或居于主语位置的受事都是有定的，只是相对说法，有时交际双方对支配处置对象的认识和确定并不一致。这样，在实际口语交际过程中，发话人觉得有必要就会专门对它进行突出和强调。"给它"就是在这种语用要求下产生的强调相对信息焦点的语法手段。在前置或居于主语位置的受事已经出现的情况下，再加上一个表处置的介词"给"与复指受事的"它"构成的"给它"结构作为羡余成分，这种有意识的复叠，又一次把受事介绍给支配处置行为，从而强调和突出了受事以及对它的支配处置。同时，因为句子前面已经出现了受事成分或引进受事的介词结构，从语义关系上讲，"给它"的意义重复且羡余，它由此而逐渐虚化，只起到一种突出强调的语法作用。上例（1）~（7）中的"给它（他）"，已经是这种语用法语法化的产物。引进处置对象的实义虚化了，整个结构凝固在一起修饰"VP"，加强句子的支配处置意味，强调突出了对受事的支配处置以及产生的结果或状态。

"给它"的这种语用功能，在口语中确实存在。有时我们可以换做一个相同结构和意义的"把它"，可以看出它也具有这种强调突出的作用。《现代汉语八百词》（第57页）也提到这种"被……把……动"式，例如："这些破东西你给我把它扔了。""杯子被我把它打碎了。"认为"'把'字后的名词或是属于主语，或是复指主语"。例如："牲口被套绳把腿绊住了。""这调皮鬼被我把他赶走了。"其实，复指主语，就是为了突出强调受事主语；"把"带上属于主语的名词，也是因为发话人觉得有必要专门对支配处置的对象进行确定，对受事进一步补充说明。只不过这种"把它"不常用，没有像"给它"那样语法化罢了。

"给它"的这种用法有时继续虚化，连语意上对处置对象的指向都没有了，只保留它的突出和强调作用，用在那些处置对象无法说出或不必说出的处置关系句中，加强支配处置语气。例如：

我们大家都去，给它挤个水泄不通/你去给它一闹腾，厂里就知道你不是好惹的/给它来个一问三不知

8.2.2 给

丹江方言中还有个与"给它"用法相似的助词"给"，出现"给它"的句子很多都能用"给"替换。比如例（1）、例（2）可以说成：

（10）灯给关上。

（11）我叫狗给赶走唠。

现代汉语普通话中也有这个"给"，但用法更复杂一些。先看下面4个句子：

（12）他们就说："请您给传达一次会议精神啊！"（刘心武《难为情》）

（13）母亲说瞎花钱，给弄个草垫子吧。（刘恒《贫嘴张大民的幸福生活》）

（14）当心放他出来饿急了眼，先把你们给吃了。（孙少山《八百米深处》）

（15）他的心像一个绿叶，被个虫儿用丝给缠起来，预备作茧。（老舍《骆驼祥子》）

很明显，例（12）、例（13）中"VP"前"给"后，可以补出一个与事成分，表示动作的受益或受损的对象，构成介宾结构"给我们"或"给母亲"等，语义差别不大；而例（14）、例（15）句"给"后

却看不出具体可以加上什么。另外，例（12）、例（13）中的"给"读原调，不能随便删去，删除"给"后对句意有影响。例（12）有"给"，表明"传达"的受众是说话的"他们"；无"给"，就无法指明"传达"的受众是说话者，还是另有其他人。例（13）有"给"，表明"弄个草垫子"的受益者是上文提到的"母亲"；无"给"，则完全没有这个意思。相比例（14）、例（15），句中"给"读轻声，可以删去，对句意无任何影响，只是在表达效果上有所不同。

张谊生（2002b）认为，有两种不同的"给V"：用于为动句中的和用于"被"字句、"把"字句中的。"被"字句、"把"字句中的"给"后"都不能出现体词性成分"，这是因为"这两种句子中的助词'给'与为动句中的'给'虽然表面上都是'给V'式，但深层结构关系是不同的"。张文已经注意到"给"的用法存在不同，但是，这种不同难道仅仅是因为他们所处的句式不同造成的吗？"VP"前"给"究竟是什么？为什么会出现不同的用法？它的来源是怎样的呢？

我们把例（12）、例（13）中的"给"称为"给$_1$"，例（14）、例（15）中的"给"称作"给$_2$"。它们虽然都是出现在"VP"前，但功能不同，来源不同。

8.2.2.1 "VP"前"给"的性质

根据张谊生（2002b）的观点，"给$_1$"与它被隐含的宾语之间是一种为动关系。所谓为动关系，是指"给"同介引对象之间具有"为、替、对"等关涉性语义关系。这种为动关系，从"给"介引的对象来讲，有受益和受损两类。在语义形式上，出现"给$_1$"的句子，不管怎样都必须在语境中出现一个与事者，无论施事、受事出不出现。就像上例（12）中的"他们"，例（13）中的"母亲"。也就是说，"VP"前"给$_1$"被隐含的宾语必须在语境中有所确指。语境中没有明确的与事者照应，"VP"前就无法出现"给$_1$"。这是"VP"前出现"给$_1$"的句法条件。关于"给$_1$"的性质，历来都是众说纷纭。有人认为是介引对象不出现的介词（齐沪扬，1995；石毓智，2004），也有人认为是已经虚化为助词（朱德熙，1979；《现代汉语八百词》；张谊生，2002b）。站在不同的角度，就有不同的理解。把"给$_1$"当作介词看的，着眼于语义上，它的后面根据上下文可以补出一个被介引的对象，明显是介宾结构的省略；认为"给$_1$"是助词的，着眼于形式上，它单独出现在动词的前面，不再支配任何成分，且本身又不是形容词、副词等修饰词。但是不管把它看作什么，在其来源上大家意见一致，都认为是省略介词宾语的结果。成因是语用上表达的简省、经济或模糊、含蓄，因为有了上下文语言环境中特定的所指照应。

相比"给$_1$"，"给$_2$"在词性上要明确得多。这里需要说明的是，我们这里对"VP"前"给"的分类与其他人不同。我们认为，在语义上，后面根据上下文可以补出一个被介引的对象，删去后对句意有影响，明显是介宾结构省略的，是"给$_1$"，其余全部归入"给$_2$"。也就是说，划分"VP"前"给"的句法标准，是它被删除后是否对语义产生了影响。"给$_2$"在句中的存在与否，从句意上看不出有什么不同，这说明它的语法作用是功能上的，是一个助词无疑。"给$_1$"则不同，它后面有一个语境照应的语义空位，别说删除，就算觉得上下文一时照顾不到这个语义空位，也非添上具体所指不可。看下例：

（16）师：小明，小华不在，请你给通知一下晚上的会议。

例（16）的"给"不能删除，删去后，句意是小明通知其他学生晚上的会议，可能与原意小明通知小华有别，所以此"给"是"给$_1$"。另外，这句话若脱离上下文，本身也存在歧义。是小明替小华通知其他学生，还是小明通知小华，不得而知，必须在"给"后加对象"他（小华）"或"学生"具体指明。

8.2.2.2　"VP"前助词"给"的句法环境

关于"VP"前助词"给"出现的句法环境，《现代汉语八百词》认为：用于口语。①用于主动句。a)"把"字句。b) 非"把"字句。②用于被动句。a)"被"字句。b) 非"被"字句。这里《现代汉语八百词》没有区分"VP"前"给"的不同用法，还包括"给$_1$"，例如：劳驾，您给找一下老王同志。如果把"给$_1$"排除在外，"VP"前助词"给$_2$"出现的句式，主要有以下四种：

S$_1$：S 施事 + 把（将）+ O 受事 + 给$_2$ + VP

S$_2$：S 受事 + 被（叫）+ O 施事 + 给$_2$ + VP

S$_3$：S 受事 + 给$_2$ + VP

S$_4$：S 受事 + S 施事 + 给$_2$ + VP

S_1是带有标记"把/将"等的处置句，S_2是分别带有标记"被/叫"等的被动句，S_3是施事者不出现的受事主语句，S_4是一种主谓结构作谓语的主谓谓语句。例如：

（17）这句话把村人给说了个大眼儿瞪小眼儿。（曹乃谦《到黑夜我想你没办法》）

（18）老婆见他喝多了，瞪了他一眼，一把将啤酒瓶给夺了过来。（刘震云《一地鸡毛》）

（19）问时，才知道老汉早上出去拦羊时，被一根从高处落下的电线给缠住了。（吕新《圆寂的天》）

（20）他是叫黑瞎子给吓着啦！（礼平《小战的黄昏》）

（21）杯子给打碎了一个/虫子都给消灭光了/房间都给收拾好了（《现代汉语八百词》）

（22）明儿的事儿，你给记着点儿（《现代汉语八百词》）

这四种句式可以互相变换，语义几乎没有差别。它们有一个共同的特点，就是在语义形式上，不管怎样都必须出现一个受事者，无论施事、与事出不出现。就像例（17）中的"村人"，例（18）中的"啤酒瓶"，例（19）中的"老汉"，例（20）中的"他"，例（21）中的"一个杯子""虫子""房间"，例（22）中的"明儿的事儿"。也就是说，"VP"前助词"给$_2$"必须与受事共现，没有受事或受事不明确，"VP"前就无法出现助词"给$_2$"。例如，不能说"这句话给说了个大眼儿瞪小眼儿""给打碎了一个"，或"你给记着点儿"等。这是"VP"前出现助词"给$_2$"的句法条件，也是区分"给$_1$""给$_2$"的句法标准。有时，一句话中看似没有受事，其实上文已经作为话题明确提出了。例如："当下见个小厮答应着进来，乌大人道：'你把大爷的帽子拿进去，告诉太太，找找我从前戴过的亮蓝顶儿，大约还有，就把我那个白玉喜字翎管儿解下来，再拿枝翎子。你就回太太，无论叫那个姨奶奶给拴好了拿出来罢。'好个小厮去了一刻，一时拴得停当，托出来。乌大人接过去，又给收拾了收拾，便叫安公子戴上。"（《儿女英雄传》第四十回）或者在语境中用了其他手段指明。例如："（用手指盒子）给打开。"

除了这个句法条件，这四种句式，还同时具有助词"给$_2$"出现的语义条件。从语义关系上讲，与"给₂"共现的受事，必须是句中"V"支配或处置的对象。也就是说，句中受事只有在语义上受动词支配或处置时，助词"给₂"才可能出现在"VP"前。我们认为，所处的不同语义关系是区分"给₁""给₂"的语义标准。

所谓支配或处置的语义关系，是指施事对受事的"一种'做'的行为，是一种施行（execution）（王力，1944）。"对受事来说，是指受事在受到施事某一动作的"施行"下，发生了变化或将要发生变化，产生了某种结果或处于某种状态。受事在语义上被动词支配或处置，产生了某种变化或结果，因此绝不会以光杆形式出现，动词前后一定会有表示结果或状态的成分，可能是补语、宾语、状语，或者是表动态的助词。出现助词"给₂"的四种句式中，"VP"都是"V"前后带有结果或状态成分的复合结构。比如例（17）~（22）句的"说了个大眼儿瞪小眼儿""夺了过来""缠住了""吓着""打碎了一个""消灭光了""收拾好了""记着点儿"。相比"给₁"，因为它只是修饰动词作状语的介宾结构省略宾语的结果，所以后面的动词可以是光杆形式。例如："我是管给学生倒尿桶的，有时候起五更就给倒。"（刘心武《如意》）这种语义关系，是典型处置句、被动句、受事主语句等成立的基础和重要特点。

我们知道，不是所有的"把"字句、"被"字句等都包含受事受支配或处置的语义关系。也正是因为此，不是所有的"把"字句、"被"字句等都能出现助词"给₂"。比如"把"字句中，"VP"是零形式的"把"字句，没有表支配或处置的动作行为，无法出现助词"给₂"。例如："我把你瞎了眼的！"（《红楼梦》）"我把你这奴才！"（《金瓶梅》）是一种致使义处置式，人们多认为这种处置式的特点是介词"将/把"后面的名词性成分是谓语动词的当事（或施事）而非受事，整个格式表示一种致使义。这种处置式，表面上看没有受事，更没有受事受支配或处置的语义关系，但"VP"前却常常出现助词"给₂"，例如："这点山路就把他给走累唠。""你把他都给急哭唠。"这是为什么呢？其实，正如吴福祥（2003）所指出的："我们只想说明两点：第一，就这类处置式表达的整个使成情景（causative situation）来看，NP在使因事件（causing event）中仍是个被影响（affected）的参与者〔即受使者

(causee)]，在这一点上致使义处置式跟狭义处置式并无本质的不同；第二，假若把一个特定的致使义处置式置于实际话语中来观察，可以发现，这类处置式虽有'致使义'的特征，但本质上并没有逸出'处置'的语义范畴。"也可以说是一种广义的处置关系，语义重点还是落在动作行为及其造成的结果状态上。这与我们提出的出现助词"给$_2$"的句法、语义条件并不相悖。

8.2.2.3　"给$_2$"的语法功能

关于助词"给$_2$"的语法功能，通过删除它我们可以清楚地了解。删除"给$_2$"虽然对整句句意没什么影响，但表达效果上却存在很大差别。没有"给$_2$"，句子表示受事受动词支配或处置，产生了某种变化或结果；"VP"前加上助词"给$_2$"，强调了动作行为对受事的这种支配或处置，以及因这种支配或处置而使受事产生的某种变化、结果或状态，加强了句子表达语气。正像李纳 & Thompson（1983）指出的："'给'加在动词之前，加强'把'字句之处置效果。"王还（1984）也认为，"'被'字句中的动词前面可以加助词'给'，'把'字句中的动词前面也可以加，这个'给'字都只是加重语气，并没有什么意义。"

8.2.2.4　"给$_2$"的来源

"给$_2$"正是来源于语法化的助词性"给它"，是"给它"的简省形式。这是因为，"给$_2$"与"给它"处于相同的句法环境，具有相同的语法性质和功能。句子中出现的"给$_2$"，都能用"给它"替换，句意、表达没什么不同；反之亦然。要说"给$_2$"与"给它"有什么不同，那只是语法化的程度不同。"给它"因为包含一个复指受事的成分，在语义上总是好像保留了一点实义，有强调突出受事的作用；"给$_2$"省略了这个复指受事的成分，则完全语法化，只起加强支配处置语气的语法作用。这种不同，使"给$_2$"与"给它"可能用在目的不同的具体表达中，从而造成现代汉语口语"给$_2$"与"给它"共存的局面。至于简省"给它"的原因，可能是在表达同样语法作用时，"给它"是结构，不如"给$_2$"使用得方便。

从以上分析可以看出，"给$_1$"的出现是在表达经济的原则下省略介词宾语的结果，是语用用法。这种语用用法只是特殊语境中的临时用法，没有凝固下来，所以会造成不同的理解，把它作为介词或助词。考虑到它只是表达上的省略，读原调，不读轻声，还是把它当作介词为好。而"给₂"来源于"给它"的语用用法，但经过约定俗成后，本身已经彻底语法化了，是助词，读轻声。

8.2.3 历时考察

"VP"前"给"都是介词"给"变化发展而来，因此，在产生时间上不会早于介词"给"。介词"给"来源于表"给予"义的动词用法。"给"在上古汉语中，一直是表示"食用丰足、供应食用、使足"等相关语义的形容词、动词，读作 jǐ。读 gěi 作"给予"解的"给"，产生于元代，但一直不发达，直到明清时期使用才逐渐普遍起来。介词"给"的使用相对就更晚一些，清代才发现有较多用例。

我们考察了清代四部作品：清乾隆年间的《红楼梦》和《儒林外史》《儿女英雄传》（1849）《老残游记》（1906）。《红楼梦》中介词用法普遍，"给₁"出现 3 例；《儒林外史》中没有发现"VP"前"给"；《儿女英雄传》中出现 1045 次"给"，其中"给₁"32 例，"给₂"36 例，"给它"（文中为"他"）4 例。《老残游记》中没有发现"VP"前"给"。

根据考察可以看出，正是因为《红楼梦》中已经有较普遍的介词用法，由介词"给"省略宾语而来的"VP"前"给₁"出现了 3 例。如下：

(23) 凤姐儿笑道："我倒有一件大毛的，我嫌凤毛儿出不好了，正要改去。也罢，先给你穿去罢。等年下太太给作的时节我再作罢，只当你还我一样。"（《红楼梦》第五十一回）

(24) 依我的主意，把太太屋里的丫头都拿来，虽不便擅加拷打，只叫他们垫着磁瓦子跪在太阳地下，茶饭也别给吃。（《红楼梦》第六十一回）

(25) 凤姐因方才一段话，已经灰心丧意，恨娘家不给争气，又兼昨夜园中受了那一惊，也实在没精神。（《红楼梦》第一百零一回）

《儿女英雄传》中"VP"前"给₁"出现较多，占了全文"给"的百分之三点多，当然这与作品中丰富的介词用法分不开。值得注意的是，作品中有两例不同介词对用的现象，很能说明问题。请看：

（26）那时手里正给他作着认干女儿的那双鞋，便叫他跟在一旁，不是给烧烧烙铁，便是替刮刮浆子，混着他都算一桩事。(《儿女英雄传》第二十四回)

（27）忽然的有人把他说不出的话替说出来了，了不了的事给了了，这个人还正是他一个性情相投的人，那一时喜出望外！(《儿女英雄传》第二十七回)

这两例都在相同的语法结构关系中出现相同功能的介词"给""替"对用，有力地证明了"VP"前"给$_1$"正是特殊语境下省略宾语的介词。再则，从例（26）可以清楚地看到，为动关系有时也可以出现在"把"字句中。因此，不能单单地以"给"所在的句式来区分"给$_1$""给$_2$"。

按理说，"VP"前"给$_1$"是介词"给"的临时语用现象，只要"给"有介词用法，就存在"给$_1$"。但《儒林外史》《老残游记》两部作品竟没发现一例，其原因可能与作品语言的方言性有关。因为这两部作品的南方方言意味较强（吴敬梓，安徽全椒人；刘鹗，江苏镇江人），不像《红楼梦》《儿女英雄传》都是用北方方言的北京话写成，而至今南方方言也不用"给"。再比较现当代南方作家创作的《雷雨》《碧血剑》《洗澡》，分别有2例、2例和3例"给$_1$"，这意味着"给$_1$"的使用逐渐扩大到了整个官话中。

《红楼梦》中没有发现"给$_2$"的用法，而《儿女英雄传》出现有36例，这说明"给$_2$"的产生当在清中期以前。作品中同时出现的4例"给它"，则指明了助词"给$_2$"的来源。

我们知道，《儿女英雄传》是口语化很高的一部作品，较真实地反映了清代中期北京话的实际面貌。作品中这36例"给$_2$"，涵盖了"给$_2$"所处的所有四种句式。例如：

（28）邓九公道："老弟，告诉不得你！这两天在南城外头，只差了没把我的肠子给怄断了，肺给气乍了！"(《儿女英雄传》第三十二回)

（29）公子断没想到从城里头憋了这么个好灯虎儿来，一进门就叫人家给揭了！(《儿女英雄传》第三十八回)

（30）瞧瞧，人家新新儿的靴子，给踹了个泥脚印子，这是怎么说

呢！(《儿女英雄传》第三十七回)

(31) 且慢说你我这等人家儿讲不到财礼上头，便是争财争礼，姐姐现有的妆奁，别的我不知道，内囊儿舅母都给张罗齐了，外妆公婆都给办妥了。(《儿女英雄传》第二十六回)

其中，"把"字句21例，"叫"为标志的被动句2例；由于口语中省略现象很多，受事主语句与主谓谓语句不容易区分，共13例。占百分之五十八多的"把"字句，说明产生之初，"给$_2$"更经常出现在受事明确、强调处置行为及其结果状态的处置句中。联系作品中出现的4例"给它"全部用在"把"字句中的事实，可以说"给$_2$"很有可能是在格式严明的"把"字句中产生发展而来。试看作品中出现的4例"给它"：

(32) 安老爷道："大家方才不说这姑娘不肯穿孝吗？如今要先把这件东西给他赶出来，临时好用。"(《儿女英雄传》第十六回)

(33) 就让想空了心，把那个长生牌儿给他送到何公祠去，天下还有比那样没溜儿的书吗？(《儿女英雄传》第二十九回)

(34) 何小姐趁他入绳子的时节，暗暗的早把这头儿横闩依然套进那环子去，把那搭闩的钩子给他脱落出来，却隐身进了西间。(《儿女英雄传》第三十一回)

(35) 何小姐道："别动他，等我给你团弄上就好了。"说着接过来，把圈口给他掐紧了，又把式样端正了端正……(《儿女英雄传》第三十四回)

对比现当代以北京口语为基础的作品《二马》《过把瘾就死》《贫嘴张大民的幸福生活》和非北方官话作品近代的《儒林外史》《老残游记》，以及现当代的《雷雨》《碧血剑》《洗澡》。《二马》共有24例"给$_2$"，其中有5例出现在"把"字句（包括1例"给"字句）中，1例受事为大主语的主谓谓语句，其他18例都用在被动句中。《过把瘾就死》共有3例"给$_2$"，都出现在受事主语句和主谓谓语句中；《贫嘴张大民的幸福生活》共有30例"给$_2$"，有17例出现在"把"字句，5例用在被动句中，8例出现在受事主语句和主谓谓语句中。《儒林外史》《老残游记》都没有发现"给$_2$"的用法；《雷雨》有2例"给$_2$"，《碧血剑》有5例"给$_2$"，《洗澡》有7例"给$_2$"。这说明，"给$_2$"在

"把"字句中产生后,逐渐扩展到其他几种相关句式,具体使用情况视个人而定;"给$_2$"在产生之初,较普遍使用在以北京话为代表的北方官话和方言区中,南方官话和方言区很少见到。但随着普通话和北方官话的影响,"给$_2$"的使用逐渐扩展,在南方官话书面语作品中也可以见到许多用例。结合"给$_1$"可知,"VP"前"给"的用法并不是清代时期及以后所有书面语共有的,而是反映了某一区域的方言事实。

8.2.4 方言类型比较

"VP"前"给"的不同功能与来源在汉语方言丰富的材料中也有不同的表现。

现代汉语口语中,"VP"前"给$_1$"是省略宾语的介词,它的出现是表达经济的原则下临时的语用用法。这种语用用法一旦普遍使用且凝固下来,就有可能语法化为一种表示语气的副词。这个过程,在现代汉语口语中可能还没有发生,但在方言中却可以看到。太原方言就有由"给$_1$"语法化而来的语气词"给"。根据沈明(2002),太原话"给"用在"VP"前,表示客气的语气。这个"给"可以省略。例如:

人手不够了,你给搭把手。

你给做些拉面就行了。

小任结婚呀,给上上一百块钱的礼。

这几个例子中的"给",如果在后面补上一个与事成分,可以看出和介词"给$_1$"没有省略宾语时的句法语义用法完全相同。周磊(2002)指出,乌鲁木齐话"给"用在动词之前,后面省略了名词或代词。在句中动词前加上"给"是客气的语气。这个"给"也可以省略,基本意义不变。例如:

给带到北京就行咧。

这几个鸡娃儿,还是开春时节李爷给抓下底。

明天要来客人呢,赶紧给打个电话。

东干语也有这种用法。根据林涛(2003)的观点,东干语是中国移居中亚的回族人所使用的语言。它来源于我国晚清时期汉语西北方言,是汉语在中亚的一个方言岛。由于特殊的语言环境,它得以保持百多年前的汉语西北方言的面貌。东干语有4个"给",能同时在句中使用。例如：

刚买下的基万（沙发）给₁你阿伯给₄给₂给₃哩。

给₁我没给₂，给₁他给₄给₂给₃哩。

例句中的"给₁"［ki⁵¹］为表示对象的前置词；"给₂"［ki⁵¹］为动词；"给₃"［·ki］为语气词，强调给予行为；"给₄"是副词，表示转折、竟然、意想不到、不满意等语法意义。其实，这个"给₄"应该就是介词继续虚化而来的表示语气的副词。例如"那个家什是我的，他给₄拿去哩。"句中"给₄"的后面也能添上一个前面出现过的与事"我"。只是这个"给₄"的用法语法化程度较高，在有些句子中后面已经无法补出一个与事成分了。完全语法化的像石门方言。根据唐玉环（2000）的观点，石门方言中"给"有语气副词用法，表强调。例如：

他给去世三年哒。

小李给结婚哒。（小李确实已经结婚了）

后天给中秋底。（后天就是中秋了）

"给"在句中加重语气，起强调作用。

汉语方言中有与普通话"给它"和"给₂"对应的虚化的介宾结构式和助词形式。

上文提到，"给₂"来源于助词性凝固结构"给它"，"给它"的产生是为了突出强调受事以及对它的支配处置。除丹江方言外，烟台方言中也有这个"给它"。陈洪昕（1988）举"老牛给他拉走了"例说明，"给他"不是引进施事的"被他"，在句中的作用在于"强化语气，起强调作用"，上例可以扩展为"（他的）老牛（叫人）给他拉走了"。

汉语其他方言在同样语法结构中，也有这种起同样语法作用的形式不同的助词性凝固结构。根据陈法今（《汉语方言语法类编》，第663页），闽南话表处置是用"将"把受事宾语提到动词前面，有时在动词前面加上一个介宾结构"共伊"，构成"主（施事）+将+宾（受事）+共+伊+动"式。例如："囡仔将物共伊食了（小孩子把东西吃完）。""汝将桌仔共伊搬出去（你把小桌子搬出去）。"表被动是用"互"引进施事，常常在动词前面加上一个介宾结构"共伊"，构成"主（受事）+互+施事+共+伊+动"式。例如："碗互小弟共伊拍破（碗被弟弟打破了）。""火互风共伊吹熄（火被风吹灭了）。"代词

"伊"复指受事，但意义比较空灵，可以与"共"快读成二合音[kai^{22}]。"共伊"用在动词前，突出强调了施事对受事的支配与处置。闽东的福州话（陈泽平，1998）也有这个"共伊"。例如："玻璃共伊褪下来（把玻璃卸下来）。""身份证共伊带身边（把身份证带在身边）。"詹伯慧（1958）指出，潮州话有两种处置式：一是在动词前加一个"甲伊"[kaʔ^{32} i^{33}]，把处置的对象移到句子的最前面。例如："撮饭甲伊食了（把这些饭吃光）。""本书甲伊收起（把这本书收起来）。"二是用"将"或"对"把宾语提到动词前。有时"将"或"对"和"甲伊"并用在一个句子里，作用仍跟一般处置式相同。例如："伊将个碗甲伊扣破喽（他把一个碗打破了）。"颜逸明（1994）提到，吴语的处置式不用"把"字提前宾语，而是把宾语提前后，在动词前面加上"待佢"。例如："该个烂香蕉待佢掼掉。""该点青菜待佢吃掉。""该扇门待佢锁掉。"根据李如龙（2001）的观点，温州话中"门驮渠（把它）关起"意为"把门关上"。

官话的"给它"，闽南、闽东的"共伊"、潮州话的"甲伊"，吴语的"待佢"以及温州话的"驮渠"，形式虽各异，但句法语义功能完全相同。说明汉语不同方言，在受事明确并受到动词支配或处置的条件下，用介词引进复指受事的代词来强调受事并加强对受事的支配处置是一种普遍现象。从认知理论讲，这是汉民族共同的思维方式和认知心理在汉语不同方言中映射的结果。

相当于"给$_2$"的助词形式，北方方言普遍用"给"。烟台方言（陈洪昕，1988）被动句中，除了在动词前加"给它"外，还可加"给"，也能强化语气，起强调作用。例如："房子给弄脏了。""给"不相当于"被"字，它不表示被动意义，不引进施事。若出现施事，在"给"前用"叫"引进。上例可扩展为："（他的）房子（叫人）给弄脏了。"这个"给"可以省略，省略后只是失去了原来的强调意味，而丝毫没改变句子的被动义。晋语呼和浩特方言（李作南、辛尚奎，1987）被动句除用"叫"或"让"引出动作发出者外，一般在谓语动词前还带有助词"给"，对谓语部分起一种强调作用。例如："瓜叫虫子给咬了。""孩子叫人家给打哭了。""给"有时可以出现在"VP"后。例如："碗叫他打了给。"南方方言闽南话用"共"。闽南话（陈法今）表处置是用"将"把受事宾语提到动词前面，原已有表示处置的意思。有时为了强调对受事宾语的支配与处置，可以在动词前加"共"，构成"主（施事）+将+宾（受事）+共+动"式。例如："囡仔将物共食了（小孩子把东西吃完）。""汝将桌仔共搬出去（你把小桌子搬出去）。"表被动是用"互"引进施事，有时为了强调受事主语的被支配与处置，常常在动词前面加上一个"共"，构成"主（受事）+互+施事+共+动"式。例如："碗互小弟共拍破（碗被弟弟打破了）。""火互风共吹熄（火被风吹灭了）。"

　　北方的烟台方言、南方的闽南方言都同时存在相同句法语义功能的虚化的介宾结构式和助词形式的事实，可以有力地证明"给它"和"给$_2$"之间紧密的演变发展关系。特别是闽南的汕头话，根据林伦伦（《汉语方言语法类编》第530页）的研究，汕头方言处置式用介词"对"引进处置对象。例如："伊对我生骂（他把我臭骂一顿）。""伊对只牛生踢（他把那头牛踢了一顿）。"当处置对象处于句首时，在动词前用"个"引进一个复指处置对象的代词"伊"。例如："尾鱼个伊掠去刣（把那条鱼拿去杀了）。""只牛个伊牵去口（把那头牛拉到外头）。"在口语中，由于语流音变的缘故，"伊"往往被省略。例如："尾鱼个掠去刣。""只牛个牵去口。"这个"个"只能与复指代词结合，构成句式带有祈使语气，不能直接引进处置对象。"对"和"个（伊）"还可以用在同一个句子中表示"强调处置"。例如："伊对只猪个伊卖卖掉（他把猪给卖了）。" "伊对片墙个画到乌乌（他把墙涂得黑黑的）。"可以看出，汕头话"对"与普通话"把"对应，"个伊""个"分别与"给它"和"给$_2$"对应。"个伊""个"的用法和来源，完全印证了我们上文对"给它"和"给$_2$"所做的分析。烟台方言、晋语呼和浩特方言共同存在的"给"，说明助词"给$_2$"出现在包括北京话的广大北方方言区。至于南方吴语没有出现助词形式，北方烟台方言、呼和浩特方言出现了，可能是发展有快慢，使用范围大小不同；或者受到其他形式影响，比如复指代词形式。

　　汉语方言中还有一种与"给它"和"给$_2$"功能相同的表达形式：复指代词形式。

　　复指代词形式，主要用于处置式，在句中复指受事。根据李运明

《巢县方言语法拾零》《汉语方言语法类编》，巢县话"把"字句句末可以出现一个"它"音节念轻声，复指"把"的宾语，加强处置语气。例如："把门关严它。""把衣裳洗干净它。"根据陈淑梅（1989）的观点，英山方言在表示对人或物的处置时，通常用介词"把"。句尾用代词"它"复指前面介宾结构中的处置对象，以示强调。例如："把这盆水泼了它（把这盆水泼掉）。""我把你气死它（我把你气死）。"根据陈有恒（1990）的观点，鄂南表处置的"把"字句一般都须在谓语后再补一个复指宾语"它"（他）。例如："把事情办好了它。""恨不得把她吞了她。"根据许宝华、汤珍珠（1988）的观点，上海话直接提前宾语或用"拿"提前宾语来表示处置，在原宾语位置上通常要补上一个代词"伊"，也可以省去。例如："掰只鸡杀脱伊。""台子揩揩伊。""拿旧书旧报侪卖脱伊。"根据李如龙（2001）的观点，在东南方言中，受事成分提到句首或动词之前和用第三人称来复指处置对象，都有很广泛的分布。例如，广州话：食晒啲饭佢，唔好嘥嘢（把饭吃完，别浪费）；连城（客家话）：这碗饭食撒佢（把这碗饭吃了）。根据项梦冰（1997）的观点，连城的处置句很不发达，普通话"把"字句在连城方言中通常用受事前置句来表示，句中往往用"佢"复指受事主语。例如："衫收佢转来（把衣服收回来）。""鸟子赶走佢（把鸟儿赶走）。"

　　复指代词形式，与处置式密切相关，作用在于通过对受事的复指，加强句子的处置意味，强调突出对受事的处置以及产生的结果或状态。沈阳（2000）认为，复指代词形式是句法结构中价语名词移位造成空位后，在"移位空位"上出现的"空位复指代词"。"复指"实际上"都是对本结构的某个成分的一种有意的重复，即突出本结构中的前移价语，在一定程度上使句首话题信息在结构中再次成为焦点信息。从这个角度，空位代词可看作是表达上的强化成分。"从形式移位分析得出的结论，与我们的观点完全一致。特别是巢县方言，"把"后宾语要是已为听话一方所明确，便往往省去复指代词形式"它"。这说明巢县话复指宾语，目的就是为了进一步指明处置对象，强化相对信息焦点。

　　由于复指代词形式的用法是功能上的，本身意义较虚，完全可以省略而不影响句意，因此可能语法化，成为一个具有某种语法作用的语助词。浙江嵊县长乐话（钱曾怡，2002）既有"伊"复指具体事物绳子、刀子、衣服的"缚伊牢""捏伊紧""磨伊快""汰伊干净清洗干净",也有无法说清"伊"具体指什么的"走伊快""隁伊直站直""食伊饱吃饱"。

复指代词形式,在北方话中较早使用。元代就有这样的用例:"把这个妇人恰待要勒死他。"(《元曲选·货郎旦》)其他如《儿女英雄传》:"那十三妹把眼皮儿挑了一挑,说道:'如此,好极了,你就先把这一院子死和尚给我背开他。'"(第九回)要注意的是,这种复指代词形式与历史上早已出现的"将(把)+O+V+之"形式中的"之"完全不同。例如:

(36)帝谓虑曰:"郗公,天下宁有是邪!"遂将后杀之,完及宗族死者数百人。(《三国志·魏志·武帝纪》裴注引《曹瞒传》)

(37)子亡于穰,丁常言:"将我儿杀之,都不复念!"遂哭泣无节。(《三国志·魏志·后妃传》裴注引《魏略》)

这种结构中的"将、把"等,都是动词,具有较实在的动作行为义,尚未虚化为引进处置对象的介词。它们与后面出现的"V"构成连动关系。有时两个动词结构之间,还能加上其他修饰成分。例如:

(38)就将符依法命焚之。(冯翊《桂花丛谈》)

(39)船者乃将此蟾以油熬之。(陆勋《志怪》)

(40)即将梁元纬等罪人于真墓前斩之讫。(《敦煌变文》)

由于前后两个动词涉及相同的对象,因此,"之"在这里明显指代前面已经出现的宾语"O"。其实,这种结构在上古就已经见到。例如:

(41)冬,曲沃伯诱晋小子侯杀之。(《左传·桓公七年》)

(42)温之会,晋人执卫成公归之于周。(《国语·周语》)

有时,可以在两个动宾结构之间加上一个连词"而",构成"V₁+O+而+V₂+之"格式,受事宾语"O"甚至可以省略。例如:

(43)夫社,束木而涂之,鼠因往托焉。(《晏子春秋》)

(44)应侯欲伐赵,武安君难之,去咸阳七里,绞而杀之。(《战国策·秦策》)

(45)(关龙逢)立而不去朝,桀囚而杀之。(《韩诗外传》)

可以看出,这种连动式中由于动词宾语所指一致而造成的指代现象，与为了加强句子的处置意味而有意重复所造成的复指代词形式，是截然不同的。但是，它们之间可能存在着演变发展关系。根据祝敏彻（1957）、贝罗贝（1989）的观点，处置式由连动式"V_1（把、将）+ $O_1 + V_2 + O_2$"语法化而来，变化的条件是"$O_1 = O_2$"。例（38）~（40）即是例证。这种同指现象延续到处置式中，也使处置式有可能在动词后面出现与受事同指的指代成分。例如：

(46) 还把身心细识之。(《维摩诘经讲经文》)

而这种指代成分由于在语义上是羡余的，很容易失去其指代性，进一步变成一个起加强处置意味作用的虚化成分。

通过方言类型比较可以看出，北方方言中存在的"给它""给$_2$"，南方方言中与之对应的形式，以及方言中大量出现的复指代词，它们的产生都是在支配处置关系句中对受事以及受事所受支配处置进一步强调的结果；同时也都是语用上复叠用法语法化的结果，只是不同的方言，语法化的程度不同。

第9章 丹江方言的处置句、被动句

丹江方言常用的处置句、被动句有"叫"字句、"给"字句等。本章主要介绍丹江方言兼表处置、被动的"叫"字句，同时提及其他的相关形式，并对一种比较特殊的句式加以讨论。

9.1 丹江方言的"叫"字句

9.1.1 "叫"的基本用法

"叫"，在丹江方言中是个集多种意义为一身的常用词，用法比较复杂。基本的用法有以下几种：

（一）动词

1）喊叫、叫唤、发出声响。动作发出者可以是人，也可以是动物或无生命事物。以动物为常，人多用"喊"。例如：

一晚上只听见你在叫，叫啥子吵！

外头是狗子在叫。

我的肚子饿得咕咕叫。

2）召唤、呼唤。对象可以是人或事物。例如：

我在路上叫唠你半天。

你出去叫辆车。

3）称呼、称呼是。例如：

我们都叫他师傅。

你叫啥子？

4）致使。例如：

你叫他赶快回家。

说，谁叫你搞这种事的？

5）容许、听任。例如：

是我叫他回去的。

叫他走，都别管他。

（二）介词

1）引进处置的对象，表处置。例如：

你叫东西放哪儿唠？

再搞，我叫你赶滚蛋！

2）引进动作的施事者，表被动。例如：

身上叫蚊子咬唠几个包。

他一回到家斗叫他妈狠捶唠一顿。

9.1.2 "叫"字处置句

"叫"字处置句，是丹江方言处置式的最常用、最普遍的表达方式。普通话中的"把"字句丹江方言也用，但不是丹江方言原有的表达形式，只存在于少数年轻人的口语中，很明显是受到了共同语的影响。

"叫"字处置句，和"把"字句用法大致相同。"把"字句受到的各种限制，"叫"字句基本都遵守，但也有例外。通常说，"叫"的宾语必须是后面动词处置的对象，但也有处置关系不明显的。例如：

你叫问题搞复杂唠。

他叫事情想歪唠。

"叫"引进的处置对象必须是有定的（或专指的），前面不能受"一+量词"构成的"不定数量词"修饰；但在不必说或说不出处置对象时，却可以出现像下面的句子：

他叫个杯子打唠。

昨天我叫一个事搞砸唠。

再就是动词必须是一个复杂形式，不会出现单用的情况。这个限制在丹江方言中比较严格，基本上没有例外存在。同时，它也能成为区分"叫"字处置句和"叫"字使役句的一个形式上的标志。

由"叫"构成的处置句和使役句,有时"叫"的宾语是一个性质相同的成分,很难判断是处置关系还是使役关系。例如:

你叫他说——你叫他说说

叫他走——叫他带走

动词是单用形式的句子,一定不会是处置句,"叫他说""叫他走"不可能是处置关系。但这个形式标准对复杂动词的句子无效,上例中"叫他说说""叫他带走"还是具有歧义。"叫他说说"可以是处置关系,把他说一顿;也可以是使役关系,使他发表一下观点。"叫他带走"可以是把他带走;也可以是使他带走。区分的关键还是要从句法语义上来看。句法上,使役句都是兼语句,也就是说,"叫"是动词,"叫"的宾语同时也是后面动词的主语;而处置句中的"叫"是介词,引进宾语来修饰后面的谓语动词。很多处置句都能把"叫"的宾语移到动词后面。例如:"你说说他""带走他";使役句却不能。语义上,如果"叫"后的动词是主语发出的动作行为,"叫"的宾语是动词的受事,句子是处置式;如果"叫"后的动词不是主语发出的动作行为,而是"叫"的宾语发出的,句子是使役句。当然,在上下文语境中,歧义自然会消失。例如:"吃不完,叫他带走"只可能是使役关系;"他还小,叫他带走"只可能是处置关系。

从同一形式的歧义关系可以看出,"叫"字处置句和"叫"字使役句关系非常密切,很有可能之间存在着演变发展关系。"叫",《说文解字》:"呼也",本义是"喊叫、叫唤",引申为"呼唤、召唤"。根据太田辰夫(1958)的观点,"呼唤、召唤"义的"叫"经常用于兼语句,元明时开始变成使役意义。太田的说法应该是正确的,在丹江方言中,"呼唤、召唤"义和致使义的"叫"有时很难区分,反映了变化的"过渡地带"。例如:你去叫他来。把"叫"理解为"呼唤、召唤"义和致使义两可。

"叫"字使役句来源于"呼唤、召唤"义"叫"构成的兼语句,那么,产生之初的"叫"字使役句中兼语肯定继承了"呼唤、召唤"义"叫"带的兼语的性质,肯定是能发出动作行为的生物,即后面动词的施事者。例如:

我如今叫他出来,好歹教他伴你。(《元曲选·青衫泪》)

曹操兵至，玄德鼓噪而出。操布成阵势，叫玄德打话。(《三国演义》)

余姥姥叫勤儿给了他钱，两个在灯市上闲玩。(《型世言》)

第一例中的"叫"是"呼唤、召唤"义，第二、三例已是使役句。"他"也好，"玄德""勤儿"也好，都是后面动作的施事。但随着"叫"字使役句的发展成熟，兼语的使用范围在扩大，不再只是能发出动作行为的人或动物，有些无生命的事物或抽象的事物也能充当。例如：

西门庆知了此消息，与来保、贲西骑快马先奔来家，预备酒席，门首搭照山彩棚，两院乐人奏乐，叫海盐戏并杂耍承应。(《金瓶梅》)

道是因生杨梅疮，烂成了个女人，就与吕达做了夫妇，没脸嘴回家，叫田产归我用度，嫂嫂另嫁别人。(《型世言》)

世人说得好，心病须将心药医。这是七情所感而起，叫这些草根树皮如何解劝得来。(《品花宝鉴》)

绍闻吩咐双庆，叫各楼关门，好候仙师细看。(《歧路灯》)

"海盐戏并杂耍""田产""草根树皮""各楼"都不可能是后面动词的施事，因此，这样的句子就变得不再是纯粹的使役句。但是这种情况却与处置式有相似之处，为"叫"字处置句的产生提供了桥梁。可以看出，上例都还不是处置句，算是兼语句，"叫"的宾语虽然不是后面动词的施事，却仍是它的主语；一旦"叫"的宾语可以充当后面的动词的受事时，"叫"的性质就开始发生变化，变成引进受事的介词。例如：

我有个日字，加一笔是田字……子云道："我叫他拖下来成个甲字。"(《品花宝鉴》)

二奸贼商议同，商量拿二相公，登时就把神鬼弄。如今听说赵乡宦，血染衣裳一片红，叫他伤的着实重。(《聊斋俚曲集·寒森曲》)

因着公婆不向我，他就拿我不当人，如今想来真可恨！叫他来一千鞭子，打他个挣命发昏！(《聊斋俚曲集·禳妒咒》)

如果说第一例还可以说"他"既可以当作"拖"的主语，也可以当作"拖"的受事宾语，第二例"他"既可以理解为"伤"的主语，也可以理解为"伤"的受事宾语，都是使役、处置理解两可的句子，那么第三例中的"他"就无法再看作"来"的主语,只可能是动词处置的对象。这样看来,"叫"后成分的变化,导致了"叫"的语义和功能进一步弱化,使它根本消失了使役义,再也无法构成兼语句式,成为一个引进动词受事的介词。从而导致整个句子的内部结构发生变化,由兼语句变成一般的动词谓语句,"叫"字使役句最终功能扩展为"叫"字处置句。

  从使役到处置的发展,同样的过程还发生在"给"字处置句身上。根据桥本万太郎(1987)的观点,"给"的"给予"这个意思很容易被引申为"给对方有机会做什么""容让"等义。蒋绍愚(2002)详细解释了"给"的使役义产生过程,认为在《红楼梦》中才出现。王健(2004)认为,当"给"后的名词性成分不是充当后面动词短语的施事性语义角色时,"给"就有表示处置的可能。例如:

  老爷待要不接,又怕给他掉在地下,惹出事来,心里一阵忙乱,就接过来了。(《儿女英雄传》)

  没人敢质问她,或怀疑她,她的全身像都发着电波,给大家的神经都通了电,她说什么就必定是什么。(《四世同堂》)

  这个声音给她的小长脸上忽然的增加了十岁。(《四世同堂》)

  他认为这些是表示使役与处置两可的例子。但我们觉得第一例中的"他"实指"年轻的小媳妇子"而不是"花儿","给"是个引进对象的介词,并不表使役。后面两例也没那么简单。"给"后的成分"大家的神经""她的小长脸上"尽管已经不再是后面动词的施事,但这不足以使"给"的功能发生变化。这是因为,句法上,它们仍然可以充当"给"的宾语,同时是后面动词的主语,整个句子还是一个兼语句;语义上,它们并不是后面动词的受事,无法与动词构成处置关系。因此,我们说,使役关系可以产生出处置关系,但是条件不仅仅要求使役动词后面的成分不再充当后面动词短语的施事性语义角色,而且能够充当后面动词的受事性语义角色。当然这也要求动词必须是及物性的。

  丹江方言在用"叫"为标记构成处置句的同时,也保留了"给"为处置标记的用法。例如:

  给门关上。

  你给钱藏到哪下去唠?

  茶壶叫小娃子给把把儿搞掉唠。

不知道叫谁给玻璃打破唠。

"给"字处置句，在使用频率上远远不及"叫"字处置句，只是多出现在像上面后两例的情况。这可能是因为"叫"在丹江方言中也表被动，在被动关系与处置关系同处一句的时候，为了避免同时使用两个"叫"字使语义关系混乱且语音拗口，就换用"给"表示处置。同样的情况也发生在山东枣庄方言中（黄伯荣，1996）。山东枣庄方言的处置句、被动句都用"叫"作标记，当同时出现在一个句子中时，并不使用两个相同的标记，而是借用方言中没有的共同语处置标记"把"。例如：

俺的孩子叫流氓把他的头打破了。（*俺的孩子叫流氓叫他的头打破了。）

他叫书记把他批评了一顿。（*他叫书记叫他批评了一顿。）

两种方言都选择换用处置式标记，可能与被动、处置关系在句中出现的位置有关。当被动和处置关系同处一句的时候，常见的是被动在前处置在后，这就使得被动关系可以优先选择"叫"作为标记，而处于后面的处置关系只好换用方言中别的或其他方言（共同语）中的标记。

9.1.3 "叫"字被动句

以"叫"字为标记构成的被动句，是丹江方言中最常用、最普遍的一种被动表达方式。普通话中的"被"字句丹江方言不用，只偶尔出现于少数年轻人的口语中，是受到了普通话的影响。

"叫"字被动句，与普通话表被动的"叫"字句用法大致相同，比较有自己特点的用法也有一些。

与普通话"叫"字句不同，丹江方言被动标记"叫"只能作介词，不能作动词前助动词。也就是说，"叫"后面必须带上宾语，引进动词的施事。例如，不会说"好大的雨，衣服都叫淋透唠"，只能说"好大的雨，衣服都叫它淋透唠"。

被动句动词后可以再带上宾语，丹江方言"叫"字句也是如此。一般的情况，宾语是主语的一部分或与主语关系密切的结果。例如：

他叫人打破唠头。

衣服叫树枝挂唠个口子。

手叫锅子烫唠一个泡。

有时主语可以不出现，宾语表示动作的受事。例如：

真是叫他气死我唠。

叫他弄脏唠我的衣服，咋办？

叫我好好修理唠他一顿。

可以在"叫"字被动句的动词前面加上助词"给"或助词性结构"给它"，句子语义不变，起加强被动意味、强化被动语气的作用。例如：

他们都叫人给骗唠。

钱包叫贼娃子给偷走的。

杯子叫你给它打唠。

一桌子菜叫你给它吃个尽光。

这种起突出强调作用的助词"给"或"给它"，也能用于"叫"字处置句中。例如：

老鼠子叫苹果给咬唠个洞。

你咋叫菜全部都给它吃完唠？

"叫"字被动句和"叫"字处置句，都是受事明确的句子。引进受事的介宾结构"给它"用在受事明确的句中，语义上显得重复且羡余，它由此而逐渐虚化，只起到一种突出强调的语法作用。"给"是"给它"的简省形式。

丹江方言的被动、处置标记都是"叫"，有时在施受关系不明确的情况下，很可能出现理解上的歧义。例如：

红队叫蓝队打败唠。

好人叫坏人打死唠。

以上两例单独出现时，理解为被动关系与处置关系两可。若把"红队"当受事，句子表被动；"红队"是施事，句子表处置。

丹江方言在处理这种情况时，大致有一个原则，那就是以表处置为主，被动关系避免用"叫"字被动句，或调整语序或改变说法。也就是说，在没有明确指出或上下文提示的情况下，话题成分多理解为施事。上例一多理解为"红队把蓝队打败唠"；如果表达相反的意思，就说"蓝队叫红队打败唠"或"红队打败唠"。

具体来说，判断"叫"字被动句和"叫"字处置句，可以从以下几个方面入手：

（一）语义上，如果主语是有生命的、可以施加积极的影响的事物，不管"叫"的宾语是否性质相同，大都表处置；如果主语是无生命的、无法施加积极的影响的事物，大都表被动。例如：

猫叫狗咬唠。

草叫羊吃唠。

"猫"和"狗"都是动物，都能发出"咬"的动作，但"猫"是话题主语，在一般情况下句子多表处置；"草"是无生命的事物，作主语时句子表被动。

（二）句法上，看动词表示的动作是谁发出的。例如：

风叫人刮走唠。

狗叫鸡叨（啄）死唠。

"刮"只可能是"风"发出的，因此，上例一是处置关系。如果变换一下"人叫风刮走唠"，"风"还是施事，"人"不可能发出"刮"的动作，句子表被动。上例二"叨"只可能是"鸡"的动作行为，因此表被动关系。

（三）语用上，如果句子表达一种不如意或出乎意料的情况，多表被动。例如：

我最喜欢的小狗居然叫猫咬唠。

真是不敢相信，红队叫蓝队打败唠。

由于被动句多"表示那些对主语所代表的事物来说是不幸或不愉快的事情"（王力，1957），因此，表达不如意或出乎意料意思的"叫"字句多是被动句。上例一对"我"来说是一件不愉快、不如意的事，例二是一件出乎意料的事，都只能理解为被动关系。

（四）根据事理或上下文语境提供的情况。例如：

他一回到家斗叫他妈捶唠一顿。

老王死唠，他叫人杀唠。

上例一，根据常理，"他"不大可能"捶"他妈，因此，"他"是受事，句子表被动。例二前文已经指出"老王"死了，他不可能再发出"杀"的动作，因此，句子表被动。

外在表现形式相同的"叫"字句，因为施受关系不明可能会造成表被动或表处置的歧义，而有时还会带来表被动或表使役的混淆。例如：

叫他打唠。

叫他带走唠。

上两例理解为被动、使役两可，区别的关键在于句子的主语是否是后面动词的受事。如果我们把主语的地位明确，歧义自然消除。如上例变为：

A：我叫他打唠，我现在还疼。

B：谁叫他打唠，他自己想打架。

A：东西叫他带走唠。

B：——我的东西奈？——我叫他带走唠。

A 例都是被动句，主语"我""东西"分别是动词"打""带"的受事；B 例都是使役句，主语是使某人发出动作的人，不是动词的受事。

江蓝生（2000）曾经提出使役句转化为被动句的三个条件：①主语为受事；②役使动词后的情况是已经实现的；③谓语动词是及物的。蒋绍愚（2002）指出，使役句与被动句的一个根本性区别就是主语是施事还是受事，只有主语是受事才是被动句。他认为，如果受事出现在使役句的主语位置上，使役句就具备了转化为被动句的条件。而汉语的一个语法特点，就是主语可以不出现，受事可以作为话题或主语处于句首，主语有时就是话题。李崇兴、石毓智（2006）详细考察了"叫"由使役动词语法化为被动标记的过程，认为"叫"在唐朝还是一个普通动词，宋朝以后开始用于兼语式，16 世纪发展出被动标记的特征，18 世纪出现了被动标记的典型用法，并一直保留在北方方言中。丹江方言"叫"的用法为诸位先生的结论提供了方言依据。

联系上文我们讨论的"叫"字处置句的产生，可以看出，"叫"在使役动词的基础上演变发展出了处置标记和被动标记，被动标记的产生较早，处置标记的出现略晚。整个发展过程如下：

第9章　丹江方言的处置句、被动句

"喊叫、叫唤"义动词→"呼唤、召唤"义动词→使役动词 ↗处置标记
　　　　　　　　　　　　　　　　　　　　　　　　　↘被动标记

9.1.4　方言分布

"叫"作为被动标记，产生后一直沿用在北方方言口语里，并借助北京话进入到共同语中。而"叫"的处置标记用法，分布却并不广泛。在方言中同时表达处置和被动关系的，更是仅限于中原官话的南鲁片中。根据张雪平（2005）的观点，河南叶县、舞阳、郾城、襄城等地方言，"叫"既表被动也表处置，而且与丹江方言处置被动表达完全一致，表处置除了用介词"叫"，也可以用介词"给"，但通常用"叫"，"给"一般只表处置，不表被动和使役。在具体用法上唯一的不同是，河南叶县等地方言"叫"有助词用法，可以直接用在动词前，意义更虚，作用在于使其所在的句式区别于同义的"主+谓"句，作处置或被动标记；丹江方言则没有这种用法。看来，河南叶县等地方言"叫"的发展演变得更完全一些。另外，往南的方城和南阳也用"叫"和"给"表处置。往西的鲁山也用"叫"表处置，但用"给"字句更常见。而再到鲁山西北的洛阳市，属于中原官话的洛嵩片，处置式用"给"表达，"叫"只表被动，不表处置。中原官话的南鲁片与丹江口市非常接近，有些地方像南阳市的属县淅川，与丹江口市东北部直接接壤。

与丹江口市东南部接壤的湖北襄阳市，北部也与河南南阳市的属县邓县、新野等相邻。根据王丹荣（2005）的观点，襄阳方言同时用"给"与"叫"表被动和处置。看来，丹江和襄阳方言在"叫"的用法上，与中原官话南鲁片有很大的共同性。在"给"的用法上，丹江方言比襄阳方言更与中原官话南鲁片保持一致。

9.2　丹江方言"看（叫）NPV/A 的看"句式

普通话口语有"看把 NPV/A 得""把 NPV/A 得[①]"句式，例如：

[①]　本文的名词性成分"NP"，包括一些代词。

看把你急得！（莫言《红树林》）

这番话把他气得！（《现代汉语八百词》）

把你高兴得！（《现代汉语虚词》）

《现代汉语八百词》（吕叔湘，1999）认为，"得"后的话不说出来，有"无法形容"的意味。《现代汉语虚词》（张谊生，2000b）认为是"零补语"，在对话中隐含了表状态的补语，"得"相当"得样子"。

根据乔全生（2000）的观点，山西北区、南区以及内蒙古西部都有这种结构。这类"把"不是处置句，只是引进名词或代词，表意功能主要是描述情状。呼和浩特方言（黄伯荣，1996）中"把"字前面不再出现主语，所介引的名词或代词放在形容词前。加上"看"表示说话有一种主观评价，带有轻视的感情色彩。例如：（看）把你美的；把你日能的。陕西神木方言（邢向东，2000）中动词表心理活动，全句表示贬斥。例如：把他大方得！把你规矩得！把他还恼得！另外，还有"看NPV/A得"结构，可用于赞叹和贬斥。例如：看那庄户长得！看那打扮得妖妖艳艳得！陕西宝鸡方言（王宝红，1999）中"把"字引进谓语的陈述对象。例如：看你把屋里弄得脏的！看把他难过的煞！

丹江方言也有与之相同或相关的句式，用法更复杂灵活一些。

9.2.1 相关句式的基本功能

丹江方言没有"把"字句，"把"的主要功能由"叫"承担，因此，丹江方言将普通话"看把NPV/A得""把NPV/A得"句式，相应说成"看叫NPV/A得""叫NPV/A得"。其中，"叫NPV/A得"很少单独出现，往往在前、后分别或同时加上一个轻声的"看[k'an⁰]"，构成"看叫NPV/A得""叫NPV/A得看""看叫NPV/A得看"形式。以下用"看叫NPV/A得看"代表这三种相关形式。下同。

与普通话大致对应的"看叫NPV/A得看"句式，"NP"多为表示人或动物的名词或代词，是后面"V/A"的陈述对象。"V"是"NP"发出的动作行为，普通话只能由表示心理感受或生理感觉的动词充当，丹江方言除此之外，还可以是一般的行为动词。例如：喜欢、高兴、伤心、舒服、难受、满意、得意、快活、讨厌、无聊、烦躁、紧张、激动、后悔、可怜、美、□[san⁵³]（得意、美）、烦、气、吓、羞、急、慌、怕（心理感受）；恶心、疼、痒、酸、冷、冻、热、烫、麻、辣、累、晕、饿、撑（生理感觉）；哭、笑、跑、吃、喝、坐、□［pan^{55}］（摔）、扭、碰、撞（一般行为）等。"A"是修饰限制"NP"的性状形容词。例如：脏、坏、烂、破、能（聪明、能干）、笨、蠢、精（精明）、啬（小气）、忙、摸（做事慢）、闲、懒、勤快、积极、聪明、二球、大方、老实、干净、扎实、刚强、丢人、糊涂等。例如：

看叫他气得。

叫我吓得看。

叫娃子脏得看。

看叫你妈哭得看。

"V"和"A"具有共同的特点：都能以"得"为标记带上状态补语或"不得了、要命、要死、不行、够戗、吓死人"等程度补语（没有程度变化的一般行为动词如"跑、吃、喝、坐"等，不能带程度补语），构成述补结构；必须单用，不能是重叠、受副词修饰、带程度补语、带时体标记等复杂形式。例如：

叫他气得糠糠擞（发抖）。

叫我吓得要死。

叫娃子脏得跟啥子样的。

＊你叫我吓一吓得看。

＊叫娃子太脏得看。

＊看叫你妈哭死得看。

＊看叫你热唠（过、到）得看。

有些动词可以以"得"为标记，带上述补结构作补语进入句式，构成双重述补形式：看叫 NP V$_1$ 得 V$_2$/A 得看。例如：

看叫他喝得醉得。

为你的事，叫我跑得累得看。

看叫奶奶急得哭得看。

看叫娃子糊［xu^{35}］（弄脏）得脏得看！

这种双重形式"看叫 NP V$_1$ 得 V$_2$/A 得看"，也可以拆开分别单独构成"看叫 NPV/A 得看"句式。例如，"看叫他喝得醉得"可以拆分为"看叫他喝得"或"看叫他醉得"两句；"叫我跑得累得看"可以拆分为"叫我跑得看"或"叫我累得看"两句。

句式中"得"的性质是连接表示程度或状态补语的程度/状态标记，不是能性补语、能性补语标记或体标记等。

"看叫 NPV/A 得看"句式，隐含了"V/A"的补语，故意不说出来或者说不出来，表示"NP"处于一种"难以形容"的状态之中，从而表达"V/A"达到某种的高强程度，同时带有强烈的或不满、或厌恶、或鄙夷、或讥讽、或同情、或怜悯等感情色彩。例如：不斗是穿唠件新衣服吗，看叫她美得！"看叫她美得"表示她心里"美"的程度很高，引起说话人的不满和鄙夷。口语中也有带上补语的情况，如果把"V/A"的补语补出来，可以是程度补语，表示"V/A"达到某种的高强程度。例如：不斗是穿唠件新衣服吗，看叫她美得不得了！也可以是状态补语，表示"NP"具有或所处的某种状态。例如：不斗是穿唠件新衣服吗，看叫她美得不知道姓啥子唠！表示她因为"美"而处于"不知道姓啥子"的状态之中，实际上也是表达一种"美"的高强程度。"V/A"的状态补语，只能是某种特殊或不同寻常的状态，因此，也是表达一种高强程度。有无补语，表达的内容相同，且具有相同的附加感情色彩，只是前一种形式简单，后一种形式要具体形象一些。后一种形式虽然表意更加明确，但因为前一种形式隐含了补语不说，使正常的句法结构出现空位，反而造成一种"无法形容"的夸张效果，产生令人联想的丰富的言外之意，表达的感情也更强烈一些。有时为了进一步加重语气和感情色彩，还可以在句尾加上"呀、呐、嗯"等语气词，并有意地把它拖长几个音节。例如：不斗是穿唠件新衣服吗，看叫她美得嗯——！

"看叫 NPV/A 得看"句式都附加有强烈的主观色彩，表示一种主观大量，并且表明说话人的态度或情感。说话人很少厌恶、鄙夷自己，因此，当表达贬义色彩时，"NP"一般不能为第一人称代词"我、我们"。"叫我累得看"可以说，下列说法却不大可能出现：

?看叫我美得。
?叫我笨得看。
?看叫我们得意得看。

就像普通话"这番话把他气得"，丹江方言"看叫 NPV/A 得看"

句式有时会在"叫"前出现,或有明确的语境支持下,暗含一个主语性成分,构成"看 NP$_1$ 叫 NP$_2$ V/A 得看"句式。例如:

看儿子叫他气得。

你叫我吓得看。

你做的啥事,叫你弟弟哭得看!

你晚上到哪下去唠,看( )叫你妈急得看。

"看 NP$_1$ 叫 NP$_2$ V/A 得看"句式有两种不同情况。一是"NP$_1$"是表示人或动物的名词或代词性成分,是具有动作行为能力的事物。比如上例的"儿子""你","叫"为使役动词。"看 NP$_1$ 叫 NP$_2$ V/A 得看"句式,是表使动关系的兼语句,表示"NP$_1$"致使"NP$_2$"发出动作行为"V",或具有性质状态"A"。二是"NP$_1$"是表示无生命或抽象事物的名词或代词性成分。比如上例的"你做的啥事""你晚上到哪下去唠"。"NP$_1$"无法充当使役施事,"叫"的使役动词性减弱,变成一个表抽象使役关系的轻动词①。"看 NP$_1$ 叫 NP$_2$ V/A 得看"句式,表示由于"NP$_1$",导致"NP$_2$"发出动作行为"V",或具有性质状态"A"。因为"NP$_1$"只是一种致事起因,与核心动词"V/A"的关系并不密切,因此,在语境指明的情况下,可以不出现。比如上例的"看叫你妈急得看"。

"看叫 NPV/A 得看"句式,在很多情况下已经"成语化"(idiomization)了,变成一个惯用的构式,无法再随意增减某些成分或进行形式上的变化。例如:看叫他气得。叫你能得看!看叫你蠢得看!根本无法在"叫"的前面加上主语;或常常单独使用,也不可能根据语境补出什么人或什么事。这种构式中的"叫",几乎完全失去了使役实义。但是它却不可以省略;若去掉"叫",就会转化为另外两种句式:

(一)看 NPV/A 得看。例如:

看叫他气得→看他气得

叫你能得看→你能得看

看叫你蠢得看→看你蠢得看

---

① "叫"的语义弱化,变成一个非介词非使役动词的中间成分。"轻动词"的说法来自张美兰(2006)。

叫娃子脏得看→娃子脏得看

（二）看 V/A 得 NP 看。例如：

看叫他气得→看气得他

叫你能得看→能得你看

看叫你蠢得看→看蠢得你看

叫娃子脏得看→脏得娃子看

"看 NPV/A 得看、看 V/A 得 NP 看"，也表示"V/A"达到一种"难以形容"的高强程度，同时带有强烈的感情色彩。有没有"叫"，实际的语义并没发生多大变化；不同的是，带有"叫"的，都表明"NP"具有的高强程度，不是"NP"自身凭空产生的，而是受到外在的某种影响力的作用而造成的。没有"叫"，则没有这种语用蕴含意义。比如上例"看他气得"只是指出"他"非常生气，说话人对"他"很同情；"看叫他气得"不仅具有上述语义，而且表明"他"非常生气是受到了某种外在事物的影响才产生的。"脏得娃子看"意指娃子很脏，说话人对此很生气；"叫娃子脏得看"除此之外还表明，娃子很脏是某种外在原因造成的，比如大人没照看好等。

很明显，成语化了的"看叫 NPV/A 得看"句式，来自于省略"NP_1"的"看 NP_1 叫 NP_2 V/A 得看"句式。当有明确的语境支持，特别是"NP_1"为抽象的事件时，"看 NP_1 叫 NP_2 V/A 得看"很容易不出现"NP_1"，从而产生"看叫 NPV/A 得看"句式；再类推到无法说出或不必要说出"NP_1"的情况，就出现成语化的"看叫 NPV/A 得看"句式。同时，"叫"的性质也随着这个过程不断虚化，呈现出一个语法化等级：由"NP_1"为有生命事物时的使役动词，虚化为"NP_1"为无生命或抽象事物时的轻动词，再虚化无"NP_1"时的语用功能成分。

丹江方言还有两种不同性质"叫"构成的"看叫 NPV/A 得看"句式：

（一）看叫$_2$NPV/A 得看。"叫"作处置标记，前面可以出现施事主语。例如：

看叫我鼻子打得。

叫手咬得看。

猫子叫沙发抓得看。

看你叫书撕得看。

（二）看叫₃NPV/A 得看。"叫"作被动标记，能在前面加上受事主语。例如：

看叫我妈打得。

叫风吹得看。

衣服叫你压得看。

看菜叫她炒得看。

由于"叫"的介词性质，只可能"V"进入到句式中，"A"不能进入。"V"都是能以"得"为标记带上结果补语的行为动词。像"带、买、拿、开、关、装"等动词，虽然能带上结果补语，如"买错、关严"等，但结果补语是直接跟在动词后而不是用标记"得"连接，所以也不能进入句式中。"V"还必须是单用形式，不能重叠、带修饰成分、时体标记等。

这两种类型的"看叫 NPV 得看"句式都能去掉"叫"。去掉处置标记"叫"，"看叫₂NPV/A 得看"句式可以转换为"看 NPV 得看、看 V 得 NP 看"形式，"NP"是"V"的受事。例如：

看叫我鼻子打得→看我鼻子打得

叫手咬得看→手咬得看

猫子叫沙发抓得看→猫子抓得沙发看

看你叫书撕得看→看你撕得书看

去掉被动标记"叫"，"看叫₃NPV/A 得看"句式变成"看 NPV 得看"，"NP"是"V"的施事。例如：

看叫我妈打得→看我妈打得

叫风吹得看→风吹得看

如果"叫"前出现主语，去掉"叫"字介宾结构，也能转换为"看 NPV 得看"形式。去掉引进处置对象的"叫"字结构后，"NP"是"V"的施事；去掉引进施事的"叫"字结构后，"NP"是"V"的受事。例如：

猫子叫沙发抓得看→猫子抓得看

看你叫书撕得看→看你撕得看

衣服叫你压得看→衣服压得看

看菜叫她炒得看→看菜炒得看

这两种类型的"看叫NPV得看"句式,都能在"得"后补出"V"的补语。例如:

看叫我鼻子打得又红又肿的。
看你叫书撕得烂帕帕的看。
看叫我妈打得浑身都是伤。
衣服叫你压得皱巴巴的看。

可以看出,补出的补语都是"V"的结果,表示受事具有或所处的一种状态。相比没有补语的"看叫NPV得看"句式,表意清楚而明确。而没有补语的"看叫NPV得看"句式,在口语中有两种不同用法:第一,"看"只出现在前面的"看叫NPV得"句式,在对话中,有语境支持的情况下,省去"V"的结果不说,提请对方注意受事具有或所处的状态。有时辅以眼神或手势等指示手段,多带有不满、抱怨等情绪。同时,有意突出、夸大这种状态,造成状态达到高强程度的言外之意。例如:(用手指着自己的鼻子)看叫我鼻子打得。"鼻子"被打的状态可以为双方所共知,主要想借此表达说话人被打得太狠的抱怨。第二,在前、后分别或同时出现"看"的"看叫NPV得看"句式,故意省去"V"的结果不说,并不想为对方指明具体的状态,只是借此表达程度高强的言外之意。例如:看你叫他打得看。"他"可能并不在场,"他"因动词"打"而具有的状态也可能并不为听话人所知。说话人只是想传达自己的主观感受:自己觉得"他"被打得太厉害太惨了,因此而感到愤怒或不满。

丹江方言三种"看叫NPV得看"句式都只能用于陈述句、感叹句,不能用于疑问句,也没有否定形式。这似乎可以用"自然语言的肯定和否定公理"来解释。根据石毓智(2001)的观点,自然语言遵循"自然语言的肯定和否定公理":"语义程度极小的词语,只能用于否定结构;语义程度极大的词语,只能用于肯定结构。""看叫NPV得看"句式,都是表达极致的高强程度,因此只可能用于肯定结构,没有否定形式。又因为疑问跟否定是相通的,都属于"非现实句",都不是对现实的明确肯定(沈家煊,1999),因此也不能用于疑问句。

除了"看NPV得看",丹江方言还有类似"看叫NPV/A得看"的相关句式:看NPV的看、看NP看。

"看NPV的看"句式,"V"只能由及物动词的单用形式充当,"NP"是"V"的施事,加上"的"构成"的"字结构,句尾还能带上语气词"吵"等。例如:

看我买的。

人家小刚画的看。

看你说的看吵。

我们知道,"动词+的"构成的"的"字结构表示的指称对象,由动词的配价数以及配价成分出现的个数所决定。二价动词构成的"的"字结构可以既指动词的施事,又指动词的受事。当施事与动词共现时,就只指受事;当受事与动词共现时,就只指施事。出现在"看NPV的看"句式中"的"字结构的动词属于二价及物动词,且施事与之共现,因此,缺位的受事成分就是它的所指。

"看NPV的看"句式,都能在"的"后补出动词的受事成分。例如:

看我买的衣服。

人家小刚画的画儿看。

看你说的啥话看。

相比"看NPV的看",补出受事后好像所指更明确。"买的"是"衣服",不是其他什么东西;"画的"是"画",不是规划图等。但实际上"看NPV的看"用在口语中,往往会有语境支持,甚或辅以眼神、手势等指示手段,确定双方所指的是同一对象。因此,有没有受事成分,在话语交际中一般不会产生歧义。"的"后还能补出说明受事"怎么样"的成分。例如:

看我买的怪好的。

人家小刚画的多像看。

看你说的是啥话看。

"看NPV的看"句式,在口语中有两种不同用法:一是提请对方注意受事是什么或怎么样。这种用法只用在"看"出现在前面的"看叫NPV得"句式。比如"看我买的",是有意想让对方注意"我买的"东西。后面可以加上具体的事物"衣服、书"等，或陈述东西如何的内容"怪好、有好多花"等。"看"只出现在前面。二是表达言外之意。故意省去受事是什么或怎么样不说，借此表达说话人对受事怎么样的评价或情感倾向。例如"人家小刚画的看"，目的不在于让对方去注意受事"小刚画的"怎么样，因为很多情况下，对方根本无法知道受事怎么样。主要是想要表达说话人的看法：小刚画的要好，说话人对此感到很羡慕；或者小刚画的要好，听话人（或第三人）画得不好，说话人对此感到非常不满。"看你说的看"，不是让对方注意自己说的话，而是说话人认为对方说的话与说话人的意愿不符，或太客气，或太伤人，或有错误等，引起说话人或不好意思，或不满，或抱怨等情感表现。

"看NP看"句式，"NP"可以是任意名词性成分或代词（疑问代词除外），句尾也能带上语气词"吵"等。例如：

看那个楼！

弟弟看！

看他看。

看你的脚吵！

"看NP看"句式，也有两种不同用法：一是提请别人注意"NP"表示的人或事物。这种用法只用在"看"出现在前面的"看叫NPV得"句式。二是表达言外之意。在实际的交际中，"NP"总是怎样了或发生了什么，说话人才会提请别人注意。因此，可以认为"看NP看"句式中的"NP"是小句"NP+VP"省略了陈述内容的结果。说话人省去对"NP"怎样或发生什么的陈述内容不说，一方面是因为有明确的语境支持，对话双方都有可能知道"NP"怎样或发生了什么，说话人的目的在于提请对方注意。这是用法一表达的内容。例如：在谈论城市建设变化大，高楼增多，某人说："看那个楼！"是要提醒对方注意"那个楼"，它可能比其他的楼更高。另一方面是因为说话人并不是为了让对方注意什么，对方很有可能无法知道"NP"怎样或发生了什么。说话人的目的在于表达自己对"NP"怎样或发生什么的评价或情感倾向。例如：哥哥在写作业，弟弟捣乱，哥哥对妈妈说："看弟弟吵！"妈妈可能不在旁边，哥哥也知道妈妈无法注意到弟弟捣乱，他只是想表达"弟弟很调皮"的控诉，以及对此产生的气愤和抱怨之情。

9.2.2 句式的主观性与主观化

分析上面的几种相关句式［以下用"看（叫）NPV/A 的看"句式概括］，可以看出它们具有一些共同的特点。形式上，都省略小句一部分内容不说，"看叫 NPV/A 得看""看 NPV/A 得看""看 V/A 得 NP 看"省略了"V/A"的补语，"看 NPV 的看""看 NP 看"省略了"NP"的陈述内容；语义上，除了字面表示意义外，还能表达某种言外之意，并普遍带有说话人的主观评价和感情色彩；句法上，都表示已然的事件，没有时体的变化，没有否定和疑问形式，不能作为定语修饰名词。虽然看起来"看叫 V/A 得看""看 NPV/A 得看"表示极至高强的程度意义，可以用"自然语言的肯定和否定公理"来解释它们为什么没有否定和疑问形式，但与之相关的"看 NPV 的看""看 NP 看"不表程度意义却也没有否定和疑问形式，就说明还有更重要的原因在起决定作用。根据其句法语义表现，我们认为这几种句式具有"情态（modality）范畴"的特点，是表示"认识情态（epistemic modality）"的形式。

根据学界的共识，"认识情态"是位于命题外的成分，表示说话人对命题的判断（柯理思，2000），或对客观事件的认识（沈家煊，2002）。"看（叫）NPV/A 的看"句式具有的言外之意，都是说话人表达的对客观事件的认识、态度或评价。"看叫 NPV/A 得看""看 NPV/A 得看"句式，表示说话人认为"V/A"达到极致的高强程度；"看 NPV 的看""看 NP 看"句式，表示说话人对受事或"NP"怎么样或发生什么的评价。到底这些主观的认识、态度或评价是否与事实相符，并不是说话人关心的事情（起码在说话人看来就是事实），往往有与客观实际不符的情况存在。例如：看叫她美得。表达的是说话人的认识，说话人认为"她"心里肯定感觉非常美。可实际上"她"自己是否也有同样的感觉，却不一定，完全有可能"她"根本就没有"美"的感觉。比如，"她"刚得到老师的表扬，自己也比较得意，说话人说出自己的认识"看叫她美得"，是主观认识与客观事实相符的情况；如果"她"自己觉得表扬并没有什么，很平静时，说话人的认识"看叫她美得"，就与事实不相符。不过，这些对说话人来说，根本不予考虑。说话人只是主观认定"她"肯定感觉非常美，并由此对"她"产生鄙夷和不满之情。因此，我们说这几种句式都是说话人自我的表达形式，带有较强的主观性。

根据沈家煊（2001）的观点，"主观性"（subjectivity）是指语言的这样一种特性，即在话语中多多少少总是含有说话人"自我"的表现成分。也就是说，说话人在说出一段话的同时表明自己对这段话的立场、态度和感情，从而在话语中留下自我的印记。认识情态是语言主观性的具体表现之一。另外两个表现分别是：说话人的情感和说话人的视角。这三个方面互相联系，经常交织在一起。

"看（叫）NPV/A 的看"句式除了表达说话人的认识外，同时还能表达说话人的情感和说话人的视角，具有很强的主观性。就像上面分析的，"看（叫）NPV/A 的看"句式在表意的同时，都带有说话人强烈的或不满、或厌恶、或鄙夷、或讥讽、或同情、或怜悯等感情色彩。这些情感表现可能并不是发生相关事件的目的，但它却是说话人"触景（事件）"而生的。例如："看你说的看"，用在不同的语境中，有不同的情感表现。比如，甲说了乙不愿听或觉得无聊的话，乙说此话评价甲说的话不合自己心意，同时表达自己的不满、厌恶、鄙夷之情；甲夸奖了乙，乙说此话评价甲说的话不合自己认为的事实，令自己产生羞涩、不好意思之情。甲说话时，可能是带有目的的想使乙产生相关情感反应，也可能是无意的，完全是乙自己从甲的话中感受到的。

从表达对象来说，"看（叫）NPV/A 的看"句式应该是针对交际对方来说的。例如，"看叫你美得"，从字面上是说话人让"你"注意自己。"看叫他美得"，是说话人让交际对方注意"他"。实际上却是以说话人的视角来表达的主观看法，并不代表交际对方的意见。说话人表达自己的主观认识、评价和感受给对方，目的是让对方与自己产生共识。"看叫你美得"，说话人明知道"你"无法注意到自己"美"的状态；"看叫他美得"，交际对方可能根本无法注意到"他美"的状态，听话人得到的只能是说话人"看"并产生的认识或评价。"看（叫）NPV/A 的看"句式都是以"我"的视角看发生的事件，并试图把自己的认识、评价和感受转移给对方，感染对方，取得对方的共鸣，因此，深深打上了说话人"自我"的烙印。

语言必然带有主观性的东西，语言为表现这种主观性而采用相应的结构形式或经历相应的演变过程，是一种"主观化（subjectivisation）"过程。Traugott 从历时的角度来看待主观化，认为主观化和语法化一样是一个渐变的过程，是一种语义—语用的演变，强调局部的上下文在引发这种变化中所起的作用，强调说话人的语用推理（pragmatic inference）过程。说话人越来越从自我的视角出发，用会话隐含义或语用推理来表达未用语言形式表达的意义，结果也是主观化程度越高相应的表达形式越少。而语用推理之所以产生是因为说话人在会话时总想用有限的词语传递尽量多的信息，当然也包括说话人的态度和感情（沈家煊，2001）。丹江方言的上述句式事实，为 Traugott 的理论提供了汉语材料依据。

"看（叫）NPV/A 的看"句式，都能表达一种主观的认识情态和感情色彩意义。这种主观意义不是它自身具有的命题意义，而是在一定的语境中推导出来的。"看（叫）NPV/A 的看"句式，形式上都具有一个共同特点，那就是句法上省略了一部分成分。省略的前提是省略的内容可以由语境或上下文补足，交际双方不会产生歧义。因此，我们说"看（叫）NPV/A 的看"句式的出现，是口语现场语境下的产物。说话人故意省略了一部分内容不说，目的是提请对方注意这没说出来的内容，这是结构本身表达的具体的、客观的意义。而为什么会让说话人特别提请对方注意呢？是因为省略的内容对说话人造成了特殊的影响，说话人对它有话要说、有感情要表达。例如，"看那个楼！"说话人指着"那个楼"说，他可能是想让对方注意那个楼，它或许很高，或许造型奇特；但很可能意不在此。因为"那个楼"太高，挡住了他家的光线，给他带来了影响，他想要表达自己对"那个楼"太高了的评价，和对挡住光线的不满、抱怨等情感。或因为"那个楼"造型过于奇特，他想要表达"那个楼"太怪了的评价，以及对此诧异等情感。具体的语境不同，隐含的言外之意也不相同。隐含的言外之意是语境造成的，靠语用推理或会话推理而产生，而且，在一定的语境中是可以被"消除"掉的。例如：看那个楼！太高唠，都挡住光唠。或者：看那个楼！太怪唠，没见过。语用推理的反复运用和会话隐含义的最终凝固化，结果就形成"看（叫）NPV/A 的看"结构的主观性表达。

整个主观化进程是一个渐变的过程，这从共时平面存在的中间状态也可以得到反映。上述的几种相关句式，分别处于主观化进程的不同阶段，具有的主观性程度不同。"看 NPV 的看、看 NP 看"结构，在口语中有两种不同用法。既可以表示字面意义——提请对方注意受事或"NP"怎么样或发生了什么；也用来表达认识情态意义——说话人对受事或"NP"怎么样或发生什么的主观评价、态度和感情。结构表示的认识情态意义对语境的依赖性较大，还没有开始凝固下来形成固定的语义，因此，尚处于主观化的初级阶段。"看叫 NPV 得看"结构（"叫"为处置、被动标记），以及去掉"叫"的变体"看 NPV 得看"结构，既有表客观事件的字面意义：提请对方注意受事具有或所处的状态；也有特定语境中的会话隐含义：说话人主观认为受事的状态达到极致的高强程度；还有完全脱离背景语境，表达前景的认识情态意义，表达程度高强的主观感受。认识情态意义已经摆脱了特定语境的限制，并且凝固下来，成为结构本身的语义之一，因此，主观性增加，处于主观化的中间阶段。"看叫 NPV/A 得看"结构（"叫"为使役动词、轻动词和语用功能成分），以及去掉"叫"的变体"看 NPV/A 得看、看 V/A 得 NP 看"结构，根据"叫"的性质不同，有两种不同情况。当"叫"为使役动词、轻动词时，结构与"叫"为处置、被动标记时一致，也有三种语义。但由于施事和谓词不同，结构具体的语义表现不相同，主观性的程度也不相同。"叫"为使役动词、轻动词时的"看叫 NPV/A 得看"结构，与"叫"为处置、被动标记时的构成不同，不仅一般的动作行为动词，而且形容词和表示心理感受或生理感觉的动词也可以进入结构。当谓词是形容词或心理动词，或施事是无生命或抽象事物时，结构大多表示凝固的认识情态意义。这与对助动词的认识情态意义的研究结果一致。Coates、Traugott、Sweetser、Heine 等研究证明，施事性低，包括施事对动作缺乏控制能力而不能负责任（[-volition] [-human control]），谓词表示静态意义（[-dynamic] [+static]），容易产生认识情态意义。主语是人还是句子是无主句，谓语是自主动词还是状态动词，都会影响语义的表达（柯理思，2000）。反过来说，施事性低的成分进入到结构中，说明"叫"为使役动词、轻动词时的"看叫 NPV/A 得看"结构以及去掉"叫"的变体"看 NPV/A 得看"结构，比"叫"为处置、被动标记时的"看叫 NPV/A 得看"结构以及去掉"叫"的变体"看 NPV/A 得看、看 V/A 得 NP 看"结构，主观化的进程更进一步，主观性的程度更高。主观化程度最高的是"成语化"的"看叫 NPV/A 得看"结构，它在任何语境下都只表示程度高强的主观认识情态意义，不表示客观的字面意义，处于主观化进程的最后阶段。

9.2.3 "看"的语法化及相关思考

整个主观化过程是一个临时语用用法的语法化过程，是一种"从松散的排比（parataxis）向紧凑的句法发展的运动"（Givón，1979）。在这个过程中，句式内部的成分"看"也同时经历了一个从实到虚的语法化过程。

"看"现代汉语常用义是"观看、观察"等，用在"看（叫）NPV/A 的"祈使句式中，提请对方注意，读原调[k'an^{312}]。"看"不能带时体标记"唠、过、到"等，前面不能有状语修饰，后面也不能跟补语。但是可以重叠为"看看"，也可以在前面加上指称会话对方的"你"。例如，"看你说的"可以变为"看看你说的""你看你说的"；"看我买的"可以变为"看看我买的""你看我买的"。区别是"看（叫）NPV/A 的"结合更加紧密，而加"你"后，"你看"与对象之间关系较松散，可以用逗号隔开，或加进语气词"呀、呐"等。有时为了突出强调，在句尾拷贝一个"看"。当"看（叫）NPV/A 的看"句式用在特定语境中，表达对客观事件的主观认识、态度或评价等会话隐含义时，结构中成分"看"的语义与结构整体语义无直接关联，从而造成"看"的语义弱化，由提请对方注意弱化为指示说话人主观态度的话语标记，带有强调意味，读音也相应弱化为轻声[k'an^0]。例如，"看你说的"，既可以读如字，提请对方注意自己所说的话；也可以读为轻声，不同意或否定对方所说的话，并附加说话人或不满或责怪或羞涩等态度。再比如在比较各自买的东西时，"看我买的"，"看"读为轻声，表达"我"买的东西要更好的主观意见，以及自豪得意之情。当会话隐含义凝固下来，"看（叫）NPV/A 的看"句式"成语化"后，"看"就进一步虚化为一个完全无实义的语用功能成分。例如："说的看""美得看"。

"看"经常与人称代词"我"和"你"结合，从表示"观看、观察"等动作行为义中,产生出表示"认为"等认知动词义,并进一步发展为一种表主观态度的话语标记,主观性从无到有,逐渐增强。"看(叫)NPV/A 的看"句式,虽然在"看"前也可以加上"你"(不能加"我"),主观性的产生却与"你看"无关,应该是说话人有意省略造成的。换句话说,语言表达中,说话人有意采取某种手段改变正常的表达形式,以图取得特别的表达效果,产生某种特殊的言外之意,或是附加某种主观态度情感。有意省略即是主观性表达手段之一。试比较:

你们家大概常喝洗衣粉水吧?看把你们脸喝得多白!(路遥《人生》)——看把你们脸喝得

你这个丫头就是嘴尖,看把永泉说得脸都红遍啦。(冯德英《苦菜花》)——看把永泉说得

"看把你们脸喝得多白""看把永泉说得脸都红遍"中的"看",是动词,提请对方注意补语表示的状态:脸白、脸红,可以在前面分别加上"你们""你"。提请对方注意,意味着注意的对象给说话人造成了某种特殊的感受。说话人如果想把这种感受或对此的态度传达给对方,故意改变正常的表达形式,有意违反量的原则,省略掉补语部分信息。省略后,语义重点不再落在注意对象的状态上,减弱了"看"的注意义,整个表达式"看把你们脸喝得""看把永泉说得",就不再表达客观的事实,转而表达说话人的主观"自我",并把这种"自我"移情到对方,希望感染对方分享经历。

再如:

她听到"光着屁股"这句话,羞答答地低下了头,顶了妈妈一句:"看你说的多难听!"(周而复《上海的早晨》)——看你说的

陈贵霞连忙捂住丈夫的嘴说:"看你说的啥话,咱们夫妻之间,还谈什么谁给谁付出……(《人民日报》)——看你说的

红脸的人,听了这句话,登时脸红得像倒血一样,回答说:"刘哥,看你说的,好像我真的怕挑担子,怕立军令状。"(姚雪垠《李自成》)

"爹,看你说得多轻松!"春玲愁苦又焦急地说……(冯德英《苦菜花》)

"爹,看你,又笑我啦!"女儿的脸红了,不好意思地垂下头。(冯德英《苦菜花》)

"看你!看你糟蹋成这个样子!只是半年工夫,就叫人认不得你了!"(吴强《红日》)

"姐,看你……"春玲害羞了,撒娇地拍着姐的肩膀。(冯德英《苦菜花》)

站在他身旁,用手按着他的肩膀,忍不住伤心地说:"看你,人瘦成这个样子,面孔苍白,像生了一场大病一样……"(周而复《上海的早晨》)

"看你说的"不是提请对方注意说的话"多难听"或是"啥话",而是表达自己不同意对方的话语,以及对方话语对自己带来的感受。"看你"也不是注意"你"怎样,而是作为一个话题标记,表达说话人对"你"行为的态度情感。

第 10 章　结　语

　　据《中国语言地图集》（1987），丹江方言属西南官话的鄂北片。早在 1948 年，赵元任、丁声树、杨时逢的《湖北方言调查报告》就把丹江方言（当时的均县）划归西南官话区。《湖北方言概况》（1960）延续了这种分区意见。

　　关于西南官话的分立，赵元任、丁声树、杨时逢等（1948）指出："入声归阳平，这是西南官话的一个最重要的特点。"李荣的《官话方言的分区》（1985）根据"古入声字的今调类"把官话分为七个区，其中，"古入声今全读阳平"的归为西南官话区。黄雪贞《西南官话的分区（稿）》（1986）在实地调查的基础上调整了分区标准："古入声今读阳平的是西南官话，古入声今读入声或阴平、去声的方言，阴平、阳平、上声、去声调值与西南官话的常见调值相近的，即调值与成都、昆明、贵阳等六处的调值相近的，也算是西南官话。"李蓝（2009）总结到："一般情况下，凡古入声今整体读阳平、四声框架与贵阳、昆明、武汉、桂林等地的西南官话接近、古全浊声母为'清化，平声送气仄声不送气'的演变类型、没有入声韵尾的方言，就基本可以认定为西南官话。"由于《湖北方言调查报告》中认为均县"入声字归阳平"，根据"古入声字的今调类"标准，把丹江方言划归西南官话区。后来历次汉语方言分区都依此作相同处理。

　　但是，据我们调查，丹江方言如今的实际情况并不是如此。它与大部分西南官话不同，古入声并不是统归阳平，而是全浊入声全归入阳平，清入声和次浊入声部分归入阳平，部分归入阴平，少数归入去声和上声。我们统计了《方言调查字表》中丹江方言常用的古入声字，其中，全浊的古入声字"拔、罚、毒、笛、浊、实、石、十、急、职、局"等今读阳平。311 个清入声字中有 149 个今读阳平，占总数的 47.9%。例如："不、笔、八、匹、福、答、得、踏、括、刻、霍、急、积、七、作、一、恶"等；124 个今读阴平，占总数的 39.9%。例如："百、柏、魄、迫、滴、踢、塔、塌、捉、竹、尺、涩、失、壳、脚、雪、血、削"等；30 个今读去声，占总数的 9.6%。例如："祝、错、社、亿、绩、恰、蓄"等；8 个今读上声，占总数的 2.6%。例如："嘱、眨、宿、饺"等；114 个次浊入声字中有 58 个今读阳平，占总数的 50.9%。例如："入、日、纳、六、列、墨、脉、岳、业、月"等；33 个今读阴平，占总数的 28.9%。例如："热、立、拉、落、灭、麦、木、逸、药、钥"等；22 个今读去声，占总数的 19.3%。例如："历、律、匿、逆、幕、玉、肉"等；1 个"辱"今读上声，占总数的 0.9%。根据《湖北省志·方言》（1996），同样的入声归并情况除丹江方言外，还分布在鄂西北与丹江口市相邻的老河口、郧县、郧西、保康等地，只是各地具体入声字的归并上存在差别。为什么会造成这种状况呢？我们认为，地处西南官话区与中原官话区交接地带的丹江口、老河口、郧县、郧西、保康等地方言，极有可能除西南官话外，同时还受到北方与之相邻的中原官话的影响。而中原官话的特征正是古全浊入声全归入阳平，清入声和次浊入声归入阴平。

丹江口市特殊的地理位置决定了它语言上的复杂性和分区上的边缘性。丹江口市地处湖北省西北部。鄂西北是鄂豫陕渝相交接地区，自古就有"四省通衢"之称。从新石器时代以来，就是黄河流域文明与长江流域文明融会契合之地。来自黄河流域的仰韶文化、龙山文化，来自长江流域的屈家岭文化、石家河文化相继影响这一地区，随后更是受到了秦文化、巴文化的渗透，使它成为包容南北文化且带有明显地域特征的独特区域。丹江口市位于鄂豫两省交界处，北部与河南省南阳市的淅川县相邻，西北紧挨陕西省，通过汉水与陕西南部的白河、旬阳交通往来，历史上白河曾一度归属均县（杨晓安，1995），自古就是"东连襄沔，西接梁洋，南通荆衡，北抵襄邓，左通汉水之长江，右据关峡之要路"（《襄阳郡志》）的重要枢纽之地，素有"荆襄襟带，雍予咽喉"之称。夏、商、西周为豫州所辖，春秋属麋。公元前 616 年，归楚。秦置武当县，属南阳郡。两汉沿秦制。公元 208 年，曹操得荆州，分南阳郡建南乡郡，武当县属南乡郡。公元789年（唐贞元五年），均州隶山南东道。公元960年（宋建隆元年），设均州武当郡，隶京西南路。公元1279年（元至元十六年），属鄂北道宣慰司，后属襄阳路。公元1476年（明成化十二年），隶襄阳府。清承明制。1911年辛亥革命后，均州改为均县，直隶湖北省。

由于地处南北交汇要道，拥有汉水交通便利，且山深地广，鄂西北包括丹江自古就是南北移民的驻留之地和宗室朝廷的贬谪之地。根据《竹书纪年》记载，传说尧部落的一支曾迁移到丹江流域，并发展于均、房之间。东晋南朝时期，北方战乱不断，鄂西北成为北方移民特别是商洛地区和南阳地区移民的迁入区。为安顿移民，共设置16个侨县。今商州一带的上洛郡民户的外迁顺着两个方向：一是向南大约经今金钱河谷到达安康、旬阳、郧西一带；一是向东南沿丹江而下，到达丹江中游地区（石泉、鲁西奇，1995）。公元310年永嘉之乱，以江左平阳郡（今山西临汾一带）流民寓居武当县附近，增平阳郡，与武当县同属始平郡（《丹江口市志》）。唐代，太宗子李泰"徙居均州之郧乡县"；中宗子重福贬居均州，"司防守，不许视事"（《旧唐书》）。元朝末年，战乱频繁，中原诸州，人口锐减。明代从洪武元年（1368年）开始，到永乐十五年（1417年）结束，历三朝50年，山西先后移民18次，将近百万人到河南、河北、山东、北京、安徽、江苏、湖北等地，形成最大规模的官制移民，或称"洪洞大槐树移民"，当时的均州也有大批山西移民迁入。除了大规模的官制移民外，由于郧阳地处豫、楚、川、陕四省交界之处，洪武初便把一部分高山密林之地立为封禁之区。长期以来，流民因天灾人祸，聚此垦荒、开矿为生。"陕西、山西、河南等处饥民流亡多入汉中、郧阳、荆襄山林之间"（明代傅瀚《明宪宗实录》）。先是"陕西之民四，江西之民三，山东、河南北之民一，土著之民二"，后来"四川、江南、山西亦多入籍"，且"语言称谓仍操土音"，"皆各以其俗焉"（同治《郧阳志·风俗》）。陕西、山西等北方移民集中落户在湖北的北部和西北部，比如陕西移民占郧阳地区人口的40%。……陕西、山西、河南等省移民则通过两条路南下：陕西移民主要沿汉水河谷通道首先进入鄂西北，其他北方移民则穿过南阳盆地到达襄阳，由此再向其他地方扩散。所以，北方移民大多分布在湖北西北和北部（张国雄，1994）。据均州金陂《朱氏家谱》记载："均州朱姓始祖于明崇祯元年（1628年）携子自山西洪洞迁居均州城南。"原因是明末"天启末年（1627年），王二在陕北澄县首举义旗，随后出现高迎祥、张献忠、罗汝才、李自成等大规模起义。战火烧遍了西北地区，洪洞县正处于动荡而危险的地带。"另外，丹江境内县南八十里的武当山，被明代统治者推崇为"天下第一仙山"，位尊五岳之上。明太祖朱元璋崇拜武当真武神，把真武作为"护国家神"来祭祀。明成祖朱棣夺取皇位后，为了巩固政权，宣称其父朱元璋和自己之取得天下，是武当真武神的"阴翊"，为报答神恩，于永乐十年（1412年），遣隆平侯张信等率三十多万军夫工匠，以十二年功夫，大兴土木，在元代宫观旧址上，建成宫观三十三处。工程完成后，又拨徒流犯人五百名，做佃户专一供赡武当道人。明世宗朱厚熜又于嘉靖三十一年（1552年）遣臣率湖广军民进行一次大规模重建。明隆庆（1567—1572年）时期，全山共有道官、道众、军队、工匠等一万余人。朝山进香的来自全国各州府县，香火隆盛亘古罕见，被称为"天下第一道场"（《武当山志》1994）。

这种南北交汇的地理位置，加上频繁的移民，不仅使它的行政归属不断发生变易，而且造成文化，包括语言上的混杂性和多样性。"民多秦语，俗好楚歌。"（《均州志》）真实地反映出由于处于西南官话和中原官话区域之间，丹江方言自古就受到西南官话和中原官话的交叉影响，同时具有南北两种方言的特点。历次的方言分区，都把它归入西南官话区，显然是受到现时行政区划的影响。实际上，单从语言上讲，很难把它和属于中原官话的豫西南地区截然分开。

为此，王群生（1996）从"腔调"的角度，认为鄂西北的襄樊、郧县等19县市与比邻的河南"淅川、邓县、新野、桐柏"由四声调值及其他因素形成的"腔调"十分相似，应一起归入中原官话。确实，通过比较调型、调值，我们发现，丹江方言几乎与河南的淅川、南阳、洛阳、郑州等方言几乎完全一致，与西南官话的武汉、重庆、成都、贵阳、昆明等方言却有明显不同。

	阴平	阳平	上声	去声
丹江	35	53	55	312

淅川	24	42	55	312
南阳	24	42	55	31
洛阳	34	42	54	312
郑州	13	42	55	312
武汉	55	213	42	35
重庆	55	11	42	24
成都	44	21	53	13
贵阳	55	21	53	24
昆明	44	31	53	212

按照黄雪贞（1986）"古入声今读阳平的是西南官话，古入声今读入声或阴平、去声的方言，阴平、阳平、上声、去声调值与西南官话的常见调值相近的，即调值与成都、昆明、贵阳等六处的调值相近的，也算是西南官话"，以及李蓝（2009）"四声框架与贵阳、昆明、武汉、桂林等地的西南官话接近"的分区标准，丹江方言显然在调型、调值上都与西南官话的常见调型、调值完全不同，却与中原官话的某些方言相近。我们觉得不能因此说一定要把丹江方言归入到中原官话中，但却可以看出丹江等鄂西北与典型中原官话相交接地区，语言确实受到了中原官话的深刻影响。

类似的情况还发生在陕西南部的白河方言中。白河方言多认为属于中原官话（周政，2006），但是《方言调查字表》中323个清入声字有169个归入了阴平，占总数的52.3%，86个归入阳平，占总数的26.6%；115个次浊入声字有76个归入了阴平，占总数的66.9%，5个归入阳平（柯西钢，2004）。显然，从这一点来看，它是受到了西南官话的影响。正像杨晓安在《白河方言的成因》（1995）中指出的："白河处于秦鄂豫的交接地带，而东西两面所操之语恰是西南和中原两种不同的方言，处于两种方言夹击下的白河自然会受到双方方言的影响。"

丹江方言同时受到西南官话、中原官话的影响，综合了多种方言的特点。这不仅从官话分区的首要语音标准"古入声字的今调类"上得到反映，而且从丹江方言的语音、语汇、语法等表现也可以得到证明。语音方面，大致来讲，丹江方言具有以下一些特点。

（一）全浊声母今读塞音、塞擦音仄声部分今读送气音。例如：耙、捕、佩、菢、造、鳔、沓、蝶、秩、傍、泊、锃、族、撞等。

（二）古知庄章组字今读与精组相混，只有［ts］、［ts'］、[s]，无［tʂ］、［tʂ'］、［ʂ］。例如：这［tsɤ³¹²］、陈［ts'ən⁵³］、神［sən⁵³］。

（三）泥来两母不分，混读为［l］。例如：那［la³¹²］、你［li⁵⁵］、能［lən⁵³］。

（四）见组、匣母佳皆韵二等开口字不颚化。例如：阶、皆、街、解、界、介、届、戒、械、秸、蟹、鞋、杏等读为［k］、［x］。

（五）古蟹摄合口一、三等和止摄合口的端组、精组、庄组字，大都变开口，不带介音［u］。例如：脆、摧、催、嘴、最、罪、醉、随、虽、岁、碎、穗、髓、隋、追、坠、水、睡、谁、税、瑞、锐、蕊、对、堆、队、腿、推、退等字，［uei］读为［ei］。

（六）古山摄合口一等的端系字，大都不带介音［u］。例如：短、段、断、端、锻、团、湍、抟、暖、乱、卵、峦、挛、銮、钻、赚、算、酸、蒜等字，［uan］读为［an］。

（七）古臻摄合口一、三等的端组、精组、庄组、来泥字，大都不带介音［u］。例如：顿、蹲、吨、炖、盾、吞、屯、尊、遵、存、村、寸、孙、损、笋、准、纯、唇、论、伦、轮等字，［uən］读为［ən］。

（八）古深臻摄舒声和曾梗摄舒声字相混。［iŋ］全读为［in］。例如：兵、冰、平、瓶、明、名、丁、定、听、停、领、另、宁、凝、精、经、清、轻、性、行、应、英等。除与唇音相拼外，［əŋ］都读为［ən］。例如：疼、腾、藤、等、灯、冷、愣、楞、能、曾、增、赠、层、僧、正、郑、政、争、称、程、成、声、生、省、仍、扔、更、耕、坑、吭、横、衡等。

（九）古模韵的来泥母字，［u］都读为［ou］。例如：努、怒、奴、路、录、鲁、露、绿、炉、鹿、六等。

（十）古果摄合口一等的见组字，如科、蝌、颗、禾、和，咸摄一等的见组字，如课、嗑等，今读［uo］。

（十一）古山摄三四等开口字，部分如先、鲜、仙、宪、弦等［iɛn］读［yɛn］。

（十二）某些复合元音的单元音化。例如：蟹摄的［ai］、［uai］读为［ɛ］、［uɛ］。

（十三）"给、圪、疙、胳、坷、去、黑、后、核"读舌面元音［ɯ］韵。

上述语音特点中，（一）李蓝（2009）把它排除在西南官话之外，以"古全浊声母为'清化，平声送气仄声不送气'"为西南官话分区的一个条件。而据王临惠、张维佳（2005）的观点，中原官话汾河片、关中片、秦陇片、陇中片以及与之毗连的晋语吕梁片、志延片里也有所反映，指出"古全浊声母今音塞音、塞擦音的字不论平仄都与同部位的次清声母合流"是中古西北方言语音演变的基本规律之一。（二）（三）（四）（八）是西南官话较普遍的特点，但同时也分布在其他方言中。例如，知庄章组与精组，在晋语的中区、西区、江淮官话、中原官话的漯项片也多不分。泥来两母，在江淮官话、中原官话的汾河片、信蚌片很多地方完全混读。见组、匣母佳皆韵二等开口字不颚化，江淮官话、中原官话汾河片的白读音也是如此。江淮官话、晋语的中西北区、中原官话信蚌片，深臻摄和曾梗摄舒声字都存在相混情况（袁家骅，1983，温端政、侯精一，1993，贺巍，2005）。看来，这些都是分布区域较为广泛的汉语语音特点，不能作为方言分区的主要标准；（五）（六）（七）（九）则是某些西南官话和与之相近的中原官话所共有的区域特点。例如：特点（五）（六）（七）中合口读开口，西南官话的湖北大部地区是这样（袁家骅，1983），中原官话的洛阳（张虹，2006）、南鲁片（贺巍，2005）也是如此。（九）既见于西南官话的湖北大部地区，也见于中原官话的陕南大部地区（如西安、白水）（袁家骅，1983）；特点（十二）蟹摄的［-ai］、［-uai］单元音化为［ɛ］、［uɛ］，山西的沁县、武乡、朔县、交城、榆社、灵石、昔阳、五台等有相同的变化（温端政，1991；温端政、侯精一，1993）；（十三）"给、圪、疙、胳、坷、去、黑、后、核"读舌面元音［ɯ］韵，与中原官话的南鲁片、洛嵩片、汾河片基本相同，其他方言则没有（贺巍，2005；温端政、侯精一，1993）。可见，丹江方言的语音并不只是单纯具有西南官话的特点，它应该是受到了西南官话、中原官话的交叉影响，呈现出较为复杂的混合状态。

语汇方面，孙立新（2004）列举的36个关中方言常用的一级特征词中，"旋风、天河、外爷、冷子、郎猫、女猫、老哇、长虫、辣子、半吊子、二杆子、二百五、丈母娘、姊妹、蒸馍、恶水"等，都是丹江方言的常用词。辛世彪《关中方言特征词概说》（1997）列出的关中方言的二级特征词，是中原和西北话共有的。例如：垄实（结实）、日（交合）、日嘛（责骂）、撕气（变馊）、耳屎、皮实（结实）、吸乎儿（差一点）、恶水（泔水）、握（弄弯）、戳弄（怂恿）、背锅子（驼背）、老哇（乌鸦）、挑担（连襟）、搋（上推）、垢痂（污垢）、抠掐（节省）、怄气（生气）等，这些也是丹江方言的日常用词。另外，南阳方言中几个合音代词，例如：囊（哪样）、爪（做啥）、镇（这么）、恁（那么）等（丁全、田小枫，2001），读音、意义与丹江方言中的完全相同。郑州话有个副词"逗"，相当于普通话的"就"，例如："这东西好是好，逗是贵。（卢甲文，1992）丹江方言也有与之读音、用法完全相同的"斗"。我们考察了《汉语方言词汇》（2004），发现丹江方言既有大量中原官话的代表西安的常用词汇。例如：冷子（冰雹）、面面儿（粉）、末末儿、蛤蟆咕嘟儿（蝌蚪）、胳肢窝、槌头子（拳头）、（手）指头、唾沫、颌水（口水）、嬷嬷（伯母）、头里（前面）、拾掇（收拾）、嘛（骂）、藏（逮）蒙儿（捉迷藏）、打秋（打秋千）、尿尿（撒尿）等；也有大量西南官话的代表武汉、成都的常用词汇。例如：凌冰（冰）、将才（刚）、灰、渣滓（垃圾）、癞蛤蟆、虹虹（蜻蜓）、恶水（泔水）、被窝、褥子、架架儿（背心）、窟眼（窟窿）、茅厕（厕所）、高头（上面）、结凌冰（结冰）、扭（拧）、睡瞌睡（睡觉）、参瞌睡（打瞌睡）、背时（倒霉）、得亏（幸亏）等。

语法方面，通过前面对语法事实的描写与整理，我们可以发现，丹江方言最大的特点就是语法手段、语法形式丰富多样。同一种语法范畴或语法意义，同时拥有多种不同的表达形式。不仅有具有丹江特色的独特表达，也兼收并蓄了来自不同方言区的常见形式。

构词法上，丹江方言具有汉语方言所有的四种方法：复合、重叠、附加、内部曲折。复合式构词与普通话基本相同，但也有少许特点。例如有动词性语素加时态标记构成的时间名词"黑唠""明唠""后唠"，"黑唠"与"白天"相对，表示夜晚。例如：黑唠饭、黑唠再去等；"明唠""后唠"，意即"明天""后天"，也指明后天以后的时间。例如：明唠再说、后唠来。状语素后置构成的动词、形容词"像活"，表示像的意思。例如：他好像活你呀。附加式通过附加前缀、中缀或后缀来构词。丹江方言中，"阿、老、儿、子、头"等是汉语方言较普遍使用的附加性成分，但在具体用法上有自己的特点。例如"子"可以作中缀，夹在状态形容词的四字格生动形式中间，拉长音节，舒缓语气，同时还增加一种不满、厌恶之情。例如：酸圪子唧嘹、花里子胡梢、少条子失教、吊儿子郎当、死皮子赖脸等。中原官话汾河片的洪洞有相同的用法（乔全生，2000）。"的、头、活、娃儿（子）、里"等，是西南官话和中原官话较常见的附加性成分（黄伯荣，1996）。丹江方言还有附加性成分"圪"。"圪"是一个构词构形语素，由它和其他语素合起来构成的"圪"字结构在晋语中以其全区性的分布范围、较高的使用频率、独特的结构类型、惊人的内部一致性成为该方言语法方面的标识之一，而且，毗邻于晋语的山西南部的中原官话区也存在着许多"圪"字结构，且与晋语一脉相承。可以说，"圪"字结构同样也是山西方言中原官话区中的一种重要的语法现象（王临惠，2002）。侯精一（1999）把"圪"作为确立晋语的主要特点之一。因此，不见于其他方言的"圪"，可以说是证明丹江方言受到中原官话和山西方言影响的重要证据之一。另外，侯精一（1999）还把文白异读和分音词作为晋语的主要特点。丹江方言有文白异读的现象，但数量相对较小，反映方言不同历史层次的语音叠置。其中"核"的变读，也可作为丹江方言受到中原官话和山西方言影响的一个证据。表果核的名词"核"都读为［xu^{53}］，如：枣核、梨核，核桃的"核"却读［xɯ^{53}］。据王临惠（2002）的观点，果核儿和核桃这两个词里的"核"本为一字，但在山西方言中的读音却大都不同。例如：大同、忻州、太谷、孝义、临汾、新绛、运城等。合音构词在汉语方言中有较普遍的分布，但分音词却主要分布在山西中部、西部及北部临近中部的少数地区，临近山西的豫北及陕西、内蒙古中西部也有此现象。分音词相当于元曲里的"切脚字"，闽语福州话较多，约有二百条（侯精一，1999）。丹江方言也有不少分音词，多是动词、名词，还有少量量词、象声词，例如：窠浪、卜拉、扑弄、嘟噜、黑噜等。

重叠是汉语一种重要的语法手段，在汉语方言中应用得更加广泛。

丹江方言重叠形式丰富多彩，不仅名词、动词、形容词、数词、量词、代词、副词、象声词性成分可以重叠，而且某些结构式，如动词性、数量结构等也可以重叠。不仅有汉语常见的两叠形式，还有大量的三叠、四叠甚至多叠形式（苏俊波，2008）。重叠形式表达的意义和功能也是多种多样。名词重叠有"AA、AAB、ABB、AAA、AAAA、AABB、AA叽叽"等形式。其中，AA 式要儿化，可以表小和喜爱等附加意义。AA 式南北方言都有分布，西南官话大都要儿化（汪平，1987；黄伯荣，1996；李蓝，1997），中原官话、晋语有些不能儿化（李小平，1997；姚勤智，2005），有些部分儿化（李作南、李仁孝，1985；乔全生，1999）。单音节表示方位的名词构成的 AA 式，重叠后表示在方位指向上程度加大；这些方位名词三叠的 AAA 式和四叠的 AAAA 式，进一步强调程度加深、加大，带有夸张的意味。这是丹江方言的一个独特用法。名词重叠 AAB 式、ABB 式大多分布在中原官话和晋语中（黄伯荣，1996；孙立新，1998；李小平，1999；乔全生，2000），西南官话也有表现，如贵州大方方言（李蓝，1987）、遵义方言（胡光斌，1997）、四川方言（杨月蓉，2003）。动词重叠有"AA、AABB、ABAB、AAB、AAA、AAAA、AA 生生、AA 叽叽、AA 搭搭、连 A 直 A、A 啊 A、一 A 一 A、圪 A 圪 A、A 下 A 下、A 的 A 的、A 到 A 到、一 AA 到、紧 A 紧 A、A 来 A 去"等形式。很少方言能同时有如此多的动词重叠式。"AA 生生、A 的 A 的、A 到 A 到、连 A 直 A、A 啊 A"等形式，西南方言湖北省较普遍使用，但"AA 生生"大都只有一个单音语缀［sən］，只有北部的老河口、枣阳、郧县等是重叠语缀（汪平，1987）。形容词除了有"AA、ABB、BBA、AABB、ABAB、AAAA、AA 子、AA 叽叽、A 里 AB 式、AaAb"等重叠形式外，还有多种富有北方话特色的生动形式"A 不 ab、A 不 a、A 不 aa、AB 不 aa、ABab、A 拉 ab、A 圪 ab、A 圪 aa、abcd"等。数量结构重叠"一 AA"式和普通话用法不同，不表示"每一、多、逐一、连绵"等义，而是表示数量的多少，晋语也是如此。而且丹江方言"一 AA"式表示少量，后加"子"缀后却表示"大、多"，与山西万荣方言完全相同（乔全生，2000）。普通话代词一般不能重叠，丹江方言的指示代词"那"却经常可以两叠、三叠，甚至多叠，这也是丹江方言的独特用法。丹江方言的副词也可以两叠、三叠，甚至多叠，表示程度的不断加强，中原官话的洪洞、临汾也有相同的现象（乔全生，2000）。另外，象声词的重叠形式也非常丰富，有"AA、AAA、ABB、AAB、AAAA、AABB、ABAB、A 里 AB、ABCD、AA 生生、AA 叽叽"等形式，很有地方特色。

　　丹江方言的小称表达形式复杂多样，既有广泛分布在北方、西南、东南各地方言中的儿化形式，也有主要分布在中原官话、西南官话中的重叠后附加"儿、子"缀形式；既有分布在中原、西南官话某些方言中的附加"娃儿、娃子"缀形式，也有分布在晋语、中原官话区的附加"圪"缀形式（黄伯荣，1996；侯精一，1999；沈明，2003；罗昕如、李斌，2008）。另外，还有丹江方言特有的附加"娃儿娃儿、头儿、头（儿）头儿"缀形式。形式之多，手段之丰富，其他方言很难与之相比。

　　丹江方言的时体范畴中，持续体的语法手段最是丰富复杂。既有持续体标记"的（得）[ti⁰]""到[tau⁰]""在[tsɛ⁰]"，准持续体标记"在[tsɛ⁰]""住[tsu⁰]"，也有语法化的表达形式"在那儿 V""搁那儿 V""V 到那儿""V 那儿""V 那下儿"等。既有动词的重叠形式"VV""VVV""V 啊 V""一 V 一 V""圪 V 圪 V""V 下 V 下""V 的 V 的""V 到 V 到""一 VV 到"等，也有副词"在[tsɛ³¹²]""紧[tɕin⁵⁵]"等。另外，这些语法手段还可以互相组合，构成复合表达式。其中，除了"在那儿 V""搁那儿 V""V 到那儿""V 那下儿"等是丹江方言较独特的表达形式外，体标记"的（得）"主要分布在晋语区和中原官话区，哈尔滨、山东牟平和云南的富民、会泽、绍通也有分布；"到"普遍分布于西南官话、湘语区，赣语区的一些地方如南昌、萍乡、蒲圻、汝城等也有；"在"普遍分布在西南官话、江淮官话区，湘方言和赣方言区的一些地方也有分布。"V 那儿"在郑州、信阳、南阳等中原官话中也表持续（黄伯荣，1996；罗自群，1994、1999、2002）。由"圪"缀加动词重叠而成的"圪 V 圪 V"形式，在晋语中表示动作的短暂和轻微，而在中原官话比如商州方言，与丹江方言一样都表示持续和反复（侯精一，1999；乔全生，2000；张成材，2004）。尝试体的表达形式也是多种多样。既有湖北西南官话区中与河南相邻的几个县市才有的动词重叠形式，也有湖北西南官话区常用的"V（一）下

（子）"形式（汪平，1987）；既有直接附加体标记"看"的"V看"形式，也有动词重叠、带上"（一）下（子）"后附加体标记"看"的"VV看""V（一）下（子）看"形式；还有丹江方言独特的"一V"形式，以及继承近代汉语的体标记重叠形式"看看"。

丹江方言用法丰富繁多且具有较强的对称性的"得"，能用在动词和趋向动词之间，构成"V+得+趋向补语"形式，表示动作的趋向。这种用法在中原官话的汾河片、晋语的吕梁片的临县、并州片的清徐、文水，以及兰银官话的甘肃方言中更完整复杂一些。还能用在动词之后，表示到动作的时间了，该做某事了，可以带有宾语。山西洪洞方言有与之完全相同的用法（乔全生，2000）。

丹江方言的处置句、被动句，主要都用"叫"作为标记。这种同时表达处置和被动关系的"叫"字句，仅存在于中原官话的南鲁片中（张雪平，2005）。

丹江方言的比较句，除了介词"比"外，还用介词"赶"引进比较对象。例如：他赶你好。否定形式除了用"不如"外，还用"不敌""不胜"来表示。例如：说唠半天，还不敌你去一趟。他的成绩不胜你。此外，还可以用没有比词的比较句表比较。例如：一天热一天。一回少一回。一年老一年。这些与中原官话汾河片的洪洞、闻喜、芮城等完全一致（乔全生，2000）。差比句用"不胜"，也是中原官话关中片的经常用法（王临惠、张维佳，2005）。

从以上语音、语汇、语法事实可以看出，丹江方言不仅仅具有西南官话的特点，在很多方面它受到了来自北边的中原官话甚至晋语的影响。因此，我们可以说，丹江方言是西南官话和中原官话的混合体，也许还有晋语的成分。这种性质是由它处在西南官话和中原官话交接处的地理位置，以及接收大批陕西、山西、河南等地移民的社会历史原因所造成的。

丹江方言的这种混合性特点，同时也反映在与之相邻的老河口、谷城、郧县等地方言上。对于鄂西北方言的归属问题，还有待进一步的调查研究。

汉语方言经过多年的研究，基本掌握了方言大区的主要特点，确立了方言大区的分立。但是对各方言区的交界边缘区域，我们目前的了解还很薄弱，认识也存在分歧。对待这些方言交叉地区，简单地把它划归某一种方言区，可能并不能完全符合实际。在没有充分证据证明它更靠近其中某种方言的情况下，设立一个过渡区可能是目前较好的解决办法。而重视这些交界边缘区域的研究，为全面掌握汉语方言事实、揭示汉语方言规律打下基础，应该成为今后汉语方言研究的重要任务之一。

参考文献

北京大学中文系1955、1957级语言班编:《现代汉语虚词例释》,商务印书馆1996年版。

北京大学中国语言文学系、语言学教研室编:《汉语方言词汇》(第二版),语文出版社2004年版。

[法] A. 贝罗贝:《早期"把"字句的几个问题》,《语文研究》1989年第1期。

曹广顺:《近代汉语助词》,语文出版社1995年版。

曹志耘:《金华汤溪方言的体》,载《动词的体——中国东南方言比较研究丛书》第二辑,张双庆主编,香港中文大学中国文化研究所吴多泰中国语文研究中心1996年版。

曹志耘:《南部吴语的小称》,《语言研究》2001年第3期。

陈法今:《闽南话的"将"字句》,载《汉语方言语法类编》,黄伯荣主编,青岛出版社1996年版。

陈洪昕:《烟台市方言被动句说略》,《语言学通讯》1988年第11期。

陈平:《论现代汉语时间系统的三元结构》,《中国语文》1988年第3期。

陈前瑞:《时相关性与复合趋向补语中的"来"》,载《语法化与语法研究》(一),吴福祥、洪波主编,商务印书馆2003年版。

陈淑梅:《英山方言语法》,载《英山方言志》,华中师范大学出版社1989年版。

陈小荷:《主观量问题初探——兼谈副词"就"、"才"、"都"》,《世界汉语教学》1994年第4期。

陈一：《试谈"白 3VP"结构的歧义性》，《汉语学习》1987 年第 4 期。

陈有恒：《鄂南方言的几个语法现象》，《咸宁师专学报》1990 年第 1 期。

陈章太、李行健：《普通话基础方言基本词汇集》，语文出版社 1996 年版。

陈泽平：《福州方言研究》，福建人民出版社 1998 年版。

陈泽平：《福州方言动词的体和貌》，载《动词的体——中国东南方言比较研究丛书》第二辑，张双庆主编，香港中文大学中国文化研究所吴多泰中国语文研究中心 1996 年版。

陈振宇、邱明波：《反预期语境中的修辞性推测意义——"难道、不会、怕、别"》，《当代修辞学》2010 年第 4 期。

戴维·克里斯特尔：《现代语言学词典》，沈家煊译，商务印书馆 2002 年版。

戴耀晶：《现代汉语时体系统研究》，浙江教育出版社 1997 年版。

丁全、田小枫：《南阳方言》，中州古籍出版社 2001 年版。

丁全：《南阳方言中的特殊否定词》，《南阳师范学院学报》2007 年第 11 期。

丁声树等：《现代汉语语法讲话》，商务印书馆 1999 年版。

郭攀：《丹江口方言"狠的"的复叠形式》，《方言》2002 年第 3 期。

贺巍：《中原官话分区（稿）》，《方言》2005 年第 2 期。

侯精一：《现代晋语的研究》，商务印书馆 1999 年版。

洪波：《论汉语实词虚化的机制》，载《古汉语语法论集》，郭锡良主编，语文出版社 1998 年版。

湖北省丹江口市地方志编纂委员会：《丹江口市志》，新华出版社 1993 年版。

湖北省地方志编纂委员会：《湖北省志·方言》，湖北人民出版社 1996 年版。

湖北省方言调查指导组：《湖北方言概况（油印本）》1960 年版。

胡光斌：《遵义方言名词的构词重叠》，《贵州师范大学学报》1997

年第 2 期。

黄伯荣：《汉语方言语法类编》，青岛出版社 1996 年版。

黄雪贞：《西南官话的分区（稿）》，《方言》1986 年第 4 期。

江蓝生：《禁止词"别"考源》，《语文研究》1991 年第 1 期。

江蓝生：《"动词+X+地点词"句型中介词"的"探源》，《古汉语研究》1994 年第 4 期。

江蓝生：《汉语使役与被动兼用探源》，载《近代汉语探源》，商务印书馆 2000 年版。

蒋绍愚：《近代汉语研究概况》，北京大学出版社 2001 年版。

蒋绍愚：《内部构拟法在近代汉语语法研究中的运用》，《中国语文》1995 年第 3 期。

蒋绍愚：《把字句略论——兼论功能扩展》，《中国语文》1997 年第 4 期。

蒋绍愚：《"给"字句、"教"字句表被动的来源——兼谈语法化、类推和功能扩展》，载《语言学论丛》（第 26 辑），商务印书馆 2002 年版。

觉居易：《均州志》，清康熙十二年刻本。

康素娟：《陕西户县方言的否定式》，《陕西教育学院学报》2008 年第 4 期。

柯理思：《［形容词+不了］格式的认识情态意义》，载《汉语语法化研究》，吴福祥主编，商务印书馆 2005 年版。

柯西钢：《白河方言声调略说》，《安康师专学报》2004 年第 5 期。

李宝伦、潘海华：《基于事件的语义学理论》，载《语言学前沿与汉语研究》，刘丹青主编，上海教育出版社 2005 年版。

李崇兴、刘晓玲：《安陆方言中的"X 得 X"》，《南阳师范学院学报》2004 年第 4 期。

李崇兴、石毓智：《被动标记"叫"语法化的语义基础和句法环境》，《古汉语研究》2006 年第 3 期。

李蓝：《西南官话名词和动词的重叠式（三）——贵州大方方言名词和动词的重叠式》，《方言》1987 年第 3 期。

李蓝：《六十年来西南官话的调查与研究》，《方言》1997 年第

4 期。

李蓝:《西南官话的分区（稿）》,《方言》2009 年第 1 期。

李纳 &Thompson:《汉语语法》,黄宜范译,台湾文鹤出版有限公司 1983 年版。

李荣:《现代汉语方言大词典》,江苏教育出版社 2002 年版。

李荣:《官话方言的分区》,《方言》1985 年第 1 期。

李如龙:《汉语方言学》,高等教育出版社 2001 年版。

李小平:《山西临县方言 AA 式名词的构词特点》,《语文研究》1997 年第 1 期。

李小平:《山西临县方言名词重叠式的构词特点》,《山西大学学报》1999 年第 1 期。

李宇明:《反问句的构成及其理解》,《殷都学刊》1990 年第 3 期。

李宇明:《论词语重叠的意义》,《世界汉语教学》1996 年第 1 期（a）。

李宇明:《双音节性质形容词的 ABAB 式重叠》,《汉语学习》1996 年第 4 期（b）。

李宇明:《主观量的成因》,《汉语学习》1997 年第 5 期。

李宇明:《数量词语与主观量》,《华中师范大学学报》1999 年第 6 期。

李运明:《巢县方言语法拾零》,《汉语方言语法类编》,黄伯荣主编,青岛出版社 1996 年版。

李作南、李仁孝:《呼和浩特方言中名词的重叠形式》,《内蒙古大学学报》1985 年第 4 期。

李作南、辛尚奎:《呼和浩特汉语方言的一些句法特点》,《内蒙古大学学报》1987 年第 2 期。

林伦伦:《汕头方言语法特点》,载《汉语方言语法类编》,黄伯荣主编,青岛出版社 1996 年版。

林涛:《中亚东干语研究》,香港教育出版社 2003 年版。

刘坚:《近代汉语读本》（修订本）,上海教育出版社 1995 年版。

刘松江:《反问句的交际作用》,《语言教学与研究》1993 年第 2 期。

刘勋宁：《现代汉语句尾"了"的语法意义及其与词尾"了"的联系》，《世界汉语教学》1990年第2期。

刘娅琼：《试析反问句的附加义》，《修辞学习》2004年第3期。

刘娅琼、陶红印：《汉语谈话中否定反问句的事理立场功能及类型》，《中国语文》2011年第2期。

刘月华：《可能补语用法的研究》，《中国语文》1980年第4期。

卢甲文：《郑州方言志》，语文出版社1992年版。

罗昕如、李斌：《湘语的小称研究——兼与相关方言比较》，《湖南师范大学社会科学学报》2008年第4期。

罗自群：《现代汉语方言持续标记的类型》，《语言研究》1994年第1期。

罗自群：《现代汉语方言"VP+（O）+在里/在/哩"格式的比较研究》，《语言研究》1999年第2期。

罗自群：《从"坐着吃比站着吃好"谈起——汉语方言中持续意义的几种表达形式》，《语文研究》2002年第1期。

吕叔湘：《中国文法要略》，商务印书馆1942年版。

吕叔湘：《释〈景德传灯录〉中的"在"、"著"二助词》，载《吕叔湘集》，中国社会科学出版社1984年版。

吕叔湘：《中国文法要略》，商务印书馆1982年版。

吕叔湘：《近代汉语指代词》，学林出版社1985年版。

吕叔湘：《现代汉语八百词》，商务印书馆1999年版。

梅祖麟：《现代汉语完成貌句式和词尾的来源》，《语言研究》1981年第1期。

莫超：《白龙江流域汉语方言语法研究》，中国社会科学出版社2004年版。

潘文娱、刘月华：《实用现代汉语语法》，商务印书馆2003年版。

潘悟云：《温州方言的体与貌》，载《动词的体——中国东南方言比较研究丛书》第二辑，张双庆主编，香港中文大学中国文化研究所吴多泰中国语文研究中心1996年版。

齐沪扬：《有关介词"给"的支配成分的省略问题》，《上海师范大学学报》1995年第4期。

钱曾怡:《汉语方言研究的方法与实践》,商务印书馆 2002 年版。

钱曾怡、太田斋、陈洪昕、杨秋泽:《莱州方言志》,齐鲁书社 2005 年版。

[日] 桥本万太郎:《汉语被动式的历史·区域发展》,《中国语文》1987 年第 1 期。

乔全生:《洪洞方言研究》,中央文献出版社 1999 年版。

乔全生:《晋方言语法研究》,商务印书馆 2000 年版。

曲阜师大编写组:《现代汉语常用虚词词典》,浙江教育出版社 1992 年版。

邵敬敏:《"不要白3不要,要了白3要"是悖论吗?》,《汉语学习》1986 年第 5 期。

邵敬敏:《现代汉语疑问句研究》,华东师范大学出版社 1996 年版。

沈家煊:《不对称与标记论》,江西教育出版社 1999 年版。

沈家煊:《句法的象似性问题》,《外语教学与研究》1993 年第 1 期。

沈家煊:《"语法化"研究综观》,《外语教学与研究》1994 年第 4 期。

沈家煊:《实词虚化的机制——〈演化而来的语法〉评介》,《当代语言学》1998 年第 3 期。

沈家煊:《语言的"主观性"和"主观化"》,《外语教学与研究》2001 年第 4 期。

沈家煊:《如何处置"处置"式——论把字句的主观性》,《中国语文》2002 年第 5 期。

沈家煊:《复句三域"行、知、言"》,《中国语文》2003 年第 3 期。

沈家煊:《也谈能性述补结构"V 得 C"和"V 不 C"的不对称》,载《语法化与语法研究》(二),沈家煊、吴福祥、马贝加主编,商务印书馆 2005 年版。

沈明:《太原话的"给"字句》,《方言》2002 年第 2 期。

沈明:《山西方言的小称》,《方言》2003 年第 4 期。

沈阳:《复指代词和照应代词的价语形式》,载《配价理论与汉语语法研究》,语文出版社 2000 年版。

史金生：《语气副词的范围、类别和共现顺序》，《中国语文》2003年第1期。

施其生：《汕头方言的体》，载《动词的体——中国东南方言比较研究丛书》第二辑，张双庆主编，香港中文大学中国文化研究所吴多泰中国语文研究中心1996年版。

石泉、鲁西奇：《东晋南朝长江中下游地区侨州郡县地望新探》，《中国历史地理论丛》1995年第4期。

石毓智：《肯定和否定的对称与不对称》，北京语言文化大学出版社2001年版（a）。

石毓智：《汉语的主语与话题之辨》，《语言研究》2001年第2期（b）。

石毓智：《兼表处置与被动的"给"的语法化》，《世界汉语教学》2004年第3期。

石毓智：《表现物体大小的语法形式的不对称性——"小称"的来源、形式和功能》，《语言科学》2005年第3期（a）。

石毓智：《论判断、焦点、强调与对比之关系——"是"的语法功能和使用条件》，《语言研究》2005年第4期（b）。

宋玉柱：《关于量词重叠的语法意义》，《现代汉语语法论集》，天津人民出版社1981年版（a）。

宋玉柱：《关于时间助词"的"和"来着"》，《中国语文》1981年第4期（b）。

苏俊波：《说"给它"》，《语文学刊》2003年第7期。

苏俊波：《丹江话中的"X得Y得Y"重叠式》，《华中科技大学学报》2005年第6期。

苏俊波：《丹江方言的多重重叠》，《三峡大学学报》2008年第6期。

苏俊波：《丹江方言的性质和归属》，《长江学术》2011年第1期。

苏俊波：《丹江方言的语气副词"白"》，《语言研究》2014年第2期。

孙朝奋：《〈虚化论〉评介》，《国外语言学》1994年第4期。

孙立新：《陕南方言略说》，《方言》1998年第2期。

孙玉卿：《山西方言形容词表示级差的主要类型》，第二届国际汉语方言语法学术研讨会提交论文，武汉，2004年12月。

［日］太田辰夫：《中国语历史文法》，蒋绍愚、徐昌华译，北京大学出版社2003年版。

唐玉环：《石门方言中的"把"、"给"、"让"》，《娄底师专学报》2000年第1期。

王宝红：《宝鸡方言里"的"字的用法》，《宝鸡文理学院学报》1999年第1期。

王重民等：《敦煌变文集》，人民文学出版社1957年版。

王丹荣：《从"给"字看襄樊话的方言类型》，《襄樊学院学报》2005年第6期。

汪国胜：《可能式"得"字句的句法不对称现象》，《语言研究》1998年第1期。

汪国胜：《湖北方言的"在"和"在里"》，《方言》1999年第2期。

王还：《"把"字句和"被"字句》，上海教育出版社1984年版。

王健：《"给"字句表处置的来源》，《语文研究》2004年第4期。

王力：《中国现代语法》，商务印书馆1943年版。

王力：《中国语法理论》，载《王力文集》（第1卷），山东教育出版社1984年版。

王力：《汉语语法史》，商务印书馆1989年版。

王力：《汉语被动式的发展》，载《语言学论丛》（第1辑），商务印书馆1957年版。

王临惠：《山西方言的"圪"字研究》，《语文研究》2002年第3期。

王临惠、张维佳：《论中原官话汾河片的归属》，《方言》2005年第4期。

王群生：《汉语"腔调"探析——兼谈湖北西北部方言归属的几个问题》，《荆州师专学报》1996年第3期。

王晓红：《南阳方言中的助词"哩"》，《南阳师范学院学报》2003年第2期。

温端政主编:《山西方言志丛书》,山西高校联合出版社1991年版。

温端政、侯精一主编:《山西方言调查研究报告》,山西高校联合出版社1993年版。

温端政:《方言与俗语研究》,载《温端政语言学论文选集》,上海辞书出版社2003年版。

武当山志编纂委员会:《武当山志》,新华出版社1994年版。

吴葆仪:《郧阳志》,清同治本。

吴福祥:《尝试态"看"的历史考察》,《语言研究》1995年第2期。

吴福祥:《汉语能性述补结构"V得/不C"的语法化》,《中国语文》2002年第1期。

吴福祥:《再论处置式的来源》,《语言研究》2003年第3期。

吴福祥:《语法化理论、历史句法学与汉语历史语法研究》,载《语言学前沿与汉语研究》,刘丹青主编,上海教育出版社2005年版。

伍巍:《黟县方言介词》,载《介词》,李如龙、张双庆主编,暨南大学出版社2000年版。

《襄阳郡志》,陕西省图书馆藏明天顺刻本,上海古籍书店1964年版。

项梦冰:《连城客家话语法研究》,语文出版社1997年版。

项梦冰:《连城(新泉)方言的体》,载《动词的体——中国东南方言比较研究丛书》第二辑,张双庆主编,香港中文大学中国文化研究所吴多泰中国语文研究中心1996年版。

向熹:《简明汉语史》,高等教育出版社1993年版。

解惠全:《谈实词的虚化》,载《语言研究论丛》(第4辑),南开大学出版社1987年版。

邢福义:《小句中枢说》,《中国语文》1995年第6期。

邢福义:《小句中枢说的方言实证》,《方言》2000年第4期(a)。

邢福义:《语法研究中的"两个三角"的验证》,《华中师范大学学报》2000年第5期(b)。

邢福义:《小句中枢说的方言续证》,《语言研究》2001年第1期(a)。

邢福义：《说"句管控"》，《方言》2001 年第 2 期（b）。

邢福义：《汉语语法三百问》，商务印书馆 2002 年版。

邢向东：《神木方言研究》，中华书局 2002 年版。

邢向东：《神木方言的虚词"得"》，《语文学刊》2000 年第 2 期。

许宝华、汤珍珠：《上海方言语法上海方言志》，上海教育出版社 1988 年版。

许宝华、宫田一郎：《汉语方言大词典》，中华书局 1999 年版。

徐丹：《汉语里的"在"与"着（著）"》，《中国语文》1992 年第 6 期。

徐杰、张林林：《疑问程度和疑问句式》，《江西师范大学学报》1985 年第 2 期。

颜逸明：《吴语概说》，华东师大出版社 1994 年版。

杨晓安：《白河方言的成因》，《人文地理》1995 年第 2 期。

杨月蓉：《四川方言的三字格重叠式名词》，《西南民族大学学报》2003 年第 12 期。

姚勤智：《平遥方言名词重叠式》，《忻州师范学院学报》2005 年第 12 期。

俞光中：《〈水浒全传〉句末的"在这（那）里"考》，《中国语文》1986 年第 1 期。

袁家骅：《汉语方言概要》，文字改革出版社 1983 年第 2 版。

岳俊发：《得字句的产生和演变》，《语言研究》1984 年第 2 期。

詹伯慧：《潮州话的一些语法特点》，《中国语文》1958 年第 5 期。

詹伯慧：《汉语方言及方言调查》，湖北教育出版社 2002 年版。

张成材：《商州方言的"圪"类字、合音词和分音词》，载《西北方言与民俗研究论丛》，邢向东主编，中国社会科学出版社 2004 年版。

张国雄：《江西"填"湖广》，《地理知识》1994 年第 2 期。

张虹：《洛阳方言合口呼辨正》，《洛阳大学学报》2006 年第 1 期。

张美兰：《近代汉语使役动词及其相关的句法、语义结构》，《清华大学学报》2006 年第 2 期。

张敏：《从类型学和认知语法的角度看汉语重叠现象》，《国外语言学》1997 年第 2 期。

张青:《洪洞大槐树移民考》,《中国地方志》2003 年第 1 期。

张双庆:《动词的体——中国东南方言比较研究丛书》第二辑,香港中文大学中国文化研究所吴多泰中国语文研究中心 1996 年版。

张雪平:《河南叶县话的"叫"字句》,《方言》2005 年第 4 期。

张谊生:《现代汉语副词"白$_3$"、"白$_3$白$_3$"》,《淮北煤炭师范学院学报》1993 年第 1 期。

张谊生:《现代汉语副词研究》,学林出版社 2000 年版(a)。

张谊生:《现代汉语虚词》,华东师大出版社 2000 年版(b)。

张谊生:《助词与相关格式》,安徽教育出版社 2002 年版。

张赪:《汉语介词词组词序的历史演变》,北京语言文化大学出版社 2002 年版。

赵雷:《谈反问句教学》,《语言教学与研究》2000 年第 3 期。

赵元任等:《湖北方言调查报告》,商务印书馆 1948 年版。

中国社会科学院和澳大利亚人文社会科学院:《中国语言地图集》,香港朗文出版 1987 年版。

周磊:《乌鲁木齐话"给"字研究》,《方言》2002 年第 1 期。

周政:《关于安康方言分区的再调查》,《方言》2006 年第 2 期。

朱德熙:《与动词"给"相关的句法问题》,《方言》1979 年第 2 期。

朱德熙:《语法讲义》,商务印书馆 1982 年版。

朱德熙:《现代汉语语法研究》,商务印书馆 2001 年版。

祝敏彻:《近代汉语句法史稿》,中州古籍出版社 1996 年版。

祝敏彻:《论初期处置式》,载《语言学论丛》(第 1 辑),商务印书馆 1957 年版。

Li, Thompson & Thompson:《已然体的话语理据:汉语助词"了"》,载《功能主义与汉语语法》,戴浩一、薛凤生主编,徐赳赳译,北京语言学院出版社 1994 年版。

Searle, J. R.:《表述与意义:言语行为研究》,外语教学与研究出版社 2001 年版。

Austin, J. L. *How to Do Things with Words*. Oxford:Oxford University Press, 1962.

Bybee, Perkins & Pagliuca. *The Evolution of Grammar-Tense, Aspect and Modality in the Languages of the World.* Chicago: The University of Chicago Press, 1994.

Givón, Talmy. *On Understanding Grammar.* New York: Academic Press, 1979.

《汉语方言语法研究丛书》书目

安陆方言语法研究
安阳方言语法研究
长阳方言语法研究
崇阳方言语法研究
大冶方言语法研究
丹江方言语法研究
高安方言语法研究
河洛方言语法研究
衡阳方言语法研究
辉县方言语法研究
吉安方言语法研究
浚县方言语法研究
罗田方言语法研究
宁波方言语法研究
武汉方言语法研究
宿松方言语法研究
汉语方言持续体比较研究
汉语方言完成体比较研究
汉语方言差比句比较研究
汉语方言物量词比较研究
汉语方言被动范畴比较研究
汉语方言处置范畴比较研究
汉语方言否定范畴比较研究
汉语方言可能范畴比较研究
汉语方言小称范畴比较研究
汉语方言疑问范畴比较研究